Fatema Mernissi

Die vergessene Macht

Frauen im Wandel der islamischen Welt

Aus dem Französischen und Englischen von Edgar Peinelt

W0278937

Orlanda Frauenverlag

1. Auflage 1993

© 1993 Orlanda Frauenverlag GmbH, Großgörschenstraße 40, 10827 Berlin
Alle Rechte vorbehalten

Deutsche Bearbeitung: Edgar Peinelt
unter Mitarbeit von Karla Ewerhardy
Titelbild: Mounira Ayed, »le regard«
Umschlaggestaltung: Susanne P. Radtke
Fotosatz: Mößner und Steinhardt, Berlin
Druck: Fuldaer Verlagsanstalt

ISBN 3-929823-01-2

Das Titelbild »le regard« stammt von der Tunesierin Mounira Ayed.
Sie lebt als freischaffende Künstlerin in Paris.

Inhalt

Einführung: Der Terror und der Schleier
Im Namen der Tradition gegen die zivile Gesellschaft 9

Schreiben ist die beste Schönheitskur 23

Bagdad wieder aufbauen? Aber auf welchem Stern? 31

Die Kaufmannstochter und der Sohn des Sultans
Über die Eigenständigkeit des arabischen Feminismus 37

Höhere Mächte und eigene Stärke
Frauen, Heilige und heilige Stätten 49

Jungfräulichkeit und Patriarchat
Grenzen der Tradition im Wandel der sozialen Räume 67

Bevölkerungsplanung ohne Demokratie?
Der islamische Staat und die Frauen im Interessenkonflikt . 85

Frauenarbeit
Wissenschaft, Islam und Politik 107

Sklavinnen und Kalifen
Die Rolle der Frau im traditionellen Politikverständnis 125

Frauen in der Geschichte der Muslime
Alte Ansichten, neue Perspektiven 147

Weiblichkeit als subversive Kraft
Nuschuz – die Angst vor dem Aufstand der Frauen 169

Die Autorin 187

Umschrift und Aussprache arabischer Namen und Begriffe ... 188

Quellennachweis 190

Einführung

Der Terror und der Schleier

Im Namen der Tradition gegen die zivile Gesellschaft

In den achtziger Jahren ist in der muslimischen Welt das Verschleierungsgebot für die Frauen als Ideal bekräftigt und verschiedentlich sogar durch staatlich verbürgte Religionsvorschriften erzwungen worden, nicht zuletzt die Scheichs und Emire der Ölstaaten haben das begrüßt und gefördert. Und nun erleben wir in der harten »Nachkriegszeit«, in den krisenhaften 90er Jahren nach dem Golfkrieg, eine Welle der Intoleranz und der religiös motivierten Terrorakte in den Hauptstädten muslimischer Länder. Nur auf den ersten Blick scheint es keine direkte Verbindung zwischen diesen Entwicklungen zu geben. Ich schreibe die Einleitung zur deutschen Ausgabe meiner Arbeiten aus den achtziger Jahren im blutigen Frühsommer 1993 – fast täglich sterben Menschen in den Straßen von Kairo oder Algier, Opfer der tödlichen Auseinandersetzung zwischen dem Staat und seinen »fundamentalistischen«* Gegnern. Und darum will ich die Gelegenheit ergreifen, auf einen grundsätzlichen Zusammenhang hinzuweisen. Das erneute Beharren auf dem heiligen Gesetz der Verschleierung, das gerade in den Ölländern, zum Beispiel

* Die zumeist oppositionellen Organisationen in der islamischen Welt, die sich auf das Programm einer Neubegründung der religiösen Ordnung berufen, werden vor allem im Westen als »Fundamentalisten« oder »Integristen« bezeichnet. Diese Begriffe kommen also auch in meinen Arbeiten vor, aber ich bin damit nicht ganz zufrieden. Der Bezug auf die ursprüngliche Botschaft des Islam kann als fundamentalistisch bezeichnet werden, ohne damit eine negative Bedeutung zu verbinden, und die Aktionen der »Fundamentalisten« sind letztlich durch andere Qualitäten bestimmt: durch ihre intolerante Haltung gegenüber jeder anderen Meinung und ihre Bereitschaft, die Staatsgewalt oder den antistaatlichen Terror als Mittel zur Durchsetzung ihrer Vorstellungen einzusetzen.

in Saudi Arabien, staatlich sanktioniert ist, und die neuesten Terroranschläge in vielen Ländern haben eines gemeinsam: es geht darum, die Menschen mit harter Hand zum Schweigen zu bringen, jede demokratische Entwicklung zu unterbinden. Alle fortschrittlichen Kräfte in den muslimischen Gesellschaften sind brutal unterdrückt worden, und genau in diesem Geiste werden auch die Kampagnen geführt, die der Hälfte der Bevölkerung ein Leben hinter dem Schleier aufzwingen sollen. So ist die Welle der Attentate in den neunziger Jahren eine Art soziales Krankheitssymptom: ein weiterer Versuch, autokratische Prinzipien gewaltsam durchzusetzen.

Das vorliegende Buch versammelt erstmals meine Arbeiten aus den achtziger und frühen neunziger Jahren, und es zeigt sich im Rückblick deutlich, daß es mir unter den verschiedenen thematischen Aspekten immer nur um die eine Frage ging: warum sind die arabischen Staaten so frauenfeindlich? Müßten die Staatslenker nicht begreifen, daß Frauen eine entscheidende Kraft in der Entwicklung der arabischen Nationen darstellen? Überall haben sich die Frauen darum bemüht, ihre Lage zu verbessern, Bildung und Kenntnisse zu erwerben, sich als produktive und nützliche Mitglieder des Gemeinwesens zu erweisen. Aber es bestand offenbar ein seltsames unabweisbares Bedürfnis, uns zu erniedrigen und auszuschließen. Ich versuchte, das Problem aus ganz unterschiedlichen Richtungen in den Griff zu bekommen: die Beiträge »Frauen in der Geschichte der Muslime«, »Weiblichkeit als subversive Kraft« und »Sklavinnen und Kalifen« dokumentieren meine Bemühungen, eine Antwort in der geschichtlichen Überlieferung zu finden. Ebenso interessant schien mir der ökonomische Aspekt (»Frauenarbeit«) und der Anteil religiöser Vorstellungen an der weiblichen Identität (»Höhere Mächte und eigene Stärke«). Nicht zu vergessen die Interpretation demographischer Erhebungen ...

Erst der Golfkrieg hat mir die Augen geöffnet. Die Frontlinien verlaufen ganz anders: es geht dem Staat nicht nur um die Ausgrenzung der Frauen – der Kampf gilt letztlich allen demokratischen Formen. Mit den Frauen konnte man nach Belieben umspringen, weil sie nicht organisiert waren und keine Macht besaßen, außerdem bot es sich an, die alten frauenfeindlichen Traditionen zu beleben und mit modernen Mitteln zu bestärken (dazu dienten das Fernsehen, das staatliche Monopol über die Schulbücher usw.). Im Golfkrieg zeigte sich die ganze Obszönität der Staatsauffassung in der arabischen Welt: der Staat vertritt nicht die Interessen seiner Bürger, sondern er dient dem Zweck, alle Ansätze einer zivilen Gesellschaft zu unterdrücken und jede Form der Kontrolle staatlichen Handelns zu verhindern. Der Golfkrieg hat deutlich gemacht, wie absurd die gewaltigen Rüstungsausgaben sind. Die arabischen Militärpotentiale spielten keine bedeutende Rolle in diesem Konflikt, aber in den achtziger Jahren waren 40 % der weltweit verkauften Waffen in die arabischen Länder geliefert worden. Eine amerikanische Studie bestätigt: »Der mittlere Osten bleibt der wichtigste Markt der Welt für Waffen und Rüstungsgüter. 1987 sind Waffen im Wert von 17,9 Milliarden Dollar in diese Region verkauft worden, knapp 38 % des Gesamtumsatzes in der Welt.«[1] Solche bizarren Waffenkäufe in Staaten mit hohem Bevölkerungszuwachs und alarmierender Jugendarbeitslosigkeit wären vermutlich nicht denkbar, wenn die fortschrittlichen Kräfte in der Gesellschaft politischen Einfluß hätten, wenn die Regierungsvertreter und die Mitglieder des Kabinetts ihre Entscheidungen tatsächlich vor den Bürgern verantworten müßten. Der Golfkonflikt hat auch gezeigt, welche Rolle die Petro-Dollars bei der Erstarkung der islamischen Kräfte spielten: die Ölstaaten, allen voran Saudi-Arabien, ließen es sich etwas kosten, die extrem konservativen Bewegungen zu fördern. Sie hielten das offenbar für eine Möglichkeit, die Ansätze einer zivilen Gesellschaft zu schwächen, und die Forderung nach Verschleierung der Frauen war dabei ein entscheidendes Moment.

Die Beiträge »Schreiben ist die beste Schönheitskur« und »Bagdad wieder aufbauen?« habe ich nach dem Golfkrieg geschrieben, sie drücken aus, was mich damals bewegte, meine Gefühle als Frau in einer arabischen Gesellschaft. Nach Jahrzehnten der analytischen Beschäftigung mit dem Status der Frauen mußte ich begreifen, daß die Regierungsvertreter und bürokratischen Machthaber, die »Apparatschiks«, die alle unsere Bemühungen unterdrückt hatten, Menschenwürde und Menschenrechte zu erlangen, als selbstbewußte Bürgerinnen mitzureden und eigene Vorstellungen einzubringen, bloß gesichtslose Handlanger einer Staatsmacht waren, die letztlich nur ein Mittel kennt – die blanke

Gewalt. Die Vertreter dieser »Staatsgewalt« haben unsere Ressourcen geplündert und die Einkünfte für Waffenkäufe verschwendet, und sie haben die Politik der Unterdrückung der Frauen als exemplarischen Kampf gegen alle Ansprüche auf Bürgerrechte geführt.

Die Kampagnen der achtziger Jahre zur Bekräftigung des Verschleierungsgebots hatten vielfache Auswirkungen und einen geradezu magischen Effekt. Zunächst und vor allem war das Beharren auf dem Schleier Ausdruck einer Offensive gegen alle demokratischen Formen. Die weibliche Hälfte der Bevölkerung sollte gezwungen werden, sich wieder unsichtbar zu machen, sich in den häuslichen Bereich zurückzuziehen und sich in öffentliche Angelegenheiten nicht mehr einzumischen. Das konnte auch als Botschaft an die andere Hälfte der Bevölkerung verstanden werden: demokratische Mitwirkung ist kein selbstverständliches Privileg. Außerdem diente die Auseinandersetzung um die Verschleierung der Ablenkung von anderen sozialen Problemen – namentlich der Arbeitslosigkeit und dem Bevölkerungswachstum. Von 1985 bis 1990 ist die Bevölkerung der arabischen Staaten um 29 Millionen auf 217 Millionen Menschen gewachsen. Mit 3,9 % gehört die jährliche Geburtenrate in dieser Region zu den höchsten der Welt. Angesichts dieser Entwicklung wäre es eigentlich die Pflicht der Regierungen gewesen, eine gesellschaftliche Debatte über dieses Problem zu eröffnen. Es war klar, daß die unkontrollierte Bevölkerungsentwicklung nicht nur den Arbeitsmarkt durcheinanderbringen würde, sie drohte alle sozial- und wirtschaftspolitischen Planungen zunichte zu machen, vor allem im Bildungs- und Gesundheitswesen. Unter diesen Umständen hätte man eine soziale Anstrengung unternehmen müssen, die alle Kräfte einbezieht: alle Bürger, Männer und Frauen, hätten Verantwortung übernehmen sollen, die Parteien, die Gewerkschaften und die nicht-staatlichen Organisationen wären gefordert gewesen. Aber nichts dergleichen geschah. Im Gegenteil – alle fortschrittlichen Kräfte wurden mit den traditionellen Machtmitteln unterdrückt: Verfolgung und Verhaftung der intellektuellen Wortführer, Zensur von Veröffentlichungen, Unterdrückung jeder abweichenden Meinung, Verbot oppositioneller Vereinigungen.

Und zugleich versuchte man, sich eine neue anti-demokratische Kultur nach den Richtlinien des Innenministeriums zu schaffen. Der Öl-Reichtum machte es möglich: eine Art »Petro-Islam« wurde propagiert, dessen wichtigste Botschaft darin bestand, blinden Gehorsam gegenüber den Führern zu verlangen. Seit Anfang der siebziger Jahre erhielten die konservativen religiösen Bewegungen in den arabischen Staaten systematisch finanzielle Unterstützung. Zu den wichtigsten Förderern dieser Politik gehörte der ägyptische Präsident Sadat: »Anwar Sadat war an die Macht gekommen und hatte bereits begonnen, die Politik Nassers in vielen Bereichen zu widerrufen. Nasseristen und Kommunisten wurden offiziell zu Feinden des Regimes erklärt. Sadat traf die Entscheidung, die politische Rechte, und vor allem die religiöse Rechte zu stärken, weil er, abgesehen von der Armee, über keine eigene Machtbasis verfügte. Auf Anregung Sadats machte König Faisal von Saudi-Arabien 1971 dem Rektor der berühmten Al-Azhar Universität von Kairo (der wichtigsten Institution islamischer Religionswissenschaft), Scheich Abdel Halim Mahmoud, das Angebot, hundert Millionen Dollar für eine Kampagne gegen Kommunismus und Atheismus und für den Sieg des Islam zur Verfügung zu stellen. Man kam zu einer Übereinkunft – ein solcher Vertrag zwischen einem Staat und einer religiösen Institution in einem anderen Land war ohne Vorbild ... In der Folge wurde ein aufwendiger Werbefeldzug geführt: neue Bücher erschienen, man erhöhte die Studentenzahlen, neue Moscheen wurden gebaut.«[2]

Die arabischen Staaten widmeten sich also der Durchsetzung der Verschleierung. Es wäre allerdings ihre Aufgabe gewesen, auf das alarmierende Bevölkerungswachstum aufmerksam zu machen und nach Lösungen für dieses Problem zu suchen. Dabei hätte sich gezeigt, daß die Marginalisierung der Frauen, die Politik, ihnen den Zugang zu Bildung und Arbeitswelt zu verwehren, eine der Hauptursachen für die hohe Geburtenrate ist. Internationale Studien lassen keinen Zweifel daran, daß Bildungsprogramme für Frauen ein wirksames Mittel der Bevölkerungspolitik sind. Doch bis heute gibt es keine ernstzunehmenden umfassenden und demokratisch geplanten Strategien gegen die Bevölkerungsexplosion in den arabischen Staaten. Also müssen wir davon ausgehen, daß im Jahr 2000 pro tausend Einwohner 64 Kinder geboren werden –

die Bevölkerung der arabischen Länder wird dann auf 281 Millionen gewachsen sein.[3] Schon heute sind etwa zwei Drittel der Bevölkerung jünger als 25 Jahre; um die demographische Krise zu bewältigen, müßten im Jahr 2000 also mindestens 145 Millionen neue Arbeitsplätze geboten werden.

In den reichen EG-Ländern sehen sich die Regierungen derzeit im Rechtfertigungszwang. Die Rezession ist nicht zu leugnen, und die Bürger dieser europäischen Staaten erwarten von ihrer politischen Führung Strategien zur Wiedererlangung der Vollbeschäftigung – dabei dreht es sich doch nur um relativ wenige Millionen Arbeitsplätze. Ganz anders in der arabischen Welt: die Probleme sind gewaltig, aber die Regierungen scheint das nicht zu beeindrucken. Die wirtschaftliche Entwicklung ist kein Thema, man bemüht sich, die Aufmerksamkeit auf Religion und Moral zu lenken. Alles soll moralisch beurteilt werden, auch wenn es nur um die Geschäfte, das Einkommen und die Steuern geht. Aber im Zentrum dieser Diskussionen steht das Verhalten der Frauen und letztlich die weibliche Sexualität. Die Frage, ob Frauen ihre Haare frisieren oder verhüllen, wird in den staatlich kontrollierten Fernsehprogrammen diskutiert, als ginge es um das Überleben der Nation. So ganz falsch ist das nicht: der Schleier hat in der Geschichte der modernen arabischen Staaten noch immer eine unverzichtbare Funktion.

Das arabische Wort *bidschab* steht für »Schleier«, im stofflichen wie im übertragenen Sinn: es kann der Vorhang gemeint sein, aber auch das Verhüllen, Verbergen. Ich rede selbstverständlich nicht bloß von Bekleidungsvorschriften. Wenn eine Frau ihre Haare und ihr Gesicht mit einem Kopftuch verhüllt, muß das nicht zwangsläufig die Folge der Vorschriften sein, die ihr der Staat oder ihr Ehemann gemacht haben. Sie kann mit diesen Formen spielen, so wie sie Kosmetika benutzt oder mit der Mode geht. Der »Schleier«, auf den ich mich hier und in vielen meiner Arbeiten beziehe, ist das politische Prinzip des *bidschab*. Also etwa das »Gesetz über den Schleier«, das der Imam Chomeini im Juli 1980 in Kraft setzte und das allen Frauen im Staatsdienst den Schleier verordnete. Oder die politische Praxis in Saudi-Arabien, wo die Polizei darüber wacht, daß sich keine Frau ohne Kopfbedeckung in der Öffentlichkeit zeigt – sogar Ausländerinnen sind diesen Vorschriften unterworfen.

Genaugenommen muß man das Verschleierungsgebot als eine Form von Terrorismus begreifen: es ist Ausdruck einer politischen Situation, in der alle Formen persönlicher Entfaltung brutal unterdrückt werden, weil die Herrschenden zu dem Schluß gekommen sind, daß nur die Abwehr demokratischer Entwicklung ihr Überleben sichert. Der gemeinsame Nenner der neuen Terrorismuswelle und des alten Prinzips der Verschleierung besteht in der erbarmungslosen Praxis, jede individuelle Äußerung, alle Stimmen aus der Bevölkerung zu ignorieren und zum Schweigen zu bringen. Es handelt sich um eine Art von bizarrer Wahrnehmungsverzerrung, die auch mit der Geschlechterordnung zu tun hat. Der Terror geht von den Männern aus, das Verschleierungsgebot trifft die Frauen.

In den achtziger Jahren ist der Schleier als politisches Prinzip in verschiedenen Ländern unter Berufung auf die Staatsreligion durchgesetzt worden. Es waren politische Führer von ganz unterschiedlichem Zuschnitt, die dafür gesorgt haben: etwa der König von Saudi-Arabien oder der Imam Chomeini im Iran, und es ging dabei durchaus nicht nur um die Frauen, die Religion und die Sittlichkeit. Daß die reichen Ölstaaten eine so unglaublich aggressive Politik in der Frage der Verschleierung verfolgten, muß als eine Offensive gegen alle demokratischen Prozesse gesehen werden, als Angriff auf die zarten Ansätze zur Herausbildung einer zivilen Gesellschaft. Vor allem sollte die Idee der Kontrolle politischer Entscheidungen zurückgewiesen werden, und zu diesem Zweck schien die Verschleierung der Hälfte der Bevölkerung genau das richtige Mittel; »das Medium war die Botschaft«, um es mit McLuhan zu sagen. Den Frauen wurde die Rolle stummer Mitspieler auf der politischen Bühne zugewiesen, aber die Botschaft richtete sich an die Untertanen beiden Geschlechts: Haltet den Mund und haltet euch heraus!

Ich habe mich in den achtziger Jahren immer wieder gefragt, wie es dazu kommen konnte, daß die muslimischen Politiker ihre »Auffassung« von der Religion und den geheiligten Regeln nur noch im Befehlston ausdrückten, indem sie uns Frauen anwiesen, das Haar zu bedecken, die Brust unter dem Tschador zu verstecken und ängstlich schweigend mit demütig gesenktem Blick aufzutreten. Wenn sie uns denn zum Islam zurückführen wollten (weil wir ihrer Meinung nach den rechten

Weg nicht finden), dann hätten sie sich ja auch auf den frühen Islam beziehen können, jenes erste Jahrzehnt im islamischen Kalender, als der Prophet Mohammed in Medina lebte und wirkte. Ich habe mich mit dieser Zeit (622-632 n.Chr.) ausführlich beschäftigt, als ich an meinem Buch über »Mohammed und die Frauen«[4] arbeitete, und ich habe ein positives Bild gewonnen: der Prophet achtete die Frauen, er gewährte ihnen den Zugang zu den Moscheen und gleiche Rechte in der Religionsgemeinschaft. Und heute? Politiker, die als Imame auftreten und umgekehrt, muten uns eine Auslegung des Islam zu, die uns die Würde nimmt und allein Gehorsam fordert. Wissen sie nichts davon, daß die Frauen in der Geschichte der islamischen Welt eine aktive Rolle gespielt haben? Wollen sie nicht begreifen, daß dieser Strang der Tradition die Möglichkeit eröffnet, eine islamische Gesellschaft zu schaffen, in der die Menschenrechte geachtet werden?

Der Beitrag »Frauen in der Geschichte der Muslime« in diesem Buch zeigt, daß sich in den klassischen Chroniken und religionswissenschaftlichen Texten genug Beispiele selbstbewußten und gleichberechtigten Handelns der Frauen finden. Die politischen Führer der muslimischen Staaten wie ihre Gegner, die sich auf die Religion berufen, könnten sich auch auf diese Tradition beziehen – wenn sie nur wollten. Aber das interessierte die Imame und Emire der Ölstaaten offensichtlich nicht. Sie benutzten die Überlieferung nur, um ihre Macht zu sichern: der Bezug auf den Islam als Bekenntnis und Kulturerbe diente ihnen dazu, als Sittenrichter aufzutreten und ihre politischen Absichten aggressiv durchzusetzen. Der »Petro-Islam«, den sie finanzierten, hatte nur den Zweck, ihren unverantwortlichen Umgang mit den natürlichen und sozialen Ressourcen zu verschleiern und dafür zu sorgen, daß keine Kritik an der autoritären Führung aufkommen konnte. Dabei wäre gerade in den achtziger Jahren die demokratische Kontrolle der politischen Entscheidungen geboten gewesen, nicht nur für die Frauen, sondern für alle Bürger muslimischer Staaten. Wenn die Frauen die Möglichkeit gehabt hätten, auf die Entscheidungen der staatlichen Planungsinstanzen einzuwirken, wären vielleicht ihre wahren Probleme auf die Tagesordnung gesetzt worden – nicht die Frage der Verhüllung von Haar und Gesicht, sondern der Analphabetismus, die

Sozialversicherung und der Mindestlohn, und selbstverständlich die »Familienplanung«.

Im weltweiten Vergleich liegt die Rate der Analphabetinnen in vielen muslimischen Ländern außerordentlich hoch. Eine Studie der UNESCO weist für Mauretanien, den Sudan und Somalia Quoten von über 80 % aus. Auch in Saudi-Arabien können 75 % der Frauen nicht lesen und schreiben, zwei Drittel der weiblichen Bevölkerung Marokkos und die Hälfte der Frauen in Algerien, Libyen, Tunesien und Ägypten sind noch immer Analphabetinnen.[5] Für die politische Führung dieser Länder scheint das kein nationales Problem zu sein. Sie berufen sich zwar auf den Islam, aber sie scheinen völlig vergessen zu haben, daß zu den wichtigsten ethischen Prinzipien dieser Religion die Gruppensolidarität, das gleiche Anrecht auf die vorhandenen Mittel und Möglichkeiten gehört. In einer Welt, in der es als ein elementares Menschenrecht gelten muß, Zugang zu Informationen zu besitzen, erleben es Frauen als eine Verstümmelung, eine Art von Blindheit, nicht lesen und schreiben zu können. Ein muslimisches Staatsoberhaupt, das es ernst meint mit der Religion, kann dieses Problem nicht ignorieren.

Auch das Bevölkerungswachstum hätte gesteuert werden können, wenn diese Länder umfassende Strategien gegen den Analphabetismus der Frauen entwickelt hätten, anstatt Geld für eine Pflege der religiösen Tradition auszugeben, die letztlich nur die Vorstellungen des Innenministeriums von der Gehorsamspflicht der Muslime verbreiten sollte. Seit Anfang der achtziger Jahre zeigen statistische Erhebungen aus Ländern der »Dritten Welt«, daß es kein besseres Mittel der Geburtenkontrolle gibt als Bildungsprogramme für Frauen. Den Statistiken kann man entnehmen, daß in Marokko Frauen, die nicht lesen und schreiben können, im Durchschnitt fünf bis sechs Kinder zur Welt bringen. Frauen, die in die Grundschule gegangen sind, haben durchschnittlich nur noch vier Kinder. Frauen, die weiterführende Schulen besucht haben, entwickeln bereits eine andere Mentalität. Sie machen sich Gedanken über die »Lebensqualität«, sie planen für sich und ihre Kinder und versuchen, ihr Leben nach ihren Möglichkeiten einzurichten – dazu gehört die Reduzierung der Schwangerschaften. Dagegen können die Frauen aus den ärmsten Schichten, die in der Regel auch Analphabetinnen sind, sich nicht als selbständig Handelnde begreifen, sie haben gar keine Chance, ihr Leben zu bestimmen und zu planen.

Zweifellos kommt den Frauen eine Schlüsselrolle bei der Lösung der Probleme des Bevölkerungswachstums in den Mittelmeerrandstaaten und der daraus folgenden Migration zu, die heute immer weiter erschwert wird. Aber, wie ich es in dem Beitrag »Bevölkerungsplanung ohne Demokratie?« dargestellt habe, kann diese Lösung nicht darin bestehen, den Frauen empfängnisverhütende Mittel aufzuzwingen, sondern sie müssen endlich in die Lage versetzt werden, selbstbewußt ihre eigene soziale, politische und wirtschaftliche Rolle zu spielen. Und damit sind wir wieder bei der Frage, die mich unablässig beschäftigt hat – warum diese Frauenfeindlichkeit? Nach wie vor erscheint mir das Bild der arabischen Welt irgendwie absurd und surreal: Wir besitzen mehr als genug Ressourcen und »Humankapital«, um als eine Weltmacht aufzutreten, und wir könnten uns als eine Gemeinschaft erweisen, die in Frieden und Ausgleich und nach ethischen Grundsätzen lebt – aber die alltägliche Wirklichkeit ist Mißwirtschaft, Leid und Gewalt.

Warum, so frage ich mich, können unsere Politiker den Anblick von Frauenhaar nicht ertragen? Was ist so schrecklich an der Vorstellung, daß eine muslimische Frau stolz und aufrecht steht, die Brüste nicht versteckt und den Blick eines Mannes erwidert, um zu sehen, was seine Absichten sind? Aber offenbar finden die Politiker an unseren Frisuren, unseren Gesichtern und unseren Blicken keinen Gefallen. Im Gegenteil: es scheint, als seien sie gerade von der Unterwürfigkeit und Selbstverleugnung der Frauen fasziniert, von ihrer Opferrolle, dem stillen und demütigen Kopfnicken. Seit Jahren habe ich mich gewundert, weshalb die Frau ihrer Träume ein völlig verschleiertes stummes Wesen ohne Selbstachtung ist. Es handelt sich ja nicht zuletzt um eine politische Wunschvorstellung, die alle muslimischen Männer teilen, von rechts bis links, von den Regierungsmitgliedern bis zu den Kämpfern der Untergrundbewegungen. Ob es sich um Emire in einflußreicher Stellung in einem ölreichen Land handelt oder um die Präsidenten von kleinen Republiken, die sich kaum Hoffnungen auf den Ölreichtum machen können, all diese Muslime träumen offenbar nur von der ewig stummen, demütigen und stets gebeugten Frau.

An manchen Nachmittagen im Sommer ist mir das alles ziemlich egal. Ich sitze auf meinem Balkon am Strand von Temara, zehn Kilometer außerhalb von Rabat, und schaue mir die Leute an: Zehntausende von jungen Menschen beiden Geschlechts, die aus irgendwelchen trostlosen Barackensiedlungen kommen, wo die ganze Familie in einem engen, kahlen Raum lebt. Sie tragen Jeans, T-Shirts und Tennisschuhe aus marokkanischer Produktion, und sie haben viele Kilometer zurückgelegt, um hier an den Stränden der Atlantikküste zu promenieren. Da gibt es Mädchen, die einen langen Weg hinter sich haben, nur weil sie Schwimmen gehen wollen. Und dann frage ich mich, wie lange es sich die arabische Welt eigentlich noch leisten kann, einfach so ins 21. Jahrhundert hineinzustolpern, ohne einen Dialog zwischen dem Staat und der Jugend und vor allem zwischen dem Staat und den jungen Frauen zu eröffnen? Wie lange wollen die Politiker noch ihren Fantasien von der vollkommen unterwürfigen Frau nachhängen, während die Frauen längst die traditionellen Rollen aufgegeben haben und den männlichen Wunschvorstellungen kaum noch entsprechen?

Vielleicht sollten wir spezielle Bildungsstätten einrichten, in denen Frauen ganz traditionell erzogen werden – die könnten unsere Politker dann anbeten und heiraten, und wir würden die politischen Geschäfte übernehmen und mit Klugheit und demokratischem Geschick das Beste aus den Ressourcen unserer Länder machen. Oder wir gründen Erziehungsanstalten, in denen sich die Politiker einer Art »Gehirnwäsche« unterziehen können, um ihre Obsessionen loszuwerden und endlich nicht mehr von gehorsamen stummen Dienerinnen träumen zu müssen. Wenn ich so auf meinem Balkon sitze, kann ich mir manches vorstellen. Wie wäre es mit einem Emanzipations-Impfstoff, der allen künftigen Politikern so ungefähr im Alter von 21 Jahren verabreicht würde, damit sie nicht mehr von der Angst vor starken und selbstbewußten Frauen befallen werden? So etwas sollten die muslimischen Frauen erfinden! Jedenfalls muß etwas geschehen, um den Männern die Augen zu öffnen und ihnen klarzumachen, daß die gehorsame Frau ihrer Träume kaum noch zu finden sein wird. Nirgendwo auf der Welt – also auch nicht in der arabischen Welt.

Die muslimischen Politiker werden sich mit selbstbewußten Frauen auseinandersetzen müssen, und auch die Berufung auf die »besondere kulturelle Tradition« der islamischen Welt wird ihnen nichts nützen. Die Situation erinnert an die Probleme mit der Abschaffung der Sklaverei. Als die Kolonialmächte Frankreich und England am Beginn unseres Jahrhunderts ein Verbot der Sklavenhaltung erließen[6], wehrten sich viele arabische Herrscher gegen diese Maßnahme und verwiesen auf die »geheiligte Tradition des Islam«. Fast ein Jahrhundert lang konnten sie die neuen Bestimmungen unterlaufen, bis schließlich das Kaufen und Verkaufen von Sklaven zu einem Vergehen erklärt und tatsächlich strafrechtlich verfolgt wurde. Noch 1956 erklärte ein Delegierter Saudi-Arabiens bei den Vereinten Nationen, daß es in seinem Land zwischen 150 000 und 500 000 Sklaven gebe.[7]

Aber wir Frauen dürfen auf keinen Fall bis zum Jahr 2093 warten, um endlich zu erleben, daß die politischen Führer von ihrer Vorstellung Abschied nehmen, sie könnten sich Frauen wie Haustiere halten. Entweder erfinden wir den »Emanzipations-Impfstoff«, oder es gelingt uns ein anderer Trick, ihnen solche Fantasien auszutreiben. Auf meinem Balkon, im letzten Sommer, ist mir nur ein Werbespruch eingefallen, der sich an die bekannte Benzinreklame mit dem Tiger anlehnt: »Pack die Powerfrau in den Kopf!« Aber wenn wir für solche simplen Ideen die Petro-Dollars zu Verfügung hätten, die sonst für ideologische Kampagnen ausgegeben werden, dann könnten wir eine Kulturrevolution auslösen.

Ich wünsche eine angenehme Lektüre und möchte abschließend daran erinnern, daß wir keine Chance gegen die Wall Street haben, solange wir nicht den Emiren ihre idiotischen Frauenbilder ausgetrieben haben. Die Ölscheichs brauchen die Wall Street und umgekehrt. Aber selbstbewußte Frauen sind bislang weder in der Welt der Muslime noch in der Welt der kapitalistischen Ketzer erwünscht.

Wie um alles in der Welt finden wir einen Ausweg aus dieser Misere? Die Arbeiten aus vergangenen Jahren, die in diesem Buch versammelt sind, dokumentieren meine verzweifelten Versuche zu begreifen, wie ich und Millionen anderer Frauen in diese Lage geraten sind. Vielleicht kommt eine der Leserinnen auf die entscheidende neue Idee, die besser ist als die Hoffnung auf den feministischen Impfstoff.

Fatema Mernissi
Im Frühsommer 1993

Anmerkungen

1 Daniel Galik (Hg.), *World Military Expenditures and Arms Transfers,* US Arms Control and Disarmament Agency : Defense Programs and Analysis Division, Washington D.C., 1988.
2 Mary Ann Weaver, »The Trail of the Sheikh«, in: *The New Yorker*, 12. April 1993.
3 Schätzungen aus dem Statistischen Jahrbuch der UNESCO von 1988.
4 Fatema Mernissi, *Der politische Harem: Mohammed und die Frauen*, Frankfurt a.M.: Dağyely, 1989.
5 Abdelkader Sidi Ahmad, *Le Monde Arabe à l'Horizon 2000,* o.O., UNESCO BEP GPI/51.
6 Das britische Parlament erließ am 25. März 1807 den »Plymouth Act«, ein Gesetz, das die Einfuhr von Sklaven in alle Länder untersagte, die unter englischer Herrschaft standen.
7 Ibrahim Baba Kabé, »La Traite Négrière«, in *Présence Africaine*, 1987.

Schreiben ist die beste Schönheitskur*

»Schreiben – belebend und pflegend, Tag für Tag.«
»Gleich nach dem Aufstehen angewandt, regt Schreiben die Zellaktivität an. Schon nach den ersten Federstrichen auf dem weißen Blatt Papier straffen sich die Augenlider, und Ihre Haut erwacht.«
»Am Mittag geht es Ihrer Haut blendend. Die aktiven Wirkstoffe des Schreibens stützen die Gewebestruktur.«
»Und am Abend ist Ihre Haut entspannt, die Falten haben sich geglättet.«

Ich kann tägliches Schreiben nur empfehlen! Letztlich wirkt es genau so sicher wie die Creme »Résistance« von PHAS, deren Werbesprüche ich mir geborgt habe. Versuchen Sie es – es kostet nichts, im Gegenteil, Sie sparen auch noch das Geld für die Gesichtscreme. Zum Schreiben braucht man nur einen *bic*-Kuli für einen Dirham, ein Schreibheft für 1.50 DH und die Zeit, die man sich nimmt: hier eine Stunde, da eine Stunde, das läßt sich reihen wie Perlen auf die Schnur.

Am besten fangen Sie gleich morgen an. Lassen Sie die Feuchtigkeitscreme weg, stehen Sie lieber eine Stunde früher auf, nehmen Sie Stift und Papier – und haben Sie Geduld! Bleiben Sie ganz gelassen, irgendwann passiert etwas auf dem Blatt: der Kopf ist plötzlich wach, neue Energien werden freigesetzt, und die Ideen stellen sich ein.

* Der Text erschien als Einleitung zu einem Buch, das Arbeiten von Frauen versammelt, die im Rahmen eines *workshops* in Tunis im Sommer 1991 entstanden waren. Die Übersetzung ist leicht gekürzt.

Schreiben ist das beste Mittel gegen alle Arten von Krisen und gegen Falten jeden Grades. Nur gegen graue Haare hilft es nicht, da bleibt das Henna unverzichtbar. Bei aller Liebe zu den Gebräuchen meines Landes muß ich allerdings zugeben, daß die Anwendung von Henna eine etwas unsichere Sache ist. Mal werden meine Haare karottenrot, mal altrosa. »Koleston 2000« von »Wella« bietet doch etwas mehr Sicherheit, was den Farbton angeht ...

Sie sollten täglich eine Stunde schreiben – irgendwas, und wenn es nur eine Mitteilung an die Elektrizitätsgesellschaft ist, daß die Straßenlaterne vor Ihrer Haustür nicht funktioniert. Die Wirkung dieser täglichen Übung auf die Gesichtshaut ist erstaunlich: Der verkniffene Ausdruck um die Mundwinkel verschwindet, die Brauen sind nicht mehr zusammengezogen, die Starre des Blicks löst sich; und irgendwann kehrt innere Ruhe ein.

Ist Ihnen nicht auch schon aufgefallen, daß Frauen wie Nawal Saadawi und Assia Djebbar, oder Hanana ech-Cheikh und Liana Badr, um nur einige Beispiele zu nennen, so jugendlich wirken? Sie sprühen vor Energie! Und wie ihre Augen strahlen und ihre Haare glänzen! Das kommt vom Schreiben, ganz bestimmt, und keine Aufbaucreme und keine belebende Kurpackung hat eine ähnlich wunderbare Wirkung.

Sie finden meine Theorie vom Schreiben als Verjüngungskur nicht überzeugend? Das macht mir gar nichts. Schließlich habe ich beides selbst ausprobiert, die Schönheitscremes und das Schreiben. Und ich kann bestätigen: Schreiben wirkt viel besser!

Billiger ist ein gründliches *face-lifting* in den arabischen Ländern nicht zu bekommen. Und dabei haben wir es gerade hier so nötig. Von der Regierungspolitik über das Wirtschaftsklima bis zur ideologischen Umweltverschmutzung trägt alles dazu bei, die Frauen vorzeitig altern zu lassen: jedes halbe Jahr ein Nervenzusammenbruch, einmal im Monat ein Herzanfall, mit fünfundzwanzig schon grau und ab dem zwanzigsten Lebensjahr monatlich mindestens fünf neue Falten im Gesicht.

Ich empfehle natürlich nur, was ich selbst getestet habe – genau wie die Frauen in der Waschmittelwerbung, die jetzt so häufig bei uns im Fernsehen gezeigt wird. Also, ich schreibe regelmäßig seit über zwanzig

Jahren, so wie andere ihre Yogaübungen machen oder boxen ... Und alle Welt macht mir Komplimente: »Du wirst ja immer jünger! Gut siehst du aus! Wie kriegst du das nur hin?« Mein Geheimnis ist das Schreiben. Selbst wenn ich mich mit dem Gemüsehändler streite, der mir (schon wieder!) drei angefaulte Birnen untergeschoben hat (ein Kilo sind nur fünf), dann schreibe ich mir ein kleines Drehbuch: was werde ich sagen, was gibt er zur Antwort ... Ich analysiere die möglichen Handlungsvarianten, lege mir die Antworten zurecht und achte darauf, daß ganz deutlich wird, worum es mir geht – daß ich nämlich drei Fünftel des Geldes wiederhaben will! Darauf kommt es beim Schreiben an: man macht sich klar, was man sagen will, und dann versucht man mit allen Mitteln, es dem Gegner beizubringen.

Entschuldigung! Ich meine natürlich: dem Leser beizubringen! Beim Schreiben hat man keinen Gegner, es ist eben doch kein Boxkampf. Beim Boxen geht es darum, dem Gegner eins auf die Nase zu geben – Zack! Da heißt es, er oder ich! *Ahafid! Assatar!* Aber beim Schreiben sollen die Nasen aller Beteiligten unversehrt bleiben, aus dem Gegner soll ein Gegenüber werden.

Das ist das ganze Geheimnis: Uninteressierte in aufmerksame Leser und Leserinnen zu verwandeln. Und darum hat das Schreiben, ganz im Unterschied zum Boxen, die belebende Wirkung einer Schönheitskur. Es macht aus den »Ungeheuern«, von denen wir umgeben sind, liebenswerte Gesprächspartner, die uns begeistert zuhören. Wer schreibt, kann sich Gehör verschaffen, ohne sich heiser zu schreien. Wenn Sie gelernt haben, schreibend deutlich zu machen, was Ihnen am Herzen liegt, werden Sie feststellen, daß andere, Unbeteiligte, Geld ausgeben, um zu erfahren, was Sie zu sagen haben. Ist das nicht großartig? Die arabischen Frauen sollten von dieser Möglichkeit unbedingt Gebrauch machen, mindestens so ausgiebig wie von der Feuchtigkeitscreme!

Sicher werden Sie sich nun fragen, wie es denn gelingen soll, all die Monster (die sich oft als Freunde, Kollegen, fromme Muslime oder freundliche Staatsdiener tarnen) in aufmerksame Partner zu verwandeln? Hier zeigt sich, wie sehr das Schreiben die Wirkung von Ausgleichssport und Verjüngungskuren übertrifft: Man muß sich selbst verwandeln, dann werden die anderen Interesse zeigen. Das heißt zum

Beispiel, trotz allen Zweifels und aller eigenen Unsicherheit, daran zu glauben, daß es wichtig ist, sich zu äußern, und daß die kleine Flamme, *schu'la*, das Licht, das man in sich trägt, Aufmerksamkeit verdient.

Damit die anderen nicht mehr wie Ungeheuer über einen herfallen, sobald man den Mund aufmacht, um eine interessante und (ganz bestimmt) einmalige Idee vorzutragen, sollte man zunächst selbst die Kampfhaltung des Boxers aufgeben. Es hat mich Jahre gekostet, das zu begreifen.

Als ich anfing zu schreiben, verfaßte ich giftige Artikel für die Monatszeitschrift *Lamalif*, die in den siebziger Jahren von Zakia Daoud begründet und, gegen alle Widrigkeiten, in Casablanca verlegt wurde. Irgendwann waren die Widrigkeiten dann nicht mehr zu überwinden, und das Blatt mußte sein Erscheinen einstellen. Aber das ist eine andere Geschichte, bleiben wir bei Schönheitscreme und Boxen. Viele meiner Freunde und Kollegen (und einige waren beides) fanden sich in meinen Artikeln sehr unfreundlich porträtiert. Erbitterte Auseinandersetzungen waren die Folge. Irgendwann kam ich zu dem Schluß, daß es so wirklich nicht weitergehen konnte. Ob ich es mit einem positiven Ansatz versuchen und mich einfach auf das Machbare konzentrieren sollte, statt mich mit den Unmöglichkeiten aufzuhalten? Vielleicht konnte ich Hoffnung wecken, mir selbst und anderen vorführen, wie man durch den Dreck geht, ohne auszurutschen, und wie man es schaffen könnte, sich schließlich am eigenen Schopf aus dem Sumpf zu ziehen. Warum nicht versuchen, eine bessere Welt zu erfinden? Was hatte ich zu verlieren?

Dieses Eingeständnis eröffnete mir eine ungeahnte Fülle neuer Erfahrungen: Freundschaften, Bündnisangebote, harte, aber konstruktive Kritik. Die Leser und Leserinnen machten mir Mut, auf diesem Weg weiter zu gehen, sie teilten ihre Gefühle, ihre Träume und Hoffnungen mit mir. Das ging so weit, daß ich Rabat kaum zehn Tage verlassen konnte, ohne schreckliches Heimweh zu bekommen. Meinen Zorn hatte ich dabei fast verloren, er fand jedenfalls veränderte Ausdrucksformen.

Wer schreiben will, muß sich auf die eine oder andere Art von seiner Wut freimachen, muß lernen, sie zu beherrschen – es hat wenig Sinn, sie bloß zu Papier zu bringen. Ich will einen Autor ja nicht lesen, um mich nur von seinem Zorn anstecken zu lassen, sondern ich möchte in allen Einzelheiten vorgeführt bekommen, woraus sich dieser Zorn nährt: ich will alles wissen über die unendlich vielfältigen Formen unterdrückter Gefühle und kompliziert verschränkter Empfindungen, die zu Enttäuschung und Demütigung geführt haben. All diese kleinen Regungen interessieren mich, die den Bewohnern des *maghreb*, gleich welchen Geschlechts, alltäglich vertraut sind. Und natürlich geht es mir vor allem um die Gefühle der Frauen, denn ihr Schweigen ist eine traditionelle Grundvoraussetzung unserer Gesellschaft: Seid still und fügt euch! Die meisten Männer haben auch nicht viel zu sagen, aber es bleibt ihnen erspart, ihre Machtlosigkeit als geheiligtes Prinzip, als unverzichtbares Moment ihrer Identität öffentlich vorgeführt zu bekommen. Genau das geschieht jedoch den Frauen: das Zivilrecht, Ausdruck der Macht, der sie sich unterwerfen sollen, ist in diesem Geiste formuliert.

Die Macht – das ist der Schlüsselbegriff, wenn vom Schreiben die Rede ist.

Seit Jahrtausenden haben die Menschen das Schreiben als ein Mittel begriffen, sich dem Zugriff der Macht zu entziehen. Ich kann mich zum Beispiel in einer stillen Stunde hinsetzen und einen langen Brief an den Chef des staatlichen Postwesens schreiben, der gerade mal wieder eine Mitteilung verschicken ließ, die wie eine Verlautbarung aus dem Weißen Haus während des Golfkriegs klingt. Dieser Postdirektor gehört zu den geheimnisvoll entrückten Persönlichkeiten im Königreich Marokko. Zu ihm vorzudringen, ist ein kompliziertes Vorhaben, schwieriger als eine Pilgerfahrt nach Mekka vor Erfindung der Dampfmaschine. Der Brief wird ihn vielleicht nie erreichen. Aber ich gebe zu bedenken, daß der Brief auch ankommen könnte. Selbst wenn die Chancen eins zu tausend stehen.

Schreiben heißt, solche winzigen, verschwindend geringen Chancen zu ergreifen. Schreiben heißt sich äußern, kommunizieren, auf die Gefahr hin, daß der Adressat nichts hören will und sich nicht dafür interessiert, was man zu sagen hat.

So verstanden, bietet das Schreiben allen, die isoliert, erniedrigt und machtlos sind, die einzigartige Möglichkeit, sich ihren eigenen kleinen Raum zu schaffen und einen Dialog zu eröffnen: zuerst mit sich selbst, dann mit den anderen und irgendwann vielleicht mit den Mächtigen …

Die mögen davon niemals Kenntnis nehmen, aber eins ist sicher: der tägliche Versuch, sich auszudrücken, bewirkt Veränderung. Man ändert nicht gleich die ganze Welt, aber sich selbst – und ich bin sicher, daß die Weltveränderung so ihren Anfang nimmt.

Das trägt mir natürlich Kritik von seiten unserer »Politiker« ein, die zumeist glauben, sie könnten uns ändern, indem sie uns die Ohren vollreden. Dabei schmoren sie selber seit Jahrzehnten im Saft ihrer Programme, die sich seit den großen Zeiten der Unabhängigkeitsbewegung kaum geändert haben. Ich will die Bedeutung der politischen Bewegungen gar nicht leugnen; ihr Kampf ist notwendig, um neue Inhalte zu vermitteln und veränderte Einstellungen zu erreichen. Aber in der Literatur, beim Schreiben geht es um andere Dinge, und es sind andere Töne gefragt.

Zurückhaltung und Bescheidenheit zum Beispiel. Der Politiker hat eine Botschaft zu verkünden, er bietet uns ein Programm an, das unser Leben ändern soll – ein Angebot, nicht anders als die Creme »Résistance« von PHAS. Das Schreiben (von Literatur, von Texten, die uns fesseln) ist dagegen eine unsichere Angelegenheit, das Unterfangen eines schwachen Menschen, der keine Lösung bietet, der sich selbst noch finden will und der keine Gewißheiten hat, der nur spürt, daß etwas nicht stimmt, daß etwas schmerzt.

Schreiben ist auch ein Bekenntnis zur Machtlosigkeit, das aber begleitet und gestützt wird von unglaublicher Großzügigkeit und einem wunderbaren Glauben an die Menschheit, an die Größe des Menschen, die darin besteht, daß er sich bessern kann. Wie eine archaische Form des Gebets drückt es den Glauben an die Möglichkeit des Austauschs und der Verständigung aus, die Überzeugung, das Gute in den anderen anrühren zu können, ihren Großmut, ihren Wunsch, sich zum Besseren zu wandeln.

Ja, auch wir *maghrebins* können es noch schaffen, obwohl wir schlecht gestartet sind in das elektronische Zeitalter. Wir sind erschreckt und verwirrt, aber wir können uns ändern, die Männer wie die Frauen, wir können uns verwandeln und unseren Platz auf dem Planeten finden, der seiner Bahn in die Galaxien der Zukunft folgt.

Und auf dem Weg in diese zukünftigen Welten braucht der Maghreb die vielstimmigen Beiträge der Frauen. Wir müssen lernen, die eigene Meinung klar zu fassen, unser Selbstbild und unsere Vorstellung von der Zukunft der Welt, in der wir leben, deutlich zu formulieren. Ohne Eitelkeit und ohne Machtanspruch – einfach nur in der Absicht, zu sagen, was wir denken. Es gibt ja so viel zu berichten: manche Frauen weben die herrlichsten Teppiche im Verborgenen, andere sticken, viele verbringen harte Tage und Nächte in den Fabriken, wieder andere sitzen in den trostlosen Büros der Verwaltung. Tausend Arten, seinen Beitrag zu leisten, tausend Möglichkeiten, zu erzählen. Wir müssen nur zusammenkommen, einander helfen und die graue Wirklichkeit vielstimmig zum Tönen bringen.

Und die Schreibenden, Schriftsteller und Schriftstellerinnen vor ihrem Blatt Papier, sie dürfen überzeugt sein, daß ihre kühnsten Träume wahr werden können. Unsere kleine Region, der Maghreb, ist nicht besonders reich, es gibt keine berühmten Forschungslabors, und es fehlt uns an demokratischer Erfahrung. Aber warum sollte es uns nicht gelingen, ein kleines Paradies des Dialogs und der Verständigung zu schaffen? Denken wir uns eine Welt, in der alle, Männer und Frauen, linke und muslimische Integristen, Staatsdiener und Studenten ihren Platz finden, sich trotz aller Gegensätze respektieren und miteinander weiterentwickeln.

Das ernsthafte Schreiben, die wahre Literatur, handelt vom Forschen und Suchen, sie verordnet keine Patentrezepte. Und, wie gesagt, die Wirkung übertrifft jede Schönheitskur.

Bagdad wieder aufbauen? Aber auf welchem Stern?

Gestern (am 6. Mai 1991) sagte mir ein amerikanischer Soziologe, der sich gerade hier in Rabat aufhält, er sei erstaunt, daß in der Stadt niemand vom Golfkrieg spreche – »as if it never happened«. Und zu meiner Überraschung antwortete ich, es sei auch besser, wenn die Araber schwiegen und wenigstens diesmal begriffen, daß man nur durch Handlungen die Zukunft gestaltet. Und daß ich aus diesem Krieg vor allem eines gelernt habe: die »tiefste der Einsamkeiten«, um es mit Tahar Benjelloun zu sagen, haben nicht die verarmten und unwissenden arabischen Männer und Frauen zu erdulden, so hart ihre Lage auch ist. Noch einsamer und gefährdeter als ein erniedrigtes arabisches Volk ist ein arabischer Führer, auch wenn er über alle äußeren Zeichen der Macht verfügt.

Wie schwach und einsam unsere politischen Führer sind! Manchmal kommen mir die Tränen, wenn ich ihre Auftritte im Fernsehen verfolge. Da stehen sie und wahren mehr oder weniger gut die Form, und hinter der Maske müssen sie über unsere Machtlosigkeit und Verzweiflung nachdenken. Das gilt im übrigen für alle, gleich welchem Lager sie angehören, ob sie für oder gegen Amerika Stellung bezogen haben.

Dieser Krieg hat etwas deutlich gemacht, das mir als Verweis auf die künftige Stärke der arabischen Welt im 21. Jahrhundert erscheint, die vielleicht weniger fern ist, als man glaubt: die arabischen Machthaber sind dazu verurteilt, das Schicksal ihrer Völker zu teilen! Der Krieg hat ein Ende gemacht mit dem geschichtlich tradierten Abstand zwischen den Mächtigen an der Spitze und dem ewig machtlosen Volk. Und nur das Verschwinden dieser Distanz könnte die Opfer im Irak, unter denen viele Kinder waren, wenn nicht rechtfertigen, so doch mit einem Sinn versehen: vielleicht kann man sie als heilige Opfer für die Entstehung einer Demokratie begreifen.

Ohne ein starkes arabisches Volk kann es keinen starken politischen Führer geben. Aber der Golfkrieg hat mit der dummen Vorstellung aufgeräumt, die Stärke eines Volkes bestehe einfach in seinem Rüstungspotential. Ein Volk beweist seine Stärke in seinem Bildungsstand, in seiner Fähigkeit zum Umgang mit Spitzentechnologie, nicht indem es auf einem Haufen Munition sitzt und den Finger am Abzug hat, ganz gleich ob es gegen innere oder äußere Feinde geht.

Eine amerikanische Armee hat eine arabische Armee besiegt, aber nicht wegen der stärkeren Feuerkraft. Das zu begreifen ist wichtig, unsere Zukunft hängt davon ab. Mindestens zwei Gründe für diesen Sieg sind zu nennen: die Demokratisierung der Macht und der Zugang der Mehrheit zur Bildung. Die amerikanische Armee besteht aus Männern und Frauen aller Konfessionen und Hautfarben, sie alle sind ausgebildet und erfahren im Umgang mit der zweckmäßigen Teilung von Aufgaben und Verantwortung. Es ist nicht zu übersehen, daß auf der irakischen Seite nur ein einziger politischer Wille bestimmend war: der des einzigartigen und unersetzlichen Saddam Hussein.

Im politischen System Amerikas werden die Meinungsverschiedenheiten offen ausgetragen, Geheimhaltung und Zensur bedarf der Zustimmung der politischen Akteure. Die Überlegenheit der Amerikaner bestand nicht zuletzt darin, daß alle Soldaten, von den unteren Rängen bis zu den Generalen, eine Mutter hatten, die schon lesen und schreiben konnte.

Bitte keine Aufregung, ich kenne ja die Gegenargumente. Natürlich kann man mir entgegenhalten, daß die qualifizierte Ausbildung in den USA nur einer reichen Oberschicht zugänglich ist, daß sie privat bezahlt werden muß, daß die schwarzen Amerikaner ausgeschlossen bleiben. All das ist zweifellos richtig, aber trotz solcher grundlegenden Ungleichheiten führt das amerikanische Bildungssystem dazu, daß die Masse der Bevölkerung Zugang zur Bildung hat und an politischen Entscheidungen mitwirken kann. Und beides bewirkt, daß in amerikanischen Köpfen eben nicht so viele lähmende und hemmende Faktoren das

Denken belasten wie in arabischen Köpfen – darum geht es, und diesen Aspekt darf man nicht aus dem Blick verlieren. Bitte keine Argumente aus der Mottenkiste des Nationalismus, ich habe ja nicht die Absicht, ein Loblied auf Amerika zu singen, nur um unsere Erniedrigung zu bekräftigen, die auch für mich schmerzlich ist. Ich versuche nur zu begreifen, was, kurz vor dem Beginn des 21. Jahrhunderts, die Stärke einer Nation ausmacht. Es mag schwer zu akzeptieren sein, aber ich bin überzeugt, daß uns auf diesem Weg nur die Demokratisierung des Wissens und der Entscheidungsstrukturen weiterbringt.

Und ich bitte darum, mir Gehör zu schenken, weil gerade mein eigener Schmerz und meine Erniedrigung mich dazu bringen, das Wort zu ergreifen. Meine frühere Arroganz habe ich in jener Nacht verloren, als auf Bagdad ein Feuer fiel, wie es die Mongolen nicht kannten.

Der Widerschein dieses Feuers war auf Millionen von Fernsehbildschirmen zu sehen, und der Tod im Irak wurde zur Unterhaltung. Ein grausames Schauspiel, gegen das die Volksbelustigungen des alten Rom sich geradezu niedlich ausnehmen: damals wurden nur ein paar Gladiatoren von den Löwen gefressen.

Wie sieht die arabische Welt aus, für die es sich lohnt, in die Schlacht zu ziehen? Wir führen lange Diskussionen darüber, aber sie soll doch zweifellos eine Welt sein, in der sich die Fähigkeiten der Araber entfalten können, in der das Denken seine Flügel ausbreiten und sich aufschwingen kann zu neuen Höhen. Und ich bin überzeugt, daß eine solche Welt nur entstehen wird, wenn die prägenden Einflüsse auf unser Denken von Menschen ausgehen, die sich auch mit den modernen Technologien auskennen. Aber es sind nicht die Scharen von Bildungsexperten, an die ich dabei denke – weder die Grundschullehrer, noch die Lehrer an höheren Schulen oder die Lehrenden an den Universitäten, auch nicht die Funktionäre in den Ministerien für Bildung und nationale Kultur. Nein – die Frauen sind die wichtigsten Erzieherinnen, sie, die Mütter, geben den Kindern in den fünf ersten, entscheidenden Lebensjahren alles Wissen, das sie besitzen.

Unsere arabischen Führer haben durch den Golfkrieg eine Lektion erteilt bekommen, die in keinem westlichen Lehrbuch steht: *Umm al Ma'arik*, die »Mutter der Schlachten«, muß nicht gegen die Amerikaner geführt werden, sondern gegen den Analphabetismus – den Analphabetismus bei Männern wie Frauen natürlich. Aber bislang sieht es ganz so aus, als sei das Budget der jeweiligen nationalen Erziehungsministerien ausschließlich für die Männer bestimmt. Dreißig Jahre nachdem Marokko die nationale Unabhängigkeit gewonnen hat, können noch immer 90 % der Frauen in den ländlichen Gebieten weder lesen noch schreiben; und politisch stehen sie hundertprozentig im Abseits. In der modernen Welt, wo die demokratische Wissensvermittlung und die Demokratie des Wissens zugleich Waffe und Munition ist, werden unsere politischen Herren unter solchen Voraussetzungen keine Führungsrolle spielen können. Solange ihre Mütter, ihre Schwestern, ihre Frauen, ihre Kindermädchen und ihre Arbeiterinnen und nicht zuletzt ihre Sekretärinnen ungebildet sind, werden sie rückständige Randfiguren in einer Welt bleiben, die bestimmt ist von der Kommunikation via Satellit. Nicht zu vergessen die Töchter: bekanntlich sind für den arabischen Mann die Töchter die einzigen weiblichen Wesen, um deren Zukunft und Wohlergehen er sich sorgt, und darum liegt ihm auch ihre Ausbildung am Herzen. Doch wir alle, ob Männer oder Frauen, werden uns erst dann aus den Zwängen des Sippendenkens lösen und den ersten Schritt in die neuen Räume des globalen Denkens machen, wenn wir begriffen haben, daß unser Schicksal an das Los der Geringsten in unserer Mitte gebunden ist: jener rechtlosen und mittellosen Frauen, die auf den Feldern und in den Fabriken arbeiten und noch immer jeder Art von Willkür ausgeliefert sind. Die Araber, die sich heute unterworfen, erniedrigt und verhöhnt fühlen, werden sich erst dann zu selbstbewußten und selbständigen Persönlichkeiten entwickeln können, wenn sie Selbstvertrauen mit der Muttermilch aufnehmen. Außerdem hängt dieses Selbstbewußtsein natürlich ab vom Zugang zum Wissen und zu Kenntnissen, die einen Wert haben. Erst wenn die politischen Führer der arabischen Nationen begreifen, daß sie ihre Macht daran messen müssen, wie sie auf die Bürgerinnen in den entlegensten Dörfern wirkt, erst dann kann die arabische Welt den Anspruch erheben, in der ganzen Welt mitzureden.

Araber, denen die Galaxien vertraut sind, die ihre Geheimnisse kennen und ihre Bewegungen verfolgen, werden nur von Müttern geboren, die ihre Vorstellungen so selbstverständlich an Satellitennetze knüpfen, wie einst ihre Vorfahren tausend Blumenmuster aus dem Gewebe der Teppiche blühen ließen.

Was wir alle so sehnlich wünschen, jener arabische Mensch, der in der Welt zu Hause ist, kann nur geboren werden, wenn wir begreifen, daß die Stärke einer politischen Führung nicht gleichbedeutend sein muß mit der Schwäche des Volkes und der Ausgrenzung der Frauen. Dieser neue Mensch wird seinen Wert allein durch sein Menschsein bestimmen, seine Geltung wird nicht mehr abhängig sein vom Geschlecht oder der Stellung in der Hierarchie. Und dann, meine Herren, werden die Araber auch keine *Umm al Ma'arik* (Mutter der Schlachten) und keinen *Abu 'l Hurub* (Vater der Kriege) brauchen, um ihre Macht zu zeigen und zu erproben. Ihre Stärke wird in menschlicher Milde und ruhiger Würde deutlich werden.

Für uns wie für alle anderen Bewohner unseres Planeten wird es in Zukunft um Bildung und Wissen gehen – wir werden alle auf derselben Hochzeit tanzen:

> »So erweist sich denn das Wissen nicht nur als Quelle höchstklassiger Macht, sondern auch als wichtigstes Bauelement von Gewalt und Reichtum. Anders gesagt: Aus dem Wissen als bloßer Zutat zu Geld und Muskelmacht ist Wissen zum Wesen der Macht geworden. Es ist letztlich der Machtausdehner par excellence. Darin liegt der Schlüssel zum vor uns liegenden Machtbeben, und das erklärt, warum der Kampf um die Herrschaft über Wissen und Kommunikationsmittel auf der ganzen Welt zu toben beginnt.«[1]

So sieht es Alvin Toffler, ein Prophet der Zukunft Amerikas, die zwangsläufig auch die unsere ist, während wir darauf warten, daß der König Schahradschar aufwacht.

Wa adraka Schahrazad as-sabah
fa-nadart illa al qamar al listina'i al Mubah.[2]

Anmerkungen

1 Alvin Toffler, *Machtbeben. Powershift: Wissen, Wohlstand und Macht im 21. Jahrhundert*, Düsseldorf, Wien, New York: Econ, 1991, S.40.

2 Fatema Mernissis Version der Formel, die jede der »Geschichten aus Tausendundeiner Nacht« beschließt: »Der Morgen überraschte Scheherazade, die den Blick auf den erlaubten Fernsehsatelliten gerichtet hatte.« Heute ist es eben nicht mehr der König Schahradschar, der entscheidet, wer reden darf (*al kalam al mubah*), sondern Ted Turner, der Direktor von CNN.

Die Kaufmannstochter und der Sohn des Sultans

Über die Eigenständigkeit des arabischen Feminismus

»Der Feminismus ist in der arabischen Welt nicht naturwüchsig entstanden, sondern aus den Metropolen des Westens importiert worden.«

In dieser häufig vertretenen Ansicht sind sich zwei soziale Gruppen einig, die eigentlich überhaupt nichts zu verbinden scheint: konservativ-religiöse arabische Führer und bornierte westliche Feministinnen. Beide gehen offenbar davon aus, daß die arabische Frau eine geistesschwache unterwürfige Kreatur ist, der es gefällt, in patriarchalisch organisierter Erniedrigung und institutionalisierter Entmündigung zu leben.

Welches Interesse die konservativ-religiösen arabischen Führer an einem solchen Bild der arabischen Frau haben, ist leicht zu begreifen: der patriarchalische Islam braucht diese ideologische Grundannahme. Seit den frühen Anfängen des Islam gilt die rebellische Frau als eine gefährliche Macht. Ich erinnere mich, schon im Alter von sechs Jahren fromme Ermahnungen erhalten zu haben, sobald ich meinen Kopf durchsetzen wollte: man zitierte die Sammlung von *hadiths** des berühmten Imam Buchari – dort ist von den Frauen meist im Zusammenhang mit dem Satan und dem Umsturz die Rede.

Im Koran werden die subversiven Umtriebe und die zerstörerische Macht der Frauen mit zwei Begriffen bezeichnet: *nuschuz* und *qaid*.

* Ein *hadith* ist ein überlieferter Ausspruch des Propheten oder eine Begebenheit in seinem Leben. Die Sammlungen von *hadiths* spielen eine wichtige Rolle in der islamischen Sittenlehre (Anm. d. Übers.).

Beide Begriffe sollen ausdrücken, daß die Frauen in der *umma*, der Gemeinschaft der Muslime, ein gefährliches Element von Verweigerung und Unzuverlässigkeit darstellen. *Nuschuz* bezieht sich im engeren Sinne auf die Auflehnung der Frau gegen ihren Gatten, und zwar gerade in jenem Bereich, in dem die weibliche Fügsamkeit besonders wichtig erscheint: *nuschuz* nennt der Koran die Weigerung der Frau, den Geschlechtsverkehr mit ihrem Mann zu vollziehen. *Qaid* ist der Schlüsselbegriff in der 12. Sure (»Joseph«), die davon berichtet, wie ein schöner Prophet sich den hartnäckigen Nachstellungen einer skrupellosen Ehebrecherin erwehren muß.

Obwohl also schon im siebten Jahrhundert der heilige Koran die subversive Kraft der Frauen brandmarkte, zeigen sich die heutigen arabischen Führer noch immer entsetzt und erheben ein großes Geschrei über die zerstörerischen Ideen aus dem Westen, sobald sie eine Spur von Auflehnung bei den arabischen Frauen zu entdecken glauben. Aber die Haltung dieser Männer ist verständlich: würden sie den Widerstand der Frauen gegen den patriarchalischen Islam als eine »innere Angelegenheit« betrachten, dann müßten sie sich eingestehen, daß der Angriff auf ihr System nicht von Washington und Paris ausgeht, sondern von den Frauen, mit denen sie das Bett teilen – zweifellos ein unerträglicher Gedanke!

Wie die heiligen Schriften der beiden anderen großen monotheistischen Religionen, der mosaischen und der christlichen, auf die sich der Islam bezieht und aus deren Quellen er schöpft, bietet der Koran Ordnungsstrukturen, die auf hierarchischen Beziehungen und sexueller Ungleichheit beruhen. Diese exemplarischen Formen sind im Verlauf von vierzehn Jahrhunderten islamischer Herrschaft gefestigt und auf verschiedene Weise ausgestaltet worden. Dazu gehört auch das Phänomen der *dschawâri*, der kultivierten und umfassend gebildeten Lustsklavinnen, die man sich im »Goldenen Zeitalter« hielt, als der Islam auf dem Höhepunkt seiner weltlichen, politischen und ökonomischen Macht war. Mit diesem geschichtlich bestimmten Archetypus müssen sich die arabischen wie alle anderen muslimischen Frauen auseinandersetzen. Die machthabenden Männer betrachteten die *dschawâri* als Luxusgüter, die man verschenkte und als Belohnung (oder zur Bestechung) verteilte, in gewisser Weise waren sie das weltliche Abbild der *huri*, jener ewig jungfräulichen, wunderschönen und liebenden weiblichen Wesen, die der Koran den Rechtgläubigen als Lohn im Paradies verspricht – den rechtgläubigen Männern, versteht sich. Für die Herausbildung und den Fortbestand der Geschlechterrollen in der muslimischen Kultur sind diese geistlichen und weltlichen Idealvorstellungen von Weiblichkeit von entscheidender Bedeutung gewesen. Mußten die Frauen dagegen nicht aufbegehren?

Aber im Unterschied zu den Vorstellungen, die sich die meisten Touristen und nicht wenige arabische Männer machen, hat das tägliche Leben einer Frau in der arabischen Welt mit den Geschichten aus Tausendundeiner Nacht nicht das geringste zu tun. Der Alltag der meisten marokkanischen Frauen, zum Beispiel, ist von harter Arbeit bestimmt, von großen, überlebensnotwendigen (und oft verkannten) Anstrengungen: Teppichweben, Nähen, Perlen- und Lederstickerei, auf dem Land die Feldarbeit, in der Stadt die kleinen Jobs in der allumfassenden staatlichen Bürokratie, außerdem die Lohnarbeit in der Leichtindustrie und im Dienstleistungssektor und selbstverständlich auch Hausarbeit, Küche und Kinder.

Die Frauenarbeit wurde schon in den traditionellen patriarchalischen Gesellschaften gering geschätzt, aber unter dem Kolonialsystem erfuhr sie eine erneute Abwertung, und zwar gleich zweifach: zum einen erschien, angesichts neuer Technologien und Fachkenntnisse, jede Art von Handarbeit minderwertig, und zum anderen gilt, nach kapitalistischen Maßstäben, gerade die Hausarbeit als unproduktiv – sie erscheint nicht einmal als Faktor in der volkswirtschaftlichen Gesamtrechnung.

Die postkoloniale Staatenbildung hat bei den Frauen neue Erwartungen und dauerhafte Hoffnungen geweckt, auch wenn die Geschichte zeigt, daß sie um diese Hoffnungen immer wieder betrogen worden sind – Algerien ist ein deutliches Beispiel. Aber heute träumen viele Frauen in Nordafrika eben nicht mehr davon, einen Mann zu bekommen, der ihren Lebensunterhalt sichert, sondern sie hoffen auf einen sicheren Arbeitsplatz in der staatlichen Verwaltung, mit gutem Lohn, Krankenversicherung und Rentenanspruch. Das mag eine zweifelhafte Perspektive sein, aber es bedeutet doch einen entscheidenden Wandel: die

Macht der Tradition ist gebrochen. So erklärt sich auch, daß die Frauen, zum Beispiel in Marokko, eine bedeutende Rolle im Prozeß der Urbanisierung spielen. In der Hoffnung auf ein »besseres Leben« wandern aus den ländlichen Regionen ebensoviele Frauen in die Städte ab wie Männer – und das gilt auch für die Auswanderung in die Städte Europas: schon 1979 zeigte die Statistik, daß die Frauen 40 % der Einkommen bestritten, die von Staatsbürgern außerhalb des Königreichs Marokko erworben wurden.

Auch die Zahl der Frauen, die eine Berufsausbildung absolvieren, ist erheblich gestiegen. Wenn man bedenkt, daß die marokkanischen Frauen bis zum Zweiten Weltkrieg kaum Zugang zur einfachen Schulbildung hatten, geschweige denn die Möglichkeit, einen Beruf zu erlernen und sich um Anstellung im privaten oder im öffentlichen Sektor zu bewerben, ist diese Entwicklung um so erstaunlicher. Früher waren die Leistungen der Frauen in der Landwirtschaft, im Handwerk und im Dienstleistungsbereich eingebunden in den engen Rahmen der Tradition. Sie wirkten im stillen, im häuslichen Bereich, als Ehefrau, Mutter, Tochter, Tante – als produktive Arbeit wurde ihre Tätigkeit nicht begriffen.

In den vierziger und fünfziger Jahren fügten sich die marokkanischen Frauen noch in das Schicksal, zur Hausarbeit bestimmt zu sein, aber inzwischen haben die jungen Frauen längst den Anspruch, eine Ausbildung zu absolvieren und ins Berufsleben einzutreten. Das ist allerdings nach wie vor ein Problem: eine Chance auf eine Anstellung in der staatlichen Verwaltung oder in der Industrie haben nur die Frauen, die wenigstens zwei Jahre eine weiterführende Schule besucht und sich anschließend durch eine Ausbildung zur Sekretärin qualifiziert haben. 1982 gab es nur 37,4 % weibliche Grundschüler; auf den weiterführenden Schulen waren nur 38,1 % Frauen, und an den Universitäten betrug der Anteil der Studentinnen nur 26,3 %.

Aber es gibt drei Millionen stimmberechtigte Frauen in Marokko, fast die Hälfte der Wählerschaft. Immer wenn Wahlen anstehen, überbieten sich die politischen Parteien in ihren Anstrengungen, die Wählerinnen für sich zu gewinnen. In den wenigen Wochen der Wahlkampagnen sehen sich die marokkanischen Frauen in eine andere Welt versetzt: die

Politiker, denen die Probleme der Frauen normalerweise gleichgültig sind, bemühen sich plötzlich um eine Sprache, die von den Frauen verstanden werden soll. Es grenzte allerdings an ein Wunder, wenn sie den rechten Ton träfen – sie müßten sich von jahrhundertealten Vorurteilen freimachen, sie müßten die stereotype Gleichsetzung von Weiblichkeit und Passivität aufgeben und bereit sein, die heutige Situation der Frauen in Marokko realistisch zu sehen. Für diese Frauen ist eben nicht der Schleier, der Bauchtanz und das perfekte Make-up das Wichtigste im Leben, sondern sie wollen Chancengleichheit in der Ausbildung, im Beruf, bei den Beförderungen usw.

Die Vorstellungen der arabischen Patriarchen von der dienenden Rolle der Frau sind nicht schwer zu begreifen. Aber angesichts der aktuellen Situation erscheint es unverständlich, daß manche Feministinnen im Westen immer noch der Ansicht sind, die arabischen Frauen seien gehorsame Dienerinnen, die es den ganz besonders befreiten Frauen aus der Frauenbewegung in Paris, London und New York zu danken haben, wenn sie nun an all den revolutionären Ideen und bewußtmachenden Einsichten teilhaben dürfen. Ich habe mich oft gefragt, was eine amerikanische oder französische Feministin auf die Idee bringt, sie kenne sich mit den Mustern patriarchalischer Unterdrückung besser aus als ich. Ich denke, es geht letztlich nur darum, daß sie das Sagen behalten will: sie übernimmt die Führung, und ich soll ihr Gefolgschaft leisten. Aber das ist die alte männliche Tour, damit wird, gegen alle Ansprüche auf soziale Veränderung und Gleichberechtigung, die westliche imperialistische und rassistische Tradition fortgesetzt – als sei die Ideologie irgendwo in den Genen gespeichert. Eine westliche Feministin trifft auf eine arabische Frau, deren Erfahrungen, Kenntnisse und Qualifikationen sich von den ihren kaum unterscheiden, und dennoch verfällt sie unbewußt in ein Verhaltensmuster, das den kolonialen Überlegenheitsanspruch tradiert. Wenn mir so etwas passiert, wenn mir eine westliche Feministin zu verstehen gibt, daß sie zu denen gehört, ohne die ich meine Einsichten in Fragen des Feminismus nicht gewonnen hätte, dann mache ich mir nicht etwa Sorgen um die Zukunft der internationalen Frauensolidarität, sondern ich frage mich, ob es dem westlichen Feminismus je gelingen wird, soziale Bewegungen hervorzubringen, die strukturellen Wandel in den Zentren der großen Industrienationen bewirken. Einer Frau, die sich als Feministin begreift, sollte es gleichgültig sein, ob sie Frauen aus anderen Kulturen an Bewußtheit übertrifft, sie sollte sich vielmehr fragen, in welchem Maße ihr Bewußtsein von Frauen aus anderen sozialen Schichten in ihrer eigenen Gesellschaft geteilt wird. Die weltweite Gemeinschaft der Frauen ist nicht denkbar, wenn sie nicht schichten- und kulturübergreifend ist.

Die intellektuell privilegierten Frauen müssen lernen, ihre Einsichten und ihren Bewußtseinsstand zu teilen und mitzuteilen, und ein wichtiger Schritt auf diesem Weg ist der Versuch, auch jenes Aufbegehren gegen das Patriarchat zu verstehen, das sich in fremden Sprachen ausdrückt. Es geht darum, die weibliche Auflehnung zu begreifen, die in der oral tradierten Kultur Ausdruck findet oder in bestimmten Formen »abweichenden Verhaltens«, die gemeinhin als unerklärlich, randständig oder kriminell gelten. Die unvertrauten und bedrohlichen Sprachen der anderen verstehen zu lernen, ist ein revolutionärer Akt.

Ich habe es meiner alten Tante Aziza (sie ist jetzt neunundsiebzig und hat nie Lesen und Schreiben gelernt) zu verdanken, daß mir die Überheblichkeit ausgetrieben wurde, ihre Geschichten haben mich viel gelehrt, und eine dieser Geschichten ist die folgende:

Die Tochter des Kaufmanns und der Sohn des Sultans

Ein reicher Kaufmann hatte eine Tochter namens Aischa. Sie war schön wie der Mond – gepriesen sei Allah, der solche Schönheit schuf. Eines Abends, als sie sich, wie es ihre Gewohnheit war, auf der Dachterrasse ihres Hauses erging, brachte ihr die *dada*, ihre Kammerfrau, einen Teller *mhamsa* – Suppe. Als sie die Suppe aß, fiel ihr ein kleiner Teigbrocken auf das Kleid, sie klaubte ihn auf und steckte ihn in den Mund.

Von einer benachbarten Dachterrasse hatte sie der Sohn des Sultans beobachtet, und er rief nun:

»Oh *lalla*, die Du das Basilikum ziehst und die Pflanzen auf Deinem Dachgarten wässerst, sage mir, wieviele Blätter hat Dein Strauch?«

»Oh Sohn den Sultans«, gab sie zur Antwort »der Du über weite Länder gebietest, Du Gelehrter und Kenner des Koran, sage mir, wie viele Fische gibt es im Meer, wie viele Sterne am Himmel und wie viele Punkte im Koran?«*

»Schweig still, Du Unersättliche«, sagte er voller Spott. »Du hast den Brocken aus der *mhamsa* aufgehoben, der Dir auf's Kleid gefallen war, und ihn aufgegessen.«

Verärgert verließ das Mädchen den Dachgarten. Sie beschloß, am nächsten Tag in Begleitung ihrer Dienerin das Heiligengrab *Mulay Idris* aufzusuchen, um sich zu zerstreuen und auf andere Gedanken zu kommen. Doch auf dem Weg dorthin traf sie den Sohn des Sultans: er saß bei einem Obstverkäufer und aß einen Granatapfel. Als ihm ein Stück herunter fiel, zwischen die *balghas*** auf den Boden, hob er es auf und aß es. Daß sie ihn dabei ertappt hatte, gefiel ihr gut, und sie kehrte in bester Stimmung nach Hause zurück.

Am nächsten Morgen ging sie wie gewohnt auf die Dachterrasse, um das Basilikum zu gießen, und beschäftigte sich dann mit ihrer Stickerei. Bald darauf kam es zum gleichen Zwiegespräch wie am Abend zuvor:

»Oh *lalla*, die Du das Basilikum ziehst und die Pflanzen auf Deinem Dachgarten wässerst, sage mir, wieviele Blätter hat Dein Strauch?«

»Oh Sohn den Sultans, der Du über weite Länder gebietest, Du Gelehrter und Kenner des Koran, sage mir, wie viele Fische gibt es im Meer, wie viele Sterne am Himmel und wie viele Punkte im Koran?«

»Nur weiter so, Du Gierige, die den Brocken aus der *mhamsa* aufgeklaubt und gegessen hat.«

Doch diesmal hatte das Mädchen eine Antwort parat:

»Nur weiter so, Du Gieriger, der das Stückchen Granatapfel aufgehoben und gegessen hat, das Dir in die Hose und in den Dreck gefallen war.«

Damit hatte der Prinz nicht gerechnet, er entfernte sich voller Ärger. Darauf beschloß er, sich als Händler zu verkleiden. In einem schwarzen Umhang und mit schwarzen *balghas* lief er durch die Straßen und rief

* Gemeint sind die Punkte, die Teil vieler Buchstaben des arabischen Alphabets sind.

** weite Beinkleider, »Pluderhosen«

seine Waren aus: Toilettenartikel für die Frauen. Schließlich kam er zum Haus des Kaufmanns. »Parfüm«, rief er, »Spiegel, Tücher, Kämme, Ringe!« Seine Verkleidung war perfekt, die Tochter des Kaufmanns hielt ihn wirklich für einen Händler und schickte ihre *dada*, um etwas Parfüm zu kaufen. Der Prinz sah, daß seine List gelungen war, und sagte zu der Dienerin:

»Du kannst von meinen Waren nehmen, was Dir gefällt. Ich verlange dafür nur, daß mich Deine Herrin auf die Wange küßt.«

Die Tochter des Kaufmanns war einverstanden und gab dem schmutzigen Straßenhändler einen Kuß. Er ging seiner Wege, hoch zufrieden über seinen Erfolg.

Am nächsten Tag erschien er auf seiner Dachterrasse und schaute dem Mädchen zu, wie sie ihr Basilikum goß. Dann wechselten sie die bekannten Sätze – doch diesmal behielt der Prinz das letzte Wort:

»Ich habe mich als Straßenhändler verkleidet, und eine Kaufmannstochter hat mir ihre Wange geboten.«

Ärgerlich und verwirrt verließ Lalla Aischa den Dachgarten.

»*Dada*«, rief sie, »ich will sofort aufbrechen und meine Tante besuchen. Wirst Du mich begleiten?«

»Gewiß«, antwortete die Kammerfrau.

Ihrer Tante erzählte Lalla Aischa alles, was geschehen war, und bat sie um Hilfe – sie wollte sich verkleiden, um für eine Sklavin gehalten zu werden. Als sie ihr Äußeres ganz verändert hatte, ließ sie sich von der Tante zum Sklavenmarkt bringen und verkaufen. Der Sklavenhändler fand das Mädchen so schön, daß er sie dem Sohn des Sultans bringen ließ. Lalla Aischa trug ein Rasiermesser, eine Gurke, Schminke und ein starkes Schlafmittel bei sich. Sie gab dem Prinzen den Schlaftrunk, und als er eingeschlafen war, rasierte sie ihm Bart und Schnurrbart ab, schminkte ihn wie eine Frau, hängte ihm einen Spiegel um den Hals und steckte ihm die Gurke zwischen die Hinterbacken. Dann entfloh sie und kehrte nach Hause zurück, wo sie sich wusch und umkleidete. Der Prinz dagegen erwachte und fand sich entehrt.

Am nächsten Morgen fand auf den Dachterrassen wieder das Zwiegespräch zwischen der jungen Frau und dem Prinzen statt, der jetzt glatthäutig wie eine Frau aussah. Nun hatte Lalla Aischa das letzte Wort:

»Ich habe mich als Sklavin verkleidet und einem Prinzen übel mitgespielt!«

Gedemütigt und voller Zorn schwor sich der Sohn des Sultans, daß er dieses eigensinnige junge Wesen heiraten werde, um ihr beizubringen, daß ein Mann klüger ist als eine Frau. Er hielt bei ihrem Vater um ihre Hand an, und er bekam sie zur Frau. Sobald sie in seiner Macht war, sperrte er sie in ein unterirdisches Verlies; dort lag sie, in weiten groben Kleidern, und erhielt nur einmal am Tag eine Mahlzeit: Gerstenbrot und einen Krug Flußwasser.

Doch der jungen Frau gelang es, einen unterirdischen Gang zu graben, der ihr nach Belieben Zugang zum Haus ihrer Eltern verschaffte. Dort konnte sie essen und trinken, aber sie fand sich stets wieder in ihrem Kerker ein, wenn ihr Gatte erschien, um ihr das Essen zu bringen. Indem er ihr das schwarze Brot und den Krug reichte, sagte er:

»Lalla Aischa, Du erbärmliche Insassin dieses Kerkers, sage mir, wer ist schlauer – der Mann oder die Frau?«

»Die Frau, mein Gebieter«, gab sie zur Antwort – er konnte sie nicht bezwingen.

So ging es viele Tage. Der Sultan starb, und sein Sohn bestieg den Thron. Als das Frühjahr kam, wollte der junge Sultan, wie es seine Gewohnheit war, einige Zeit auf dem Land verbringen, doch zuvor suchte er seine Frau in ihrem Kerker auf.

»In acht Tagen«, erklärte er, »werde ich, um fünf Uhr in der Frühe, nach Sour aufbrechen. Dort will ich zwei Wochen verbringen.«

»Viel Vergnügen«, gab die junge Frau zur Antwort. »Ich wünsche Dir alles Gute.« Darauf ging sie eilig durch den unterirdischen Gang ins Haus ihres Vaters. Sie verlangte, daß ihr in Sour eine Wohnung bereitet werde, die noch prächtiger und glänzender sein sollte als das Zelt des Sultans – und sie wünschte, dort einziehen zu können, bevor der Sultan eintraf.

Am Abend vor seiner Abreise suchte der Sultan seine Frau auf, um sich zu verabschieden. Am nächsten Morgen, bei Tagesanbruch, machte er sich auf die Reise. Doch als er in Sour eintraf, bemerkte er sogleich, daß dort Zelte standen, die aus viel feinerem Samt waren als die seinen. Vor einem dieser Zelte saß eine reich geschmückte junge Sklavin.

Neugierig befragte er sie und erfuhr, daß am selben Morgen eine vornehme junge Dame angekommen sei, die einige Tage in Sour verbringen wolle. Nun war sein Interesse geweckt, und er trug der Sklavin auf, ihre Herrin zu fragen, ob sie ihn empfangen wolle. Die Dienerin gab zur Antwort, ihre Herrin wolle keinem Mann ihre Gunst gewähren, der nicht zuvor drei Tage lang als *farnatschi*, als Sammler von Pferdedung in der Stadt gearbeitet habe.

Der Sultan ließ sich auf den Handel ein und machte nach den drei Tagen seine Aufwartung. Man bot ihm ein heißes Bad, und er konnte sich in kostbare Gewänder kleiden, bevor er Einlaß in das Zelt der geheimnisvollen Frau erhielt. »Ich werde mit Euch kein weiteres Wort wechseln«, erklärte ihm Lalla Aischa, »wenn Ihr nicht bereit seit, mich zu heiraten. Und als Brautgeschenk verlange ich Euer Schwert und den Gürtel.« Der Sultan erlag der Süße ihrer Stimme und war einverstanden. Zwanzig Tage verbrachte er mit seiner Geliebten, ohne zu erkennen, wer sie war. Und er merkte nicht, wie die Zeit verstrich. Am zwanzigsten Tag bedeutete man ihm, er müsse zurückkehren, um einen Aufstand zu verhindern. Also brach er auf. Seine Frau war nun schwanger.

Lalla Aischa befand sich schon wieder in ihrem Kerker, als der Sultan eintraf. Er suchte sie nur auf, um ihr abermals die Frage zu stellen, ob sie bereit sei, die Überlegenheit der männlichen Klugheit über die weibliche zuzugeben.

»Ich habe zwanzig köstliche und freudvolle Tage mit einer Frau verbracht«, erklärte er, »deren Hände, deren Augen, deren Körper und deren Stimme ganz wie die Euren waren!«

»Wahrlich, Ihr seid reich beschenkt, und es fehlt Euch nicht an Glück«, gab sie gleichmütig zur Antwort. »Möge Euch Freude und Lust zuteil werden.«

Und alles begab sich wie zuvor. Im fünften Monat ihrer Schwangerschaft begann Lalla Aischa Vorbereitungen für die Geburt ihres Kindes zu treffen. Im neunten Monat brachte sie einen Knaben zur Welt, den sie Sour nannte.

Auch im folgenden Frühjahr begab sich der Sultan auf einen Landsitz, diesmal schlug er seine Zelte in einem Ort namens Dour auf. Und wieder war Lalla Aischa schon dort, und alles vollzog sich wie im Jahr zuvor. Diesmal verlangte sie vom Sultan, daß er drei Tage als Gewürzhändler arbeitete, und als Brautgeschenk mußte er ihr seine Schwertscheide samt der seidenen Schnur überlassen. Später gebar sie ein zweites Kind, dem sie den Namen Dour gab.

Im dritten Jahr geschah alles genauso an einem Ort namens El Qsour. Der Sultan mußte drei Tage lang das Zelt ausmisten, in dem das Pferd seiner schönen Geliebten untergebracht war, und er mußte ihr einen Ring als Brautgeschenk geben. Diesmal kam ein Mädchen zur Welt, das den Namen Lalla Hamamel El Qsour erhielt.

Doch immer wenn ihr Mann sie im Kerker aufsuchte, weigerte sich Lalla Aischa, seiner Behauptung der Überlegenheit der Männer über die Frauen zuzustimmen. Schließlich hatte der Sultan genug von dieser widerspenstigen Frau. Er teilte ihr mit, daß er eine neue Lieblingsfrau habe, die er zu seiner Gattin machen wolle. Sie zeigte keine Regung und gab ihre Einwilligung.

»Allah soll Euren Ruhm mehren und Eure Herrschaft stärken«, sagte sie. »Wann wollt Ihr die neue Ehefrau heimführen?«

»An einem Tag wie diesem«, erwiderte er.

»Nun gut. Ich wünsche Euch Glück.«

Am Tag der Hochzeit zog sie ihren Kindern die besten Kleider an, führte sie in den Palast und wies sie an, sich an den Hochzeitsvorbereitungen zu beteiligen. Die Kinder machten das großartig, sie brachten alles durcheinander. Aber als man sie davonjagen wollte, riefen sie: »Wir sind hier im Haus unseres Vaters, und ihr seid Hundesöhne, wenn ihr uns hinauswerfen wollt!« Sie schrien so laut sie konnten: »Kommt her! Bruder Sour, Bruder Dour, Schwester Lalla Hamamel El Qsour, kommt alle her!«

So erfuhr der Sultan, daß sie seine Kinder waren, und er mußte endlich zugeben, daß die Frauen doch viel schlauer sind als die Männer. Er verzichtete darauf, eine andere Frau zu heiraten – das Hochzeitsfest wurde für Lalla Aischa ausgerichtet. Und wenn sie nicht gestorben sind, dann feiern sie noch heute.

Höhere Mächte und eigene Stärke

Frauen, Heilige und heilige Stätten

»Am nächsten Morgen besuchte ich meine Mutter. Ich plauderte mit ihr und den Kindern, dann ging ich zum *marabout**, wo ich den Tag verbringen wollte. Ich legte mich hin und schlief lange.

Gehst du oft zu diesem *marabout*?

Ja, ziemlich oft. Ich bin zum Beispiel gerne dort, wenn *ʿid*** gefeiert wird. Gerade wenn man so eine schreckliche Familie hat wie ich, ist das Grabmal ein Zufluchtsort, dort herrscht Ruhe und Frieden. Ich gehe gerne hin.

Was gefällt dir so gut? Kannst du es etwas genauer beschreiben?

Ja, es ist die Stille, die Teppiche und die sauberen Matten, die so schön ausgelegt sind ... und der Klang des Brunnens in dieser Stille. Das ist eine gewaltige Stille, in der das Geräusch des Wassers fein und dünn wie ein Faden ist. Ich bin viele Stunden dort, manchmal ganze Tage.

Aber beim *ʿid*-Fest sind doch sicher viele Menschen da?

Ja, aber die sind alle mit ihren eigenen Problemen beschäftigt, sie stören die anderen nicht. Meistens sind es Frauen; sie sagen nichts, sie weinen nur und sind ganz versunken in ihrer inneren Welt.

* *marabout (murabith);* im *maghreb* (Nordwestafrika) die Bezeichnung für eine heilige Stätte, meist das Grab oder der frühere Wohnort eines Heiligen (Anm. d. Übers.).
** *ʿid*-Festtage; hier ist wohl *ʿid al-fitr* gemeint, das dreitägige Fest am Ende des Fastenmonats Ramadan (Anm. d. Übers.).

Kommen nicht auch Männer zum *marabout*?

Doch, aber es gibt eine Seite für die Männer und eine für die Frauen. Die Männer suchen das Grab auf und gehen dann bald wieder. Die Frauen bleiben viel länger, vor allem wenn sie Kummer haben.

Wie verhalten sie sich, und was sagen sie?

Das ist ganz verschieden. Manche sind nur froh, daß sie sich ausweinen können. Andere berühren die Gewänder des Heiligen und bitten um dies und das – »meine Tochter soll die Prüfung bestehen ...«. *(Sie lacht)* Natürlich waren die Heiligen auch nur Menschen, menschliche Wesen. Aber, ob ihr es glaubt oder nicht, die Wünsche der Frauen gehen manchmal in Erfüllung. Dann bringen sie ein Opfer ... sie schlachten ein Tier und bereiten eine Mahlzeit, die sie den Besuchern des Grabes anbieten. Kennt ihr *Sidi 'l Gomri*?

Nein.

(Sie lacht) Salé ist voll von Grabmalen ... es gibt sie überall. Wir haben ein Sprichwort: »Wenn du eine Pilgerreise machen willst, mußt du nur barfuß durch Salé laufen«. *(Sie lacht)* Man sagt das so ... ganz Salé ist ein einziges Grabmal. Es gibt so viele heilige Stätten, daß manche nicht mal einen Namen haben. *(Sie lacht)* Mein Vater stammt aus Salé, er kennt alle *marabouts* und weiß viele Geschichten. Wenn man schlimme Auseinandersetzungen durchstehen muß oder wenn man darunter leidet, von einem anderen Menschen getrennt zu sein, dann gibt es immer einen Heiligen, der hilft. Ich höre den Frauen zu, wenn ich dort bin. Am Grab erzählen sie alles, und sie stellen die ganze Geschichte auch körperlich dar. Dann bitten sie *Sidi 'l Gomri*, ihnen zu helfen. Sie schreien und weinen, aber dann beruhigen sie sich. Sie kommen wieder heraus und wir sitzen schweigend zusammen. Mir gefällt es an diesem Grabmal.

Hast du nie Angst gehabt?

Angst? An einem Heiligengrab? Wovor denn? Ich liebe die *marabouts*!

Und zu welchen Zeiten gehst du hin?

Abends wird geschlossen, aber an manchen Orten, zum Beispiel am Grab von *Sidi Ben Aschir*, kann man Zimmer mieten und länger bleiben.

Was kostet so ein Zimmer?

Ach, nur fünfzehn *dirham*!*

Fünfzehn *dirham* pro Nacht?

Nein, es ist so: für zehn *dirham* darf man bleiben, so lange man will, sogar einen Monat. *Sidi Ben Aschir* gilt nämlich als Heiler. Die Kranken kommen mit ihrer Familie dort hin, sie mieten einen Raum und bleiben, bis sie wieder gesund sind. Es ist natürlich nicht *Sidi Ben Aschir*, sondern Gott, dem sie ihre Heilung zu verdanken haben. Aber sie glauben eben an *Sidi Ben Aschir*.

Kann jeder dort ein Zimmer mieten?

Früher schon, aber jetzt braucht man eine Erlaubnis vom *muqáddim*.** Man muß seine Adresse angeben und nachweisen, daß man wirklich krank ist. Es gab mal einen Fall, da hat eine Frau ein Zimmer für sich und einen Kranken gemietet, aber es stellte sich heraus, daß es ihr Liebhaber war. Seitdem gibt es strengere Vorschriften.

Triffst du auch junge Leute dort? Menschen in deinem Alter?

Ja, aber die meisten wollen sich nur das Spektakel anschauen. Im Frühling und im Sommer machen viele junge Männer aus der Nachbarschaft einen Ausflug zu einem Heiligengrab. Es ist unglaublich, wie es dann zugeht: da röhren die Honda-Motorräder, überall junge Männer in teuren Kleidern und geschminkte und sonnengebräunte Mädchen in kurzen Röcken. Mir gefällt das – drinnen im Heiligtum ist es still und draußen ist was los, viele junge Leute ... An der Mauer haben sie sogar eine Rutschbahn zum Strand gebaut. Ich zeige es euch, wenn wir hingehen.

* damals (1977) etwa 5 DM

** *muqáddim* (der »Erste«, der »Vorsteher«) – generell der Inhaber eines Amtes oder einer führenden Position, hier ist ein Kustos oder Aufseher gemeint (Anm. d. Übers.).

Man springt von der Mauer auf die Rutschbahn, und schon ist man am Strand! Viele verbringen im Sommer ihren Urlaub an so einem *marabout*, weil es billiger ist. Ein Zimmer im Hotel kostet zehn oder fünfzehn *dirham* am Tag, am Heiligengrab zahlt eine ganze Familie nur fünfzehn bis zwanzig *dirham* – und sie können eine Woche oder sogar einen ganzen Monat bleiben. Vor allem für die Leute, die nicht in der Stadt wohnen, ist das ein idealer Ferienort. Sie kommen von überall her, aus dem Norden, aus dem Süden, aus ganz Marokko. Die Alten können beten, und die Jungen gehen an den Strand. Im Sommer lerne ich dort immer Menschen aus allen Gegenden Marokkos kennen. Das ist fast wie in Mekka, aber mitten in Salé! Ihr müßt euch das unbedingt ansehen, am besten im Sommer – da ist es am schönsten. Man muß ja nicht beten, man kann einfach hinfahren und sich das Schauspiel ansehen. Ich gehe ja auch nicht zum Beten hin, ich richte nie eine Bitte an einen Heiligen. Das waren Menschen wie du und ich – wenn mir etwas am Herzen liegt, dann bete ich zu Gott ...«

* * *

Die Zwanzigjährige, die wir interviewt haben, arbeitet als Hausangestellte in einem der reichen und modernen Viertel von Salé und lebt in einer *bidonville*, einer Slumsiedlung am Stadtrand. Der kurze Auszug aus ihren Schilderungen zeigt, welche unterschiedlichen Erfahrungen an einem solchen Heiligengrab zu machen sind. Es kommt ganz darauf an, was man sucht. Die *marabouts* gibt es überall im *maghreb*, im Westen Nordafrikas. Viele sind nur schlichte Pyramiden aus Stein, andere sehen aus wie Paläste[1]. Aber sie alle haben eines gemeinsam: es sind Orte, an denen ein Heiliger gelebt oder gewirkt hat oder begraben ist. Man glaubt, daß der Ort noch immer eine Aura hat, die durch den Geist des Heiligen bewirkt wird. Die Grabmale zeigen an, daß man den Heiligen einen Ehrenplatz in der Gemeinschaft bewahrt, aber heute sind sie auch Institutionen in einer Gesellschaft, die in raschem Wandel begriffen ist, und so spiegeln sich dort die ideologischen und ökonomischen Widersprüche dieser Gesellschaft.

Die therapeutische Wirkung der heiligen Stätten

Den Frauen bieten die heiligen Stätten einen Ort, an dem sie plötzlich befreit sind von ihrer untergeordneten Rolle in einer patriarchalischen Gesellschaft, die alle entscheidenden Positionen mit Männern besetzt hat. Wenn Frauen zum Beispiel mit Gerichten oder Krankenhäusern zu tun haben, fühlen sie sich zumeist völlig ausgeliefert. Sie sind Objekte unpersönlicher Entscheidungen, sie müssen Anweisungen befolgen, die von Männern gegeben werden. In einem normalen Krankenhaus tritt der behandelnde Arzt als unangefochtene Autorität auf, er ist der Experte und der Vertreter der Bürokratie, er kennt die Vorschriften und bestimmt, was zu geschehen hat. Wenn eine Diagnose gestellt werden soll, hat die Patientin Mühe, ihre Beschwerden deutlich zu machen. Sie spricht einen arabischen Dialekt und kann sich nicht gut ausdrücken, sie merkt natürlich auch, daß der Arzt ungeduldig und ärgerlich wird, weil er nicht die nötigen genauen Informationen erhält. Überdies ist das Krankenhaus für die Frauen ein fremder und verstörender Ort, ein modernes Gebäude, voller rätselhafter Zeichen an den Wänden und auf den Türen, in dem gepflegte, weiß gekleidete Angestellte herumlaufen, die alle wichtigen Unterredungen auf Französisch führen und sich des Arabischen nur bedienen, um den Patienten einfache Anweisungen zu erteilen: »Komm her! Geh' dort hin! Zieh' dich aus!«

In einem Krankenhaus gibt es Pförtner und Wachpersonal, ein Heiligengrab dagegen können alle ungehindert aufsuchen, die Sorgen und Nöte haben. Dort berühren die Frauen die Kleider, die als symbolische »Gewänder des Heiligen« das Grab schmücken, oder irgendeinen anderen Gegenstand, einen Stein oder einen Baum, und dann sprechen sie von ihrem Kummer und ihren Beschwerden. Sie selbst stellen die Diagnose, nennen die Therapie oder den Ausweg, den ihnen der Heilige gewähren soll. Heilige können kein Französisch und kaum Hocharabisch, der Dialog mit dem Jenseits wird in arabischen Dialekten oder in der Berbersprache geführt, in den Sprachen, die den Frauen zu Gebote stehen. Der Heilige soll den Frauen ihre Wünsche erfüllen, sie sind bereit, ihm ein Geschenk oder ein Opfer darzubringen – aber nur wenn ihre Hoffnungen sich erfüllen. Wenn sie einen Arzt aufsuchen, bekommen sie ein Rezept und müssen das Medikament kaufen. Hat die Medizin nicht die erhoffte Wirkung, gibt es keine Regreßansprüche. So ist es kein Wunder, daß die Frauen von den modernen Einrichtungen des Gesundheitsdienstes nicht allzuviel halten, sondern nach wie vor in großer Zahl die Heiligengräber aufsuchen, statt ins Krankenhaus zu gehen. Oder sie gehen erst ins Krankenhaus und dann zum *marabout* ...

Bei den Heiligen bekommen sie eine Art von Lebenshilfe, die ihnen das moderne Gesundheitswesen nicht bieten kann. Sie bringen auf diese Weise ihre Ablehnung des Fachwissens zum Ausdruck, ihre Weigerung, sich fremden Autoritäten zu fügen und sich von oben herab behandeln zu lassen. Und in diesem Beharren darauf, die Heiligengräber zu besuchen, bekräftigen die nordafrikanischen Frauen auch einen alten Anspruch auf Eigenständigkeit, sie machen deutlich, daß sie sehr wohl in der Lage sind, sich um ihre Angelegenheiten selbst zu kümmern, auch wenn das muslimische Patriarchat ihre Rolle anders definiert. Wenn sie die heiligen Orte besuchen und sich an die Heiligen wenden, nehmen die Frauen eine der letzten Gelegenheiten wahr, zu sich selbst zu kommen, ihre Welt und ihr Leben selbst zu gestalten. Und dieser Versuch von Selbstbestimmung trägt deutliche Züge einer kollektiven Anstrengung, die vor allem und fast ausschließlich Frauen vereint.

Die Mehrheit der Besucher an den Heiligengräbern sind Frauen. Sie treten dort auf, als könne ihnen niemand diesen Ort streitig machen, sie schreien und führen laute Reden, und häufig brechen die Männer, die natürlich auch Zutritt haben, ihre *ziyara*, den Besuch am Grab, vorzeitig ab, weil sie die neugierigen Blicke der vielen Frauen nicht ertragen. Indem sich die Frauen an einem solchen Ort versammeln, der ihnen als heilig gilt, versuchen sie, Stärke zu gewinnen aus der unmittelbaren Bezugnahme auf die Kraft eines Heiligen, der letztlich für die Kraft steht, die ihnen zuwächst, weil sie dort eine Gemeinschaft bilden. Jede von ihnen kommt mit ihrem persönlichen Leid und ihren Sorgen dort hin, aber was sie verbindet, was sie alle gemeinsam haben, das ist die Hoffnung auf eine neue Lösung, der Wille, einen Ausgleich zu finden und bessere Verhältnisse zu stiften zwischen ihnen und ihrer Umwelt und dem System, das sie um ihre Chancen betrügt. Sie verstehen sich als Opfer dieses Systems, als Beschwerdeführerinnen (*madhluma*)*, denen Genugtuung zusteht. Und damit ist ihre Hoffnung auf die Lösung ihrer Probleme auch ein Anspruch auf Wiedererlangung ihrer Rechte. Daß die anderen Frauen in der gleichen Lage sind, läßt eine Art therapeutischen Kommunikationszusammenhang entstehen.

Die Frauen, die ein Heiligtum aufsuchen, gehen gleich zur Grabstätte; sie müssen dabei über die Füße der Frauen steigen, die vor dem Eingang sitzen, über die Körper von Frauen, die sich dort zum Schlafen ausgestreckt haben. Alle, die bereits am heiligen Ort geweint und geschrien haben, liegen dann meist draußen in einer »Fötushaltung« auf dem Boden. Sobald die neu angekommenen das Grab erreichen, berühren sie den Schrein oder die Tücher, die ihn bedecken, und erzählen, im stillen oder mit lauter Stimme, von ihren Problemen. Manche Frauen schildern in allen Einzelheiten, wie ihr Sohn die Prüfungen nicht bestanden hat, oder wie er sich, unter dem Einfluß seiner Verlobten, von seiner Mutter abgewandt hat. Wenn sie, zum Beispiel, eine Auseinandersetzung mit dem Ehemann beschreiben, dann stellen sie den Streit in allen Einzelheiten dar: sie nennen die Namen der Beteiligten und spielen ihre Rollen nach. Danach gehen sie hinauf, setzen sich zu den anderen Frauen, und manchmal regt sich Interesse und Anteilnahme: es werden Fragen nach Einzelheiten gestellt, die eine Art von »Fachwissen« verraten, das aus der gemeinsamen Leidenserfahrung resultiert. In dieser Situation, die bestimmt ist durch den aktuellen Rückhalt in einer Gemeinschaft von Frauen und durch die individuelle Empörung, verfallen manche Frauen dann in heftige Körperkrämpfe, sie wälzen sich auf dem Boden und schreien. Andere eilen zu Hilfe, richten die Frau auf, umarmen sie und versuchen sie zu beruhigen, indem sie von ihren eigenen Problemen erzählen. Sie geben ihr kaltes Wasser zu trinken, richten ihr den Schleier oder die Kopfbedeckung. Die Frau, die außer sich geraten ist, fängt sich dann rasch wieder, sie zieht sich zurück und überläßt anderen die Hauptrolle. Das alles hat zweifellos therapeutische Wirkung: der Gang

* *madhlama* (pl. *madhalim*) – »Übelstand, Grund zur Klage«. Im Islam gibt es eine Tradition der *madhalim*-Gerichtsbarkeit, die auf das Recht der Untertanen zurückgeht, beim Kalifen persönlich Beschwerde zu führen (Anm. d. Übers.).

zu einem Heiligengrab weckt bei den Frauen neue Kräfte. Sie lehnen sich auf gegen ihr Geschick, und zugleich können sie Rückhalt finden in einer engen Gemeinschaft von Frauen, die ihnen Trost, Unterstützung und Rat gibt.

Orte der Auflehnung

Man muß diese Heiligengräber vor allem als Orte informeller Zusammenkunft von Frauen begreifen. Sie werden in der Regel unter religiösen Aspekten betrachtet, aber das ist falsch: die meisten dieser Heiligtümer sind ja keine Moscheen – nur an sehr wenigen *marabouts* finden orthodoxe muslimische Gebetsriten statt.

Bei Emile Dermenghem heißt es dazu:

> »Eine *qubba** ist grundsätzlich keine Moschee (*masdschid*), in der die vorgeschriebenen Gebete (*salawat*) mit der jeweiligen Verneigung (*sudschud*) vollzogen werden, schon gar nicht eine große Moschee (*dschami'*), in der das Freitagsgebet gesprochen wird. An einem Grab kann man eine Anrufung vollziehen oder ein Bittgebet (*du'a*) sprechen, aber nicht das rituelle Gebet (*salat*).«[2]

Der Brauch der Heiligenverehrung, wie er an den Grabstätten gepflegt wird, hat deutlich anti-orthodoxe Züge; über dieses Moment von Auflehnung gegen die herrschende Ordnung ist viel geschrieben worden. Die Studien über die Beziehung zwischen den Frauen und den Heiligen haben jedoch den magischen Aspekt allzusehr in den Vordergrund gestellt. Das mag daran liegen, daß die Wissenschaftler aus dem Westen besonders fasziniert waren von den »paralogischen« Merkmalen der »marokkanischen Persönlichkeitsstruktur« und der Bedeutung magischer Denkmuster im Rahmen der vorwiegend agrarischen Wirtschaftsstruktur Marokkos.

* An vielen dieser Orte stehen kleine würfelförmige Bauten mit einem Kuppeldach – *qubba* ist darum auch eine Bezeichnung für ein Heiligengrab (Anm. d. Übers.).

Die andere Seite, das, was ich den phänomenologischen Aspekt nennen würde, ist darüber vernachlässigt worden: was gewinnen diejenigen, die solche Rituale praktizieren, aus ihrer Einlassung auf Heilige und heilige Stätten?

Gelegentlich werden diese Rituale auch als Beispiele der mythischen Vorstellungen von Eingeborenen angeführt, denen das aufgeklärte moderne Bewußtsein fehlt. Die britische Anthropologin Mary Douglas hat dazu die folgende Anmerkung gemacht:

> »Säkularismus wird fast einstimmig als ein ausschließlich modernes Phänomen betrachtet, das auf die zunehmende Verstädterung, das wachsende Prestige der Naturwissenschaften oder auch auf den Abbau und Verfall der traditionellen Gesellschaftsformen zurückführbar ist. Tatsächlich handelt es sich bei dem, was mit diesem Ausdruck bezeichnet wird, um einen ursprünglichen Weltauffassungstyp, der ... das Produkt eines bestimmten Typs von sozialer Erfahrung ist, der in keinem notwendigen Zusammenhang mit dem Stadtleben oder mit der Entwicklung der modernen Wissenschaft steht. Offenbar hat die Anthropologie an diesem Punkt versäumt, ihren Zeitgenossen den Spiegel vorzuhalten. Der Gegensatz 'säkularistisch' – 'religiös' hat mit dem Gegensatz 'modern' – 'traditionsgebunden' (bzw. 'primitiv') nicht das mindeste zu tun; und die Idee, daß der Primitive von Natur aus tiefreligiös sei, ist einfach Unsinn ... Die Illusion, daß alle Primitiven fromm, leichtgläubig und den Lehren von Priestern und Magiern hörig seien, hat das Verständnis unserer eigenen Zivilisation wahrscheinlich noch nachhaltiger behindert als die Interpretation der Zeugnisse längst vergangener Kulturen durch die Archäologen.«[3]

Gerade die Frauen (denen traditionell der Zugang zur Bildung verweigert wird – noch immer können 97 % der Frauen in den ländlichen Gebieten Marokkos weder lesen noch schreiben[4]) werden als einfältige, abergläubische Wesen dargestellt, die sich einem seltsamen Mystizismus verschrieben haben, weil sie nicht klar denken können. In der Ära der Entwicklungspolitik und mit dem Beginn der Industrialisierung von

Ländern der »Dritten Welt« ist dieses Frauenbild bekräftigt worden: während man in den westlichen Industriegesellschaften den Frauen inzwischen ein gewisses Maß an Vernunft zugesteht, gelten die Frauen in den Gesellschaften der »Dritten Welt«, die doch längst mit großen Schritten in die Moderne eilen, wo allein Vernunft, Technik und Beherrschung der Umwelt zählen, noch immer als befangen in einer magischen Vorstellungswelt.

Das Heilige als Gegenbild zur männlich bestimmten Weiblichkeit

Tatsächlich kann das Aufsuchen eines Heiligengrabs, der aktuelle Bezug auf ein übernatürliches Wesen, auch ganz anders gesehen werden: nicht als Befangenheit in magischen Vorstellungen, sondern als der Versuch, die eigene Position in der materiellen Welt neu auszuhandeln. Der »Dialog« mit den Heiligen erscheint dann als vernünftige Bemühung um realistische Auseinandersetzung mit der eigenen Lebenssituation:

> »Das Heilige ist ... das Reale schlechthin, es ist Macht, Wirkungskraft, Quelle des Lebens und der Fruchtbarkeit. Das Verlangen des religiösen Menschen, ein Leben im Heiligen zu führen, ist das Verlangen, in der objektiven Realität zu leben, nicht in der endlosen Relativität subjektiver Erlebnisse gefangen zu bleiben, in einer wirklichen und wirkungskräftigen – und nicht in einer illusorischen – Welt zu stehen.«[5]

Im Grunde geht es den Frauen nur darum, mit Hilfe der Heiligen mehr Selbstbestimmung und Einflußnahme in einer gnadenlos patriarchalischen Gesellschaft zu erlangen, vor allem in jenen Bereichen, die in der islamischen Orthodoxie, wie in jedem patriarchalischen System, als typisch weibliche gelten: Sexualität und Fortpflanzung.[6] Frauen, die keinen Ehemann finden, Frauen, deren Männer sexuelle Probleme haben, Frauen, deren Männer sich von ihnen abgewandt haben, Frauen, die keine Kinder bekommen können – sie alle wenden sich an die Heiligen, in der Hoffnung, Hilfe und Rettung zu finden. Es geht an diesen heiligen Stätten vordringlich um Sexualität und Gebärfähigkeit. Wenn man, mit Max Weber, die Macht definiert als »die Chance eines Menschen oder einer Mehrzahl solcher ..., den eigenen Willen in einem Gemeinschaftshandeln auch gegen den Widerstand anderer daran Beteiligter durchzusetzen«[7], dann ist die Wechselbeziehung von Frauen und Heiligen ohne Frage ein Versuch, Macht zu gewinnen. Die Frauen, die zu den Heiligengräbern pilgern, sind aus der Sicht der islamischen Orthodoxie Ketzerinnen – sie suchen ihre Stärke in der Offenheit der heiligen Stätten, wo Autorität und Hierarchie ihr Recht verlieren:

> »Blasse junge Mädchen streuen rote Blüten in das Wasser der Quelle, andere schütten Zucker oder werfen Honigwaben hinein, um ihrer Sprache Glanz und verführerische Süße zu verleihen. Frauen, die Moschus verstreuen, träumen davon, geliebt zu werden ... und alle haben Henna und Benzoeharz bei sich. Die Jungfrauen stecken eine rosafarbene oder grüne Kerze an und sagen: 'Herr dieser Quelle, entzünde meine Kerze' – was so viel heißen soll wie 'Verheirate mich!', oder auch 'Schenke mir Gesundheit!' Die Macht, an die sich die Wünsche richten, kann alle Wohltaten dieser Welt gewähren: Leben, Stärke, Glück, Liebe, Kinder ...«[8]

Daß die Frauen an den heiligen Orten vor allem Macht und Stärke gewinnen möchten, wird besonders deutlich, wenn man die traditionell bedeutende Rolle der weiblichen Heiligen in bezug auf Probleme der Sexualität und Fortpflanzung bedenkt.[9] In der Freudschen Terminologie müßten diese Heiligen als phallische Figuren gelten; einige von ihnen belassen es nicht beim Penisneid, sondern stellen die patriarchalischen Verhältnisse auf den Kopf: Lalla Nfissa zum Beispiel, eine algerische Heilige, ist dafür bekannt, daß sie Männern, die sexuelle Probleme haben, einen Penis schenkt.[10] Das ist nicht alles – im Unterschied zur wirklichen Welt, wo ihnen Passivität zugeschrieben wird, führen die Frauen in der Welt des Übernatürlichen ein sehr aktives Leben, sie können ganz unterschiedliche Rollen übernehmen, von der gütigen, beschützenden Mütterlichkeit bis zur offenen Aggression, zum Beispiel der Vergewaltigung von Männern.[11] Und sie sind auch nicht an die traditionelle muslimische Aufgabenteilung zwischen den Geschlechtern gebunden, die den Frauen keinen Zugang zu Machtpositionen in Religion und Politik gewährt. Die Heiligen können es sich erlauben, die häuslichen Pflichten zu verweigern und sich statt dessen in politische und religiöse Angelegenheiten einzumischen.

Abu Yaqub at-Tadili, der Autor einer berühmten Sammlung von Heiligenbiographien aus dem 13. Jahrhundert,[12] setzt sich in seinem Werk nicht eigens mit der Tatsache auseinander, daß viele der Heiligen Frauen sind – sie erscheinen mit den gleichen Eigenschaften und Vorrechten wie die männlichen Heiligen. An einer Stelle wird eine Heilige, Munia Bint Maymun ad-Dukali, mit dem Ausspruch zitiert: »An diesem Heiligtum haben sich in diesem Jahr schon Hunderte von weiblichen Heiligen eingefunden.« Und ein Heiliger behauptet: »In al-Masamida (einem Landstrich) gibt es siebenundzwanzig Heilige, die durch die Lüfte fliegen können, vierzehn davon sind Frauen.«[13]

Es scheint zwei Arten von weiblichen Heiligen zu geben: die einen waren Schwestern, Ehefrauen oder Töchter eines Heiligen,[14] die anderen sind »aus eigener Kraft« Heilige geworden.[15] Auffällig ist, daß die persönlichen Merkmale und Neigungen vieler weiblicher Heiliger ganz »unweiblich« sind. Die Heilige Imma Tiffelent etwa hat sich aus den häuslichen Verhältnissen direkt in den Himmel davongemacht: »Weil sie nicht heiraten wollte, verwandelte sich Imma Tiffelent in eine Taube und entfloh in die Berge. Dort gab sie sich der Unzucht hin ... Siebenundzwanzig junge Männer, die ihre Liebhaber gewesen waren, wurden nie mehr gesehen. Später lebte sie als Eremitin auf einem Berggipfel. Wüst und in Lumpen ging sie in die Täler, um zu predigen; dann kehrte sie in ihre Hütte zurück, legte sogar ihre Lumpen ab und lebte als nackte Seherin. An ihrem Grab darf man keinen Baum berühren, keinen Vogel töten und keine Rebhuhneier sammeln.«[16] Eine ähnliche Flucht aus der patriarchalischen Bestimmung von »Weiblichkeit« hat auch die Heilige Sida Zohra El Kusch vollzogen, die »ebenso schön wie gelehrt war, die in Moulay Zidane lebte und als Jungfrau starb. Ihr Heiligtum wird nur von Frauen aufgesucht.«[17] Eine Reihe von Arbeiten zeigt, daß die weiblichen

Heiligen auch politische Persönlichkeiten waren.[18] Ein berühmtes Beispiel ist Lalla Tagurrami, eine Heilige der Berber. Sie spielte eine wichtige Rolle in den Berbergebieten, als Schlichterin in Auseinandersetzungen zwischen den Stämmen und in den Konflikten zwischen den Berbern und der Zentralmacht.[19] Wegen ihrer Erfolge und ihres politischen Einflusses ließ sie der König gefangennehmen:

> »Sie war eines der schönsten Mädchen in ihrem Dorf, darum hatte sie viele Verehrer, doch sie lehnte alle Heiratsanträge ab. Bald galt sie als Heilige, und ihr Ruf verbreitete sich überall. Auch der Sultan wollte Lalla Aziza kennenlernen und befahl ihr, nach Marrakesch zu kommen. Sie begab sich in die Stadt und wurde auch dort für ihre Frömmigkeit und ihre Wohltaten bekannt. Man verehrte sie, und ihr Einfluß war so groß, daß es dem Sultan mißfiel und er sie ins Gefängnis werfen ließ. Dort starb sie an Gift.«[20]

Es ist natürlich denkbar, daß die Chronisten dieser Legende der Heiligen ein böses Ende zuschreiben mußten, um sie nicht als Vorbild für die Frauen erscheinen zu lassen.

Die männlichen Heiligen als Anti-Helden

Die männlichen Heiligen dagegen scheinen unablässig mit Problemen befaßt zu sein, die wir als Fragen der Haushaltsführung betrachten würden: zum Beispiel, wie man sich ernährt, ohne anderen zur Last zu fallen. In den meisten Untersuchungen über die Biographien von Heiligen wird dieser Aspekt nicht weiter beachtet. Daß die Heiligen auf dem Wasser gehen und durch die Lüfte fliegen können, scheint viel bedeutsamer als ihre dauernden Probleme mit dem Essen und seiner Zubereitung, ihre Bemühungen, nur ja nicht auf die verfügbaren Formen traditioneller Hausarbeit zurückzugreifen, die von den Frauen geleistet wird. Aber daraus lassen sich all die großen Haltungen begreifen, die Ablehnung von Besitz, Privilegien und politischer Macht, die Verurteilung von Gewalt und Krieg – eben die Abkehr von den typischen Merkmalen der Phallokratie. Die meisten männlichen Heiligen haben den großen Städten mit ihren komplizierten Ausbeutungsverhältnissen den Rücken gekehrt und versucht, durch Jagen, Fischen und Sammeln zu überleben. Sie lernten kochen, manche versuchten auch, möglichst wenig zu essen, oder sie fasteten häufig – ein Heiliger ist dafür bekannt geworden, daß er nur einen Mundvoll Nahrung pro Tag brauchte. Andere fanden Hilfe in der übernatürlichen Welt: sie bekamen ihr Getreide gemahlen oder wurden auf wunderbare Weise ernährt. Aber sie alle wollten ohne Hausarbeit auskommen und kein Essen annehmen, das von anderen bereitet war. Oder sie beschlossen, zum Entsetzen ihrer Mitbürger, die häuslichen Pflichten selbst zu übernehmen, zum Beispiel ihr Brot im dörflichen Gemeinschaftsbackofen backen zu lassen.[21] Einer der berühmtesten Heiligen, Bou Yazza, ging soweit, sich in eine Dienerin zu verwandeln und monatelang einer Frau im Haushalt zur Hand zu gehen.[22]

Manche Heilige haben Kinder und eine Familie, andere entziehen sich und leben zölibatär. Aber auch wenn sie verheiratet sind, erweisen sie sich oft als Versager, als schlechte Gatten und Väter, die nicht in der Lage sind, für die Ihren zu sorgen. Andere Heilige, vor allem im fortgeschrittenen Alter, waren bereit, von ihren ehelichen Rechten zurückzutreten, wenn ihre Frau mit ihnen nicht mehr froh wurde.[23]

Sie alle waren offenbar nicht in der Lage, ihre Rolle als Patriarchen auszufüllen. Einer der unverheirateten Heiligen erklärte, er fürchte, jeder Ehefrau ein Unrecht anzutun – er hielt die Ehe wohl für eine Einrichtung, die den Frauen nicht zuzumuten sei. Ein anderer erklärte, er habe eine wunderschöne Frau auf der Straße gesehen und geglaubt, er sei im Paradies, weil sie genau so ausgesehen habe wie eine *huri*, eine jener Frauen, die den gottesfürchtigen Muslimen dort zuteil werden.* Er wählte die Einsamkeit, weil er befürchtete, die Frauen könnten zwischen ihn und Gott treten, aber immerhin dachte er nicht gleich an den Teufel, wie es die klassische Ideologie will, sondern an das Paradies. Von einem weiteren Heiligen wird berichtet, daß er in Ohnmacht fiel, als er sich allein mit einer Frau in einem Zimmer befand[24] – nicht gerade ein

* *Koran,* 44. Sure (»Der Rauch«), 54. Vers.

Zeichen von Männlichkeit. Überhaupt bieten die Heiligen, mit all ihren Ängsten, nicht das typische Bild selbstbewußter Patriarchen.

Genau wie die Frauen, die heute ihre Heiligtümer besuchen, stammten viele Heilige aus armen Familien und haben handwerkliche Arbeit oder einfache körperliche Tätigkeiten ausgeführt – es finden sich unter ihnen Schäfer, Schlachter und Pfannkuchenbäcker. Andere waren ganz ohne Arbeit und ernährten sich von wilden Früchten, Wurzeln und Fischen. Es gab aber auch gebildete Männer, Richter sogar, die ihr Wissen nicht nutzten, um Reichtum oder Ansehen und Einfluß zu erwerben, sondern sich sogar weigerten, zu lehren, und statt dessen die des Lesens und Schreibens Unkundigen ermutigten, auf ihre Unwissenheit stolz zu sein.[25] Viele der Heiligen waren allerdings ebenso ungebildet wie die Frauen, die jetzt zu ihren Grabstätten pilgern. Sie wurden in den Gemeinschaften, in denen sie lebten, verehrt, und sie versäumten auch nicht, ihre Unwissenheit hervorzuheben – vielleicht in der Absicht, den Zusammenhang von Wissen und Entscheidungsmacht zu entmystifizieren. So weigerte sich zum Beispiel der Heilige Moulay Bou Azza, Arabisch zu sprechen – er benutzte weder die Hochsprache noch das Umgangsarabisch.[26] Moulay Abdallah Ou Said versuchte, das Volk zu belehren, »ohne dabei Schriftstücke zu benutzen.«[27] Und die Heilige Lalla Mimouna, die nicht lesen und schreiben konnte, bestand, zum Entsetzen der gelehrten Kaste, hartnäckig darauf, daß sie in ihren Gebeten auf die komplizierten Koranverse verzichten könne, die ihr natürlich unbekannt waren. Statt dessen erfand sie ihr eigenes Gebet: »Mimouna kennt Gott und Gott kennt Mimouna!«[28] Diese Auflehnung gegen die Hierarchie des Wissens ist ein typisches Merkmal in den Heiligenlegenden, und genau das begeistert bis heute die Unterdrückten in Gesellschaften, die eine rasche ökonomische Entwicklung durchmachen: es sind in der Regel diejenigen, die nicht lesen und schreiben können – überwiegend Frauen. Daher kann es nicht überraschen, daß in den zerfallenden Agrarwirtschaften des *maghreb* die Heiligengräber für die Frauen fast schon die einzigen Zufluchtsorte sind. Es gibt kaum andere Einrichtungen, die von Frauen so in Anspruch genommen werden. Dort finden sie eine Welt, in der sie als vernünftig denkende Wesen erscheinen, einen Ort, an dem ihr Mangel an Bildung keinen Makel bedeutet.

Es ist offenkundig und steht außer Frage, daß der Besuch solcher heiliger Stätten für die Frauen große psychische und emotionale Bedeutung hat: dort, im Einflußbereich mythischer Gestalten, die als Gegenbilder zum Bestehenden, zum Patriarchat wirken, besitzen die Frauen einen Ort, der sie ermutigt und ihnen erlaubt, zu klagen und die ungerechten Verhältnisse zu schmähen. Dort haben sie die Möglichkeit, sich kritisch mit der eigenen Situation auseinanderzusetzen, ihre Probleme zu erkennen und eine Lösung zu suchen. Allerdings richten sich ihre Bemühungen und Anstrengungen nur darauf, eine übernatürliche Kraft zu Hilfe zu rufen, die im einzelnen Fall die strukturelle Unterdrückung außer Kraft setzen soll – auf die Außenwelt mit ihrem Machtgefüge hat das weiter keine Wirkung. Das Gemeinschaftsgefühl am *marabout* mag bei jeder einzelnen der Besucherinnen zum therapeutischen Effekt beitragen, aber diese Solidarität können sie nicht nach außen tragen; sie wird nicht zur Veränderung des Systems beitragen, in dem die Frauen in struktureller wirtschaftlicher Abhängigkeit von den Männern bleiben und ihnen darum in Sexualität und Fortpflanzung zu Diensten sein müssen.

Die Heiligen spielen eine ähnliche Rolle wie die Psychotherapeuten in kapitalistischen Gesellschaften: sie leiten die Unzufriedenheit ab, so daß sie nicht zur Kraft des Aufbegehrens gegen die bestehenden Machtstrukturen wird. Das wirkt lindernd und heilend, aber es bewirkt zugleich Anpassung an die herrschende Unterdrückung. Zorn und Aufbegehren der Frauen sind verflogen, wenn sie das Heiligtum verlassen. Sie gehen in dem Glauben nach Hause, daß ihr Kontakt zu einer heiligen Person Nachwirkungen haben wird, daß die Welt sich zum Besseren wandeln wird. So besehen ist ein Heiligtum nur eine Bühne, ein Ort, an dem »Psychodramen« aufgeführt werden, die alle kollektive Energie der Frauen aufzehren und ihre potentielle Gegenmacht neutralisieren – also ein Ort der Entfremdung, der Entkräftung. Gerade die Schauplätze heftigsten Aufbegehrens gegen Unterdrückung, Unrecht und Ungleichheit können auf diese Weise für die Zwecke des nationalen Machtapparats genutzt werden: Es ist in vielen Ländern der »Dritten Welt« gängige Praxis, daß die bürokratischen Verwalter der Macht, die jede gewerkschaftliche und politische Opposition unterdrücken, die Bräuche in den traditionellen Heiligtümern dulden und fördern.

Anmerkungen

1 Siehe Emile Dermenghem, »Les Edifices«, in: *Le Culte des Saints dans l'Islam maghrebin*, Paris: Gallimard, 1954, S.113.

2 *Ebd.*

3 Mary Douglas, *Ritual, Tabu und Körpersymbolik : Sozialanthropologische Studien in Industriegesellschaft und Stammeskultur*, Frankfurt a.M.: S. Fischer, 1974, S.33.

4 *Recensement général de la population et de l'habitat*, 1971, Rabat: Direction de la statistique, Ministère de la Planification, 1971.

5 Mircea Eliade, *Das Heilige und das Profane: Vom Wesen des Religiösen*, Hamburg: Rowohlt, 1957, S.17.

6 Vgl. Fatima Mernissi, *Geschlecht Ideologie Islam*, München: Frauenbuchverlag, 1987. Siehe vor allem das Kapitel »Die Überwachung der weiblichen Sexualität im Islam«.

7 Max Weber, *Wirtschaft und Gesellschaft: Grundriss der verstehenden Soziologie*, 2. Halbband, Tübingen: Mohr, 1972, S.531.

8 Desparmet, »Le Mal Magique«, in: E. Dermenghem, *a.a.O.*, S.44.

9 Siehe Léon L'Africain, *Description de l'Afrique*, Paris: Maison Neuve, 1956 (Leo Africanus, eigentlich Hassan al-Wazzan, 1485 in Granada geboren und in Fès aufgewachsen, verfaßte eine Schilderung seiner Reisen als Kaufmann durch Nordafrika »Descriptio Africae«, nachdem er 1512 als Sklave an den Hof von Papst Leo X gekommen war [Anm. d. Übers.]; und Edmund Doutté, Magie et religion dans l'Afrique du Nord, Algier: Typographia Adolphe Jourdan 1908, S.31.

10 Vgl. Dermenghem, *a.a.O.*, S.43.

11 Siehe Vincent Crapanzano, *The Transformation of the Eumenides: A Moroccan Example* und *Saints, Jinns and Dreams: An Essay on Moroccan Ethnopsychology*, unveröffentlichte Manuskripte, Princeton University, Department of Anthropology, 1974.

12 Abu Yaqub Yusuf Ibn Yahiya *(At-Tadili, At-Tasawaf Illa Ridschal ...) Vie de Saints du S'ud Marocain des V, VI, VIIième siècles de l'Hégire: Contribution à l'étude de l'histoire religieuse du Maroc*, ed. A. Faure, Rabat: Editions Techniques Nord Africaines, 1958. Ich zitiere dieses Werk im folgenden als »At-Tasawaf« und nenne die Nummer der jeweiligen Heiligenbiographie.

13 At-Tasawaf ..., *a.a.O.*, Nr.160, S.312 und Nr.209, S.397.

14 *Ebd.*, Nr.240, S.431, Nr.7, S.70, Nr.25, S.111; siehe auch E. Dermenghem, *a.a.O.*, Lalla Mimuna, S.68, Lalla Aischa, S.125 und Mana Aischa, S.107.

15 *Ebd.*, Nr.160, S.312, Nr.209, S.397, Nr.207, S.394. Nr.210, S.398, Nr.167, S.331.

16 Zit. n. E. Dermenghem, *a.a.O.*, S.53.

17 E. Dermenghem, *a.a.O.*, S.49.

18 Jaques Berque, *Structures sociales du Haut Atlas*, Paris: PUF, 1955, S.296.

19 *Ebd.*, S.281-286.

20 *Ebd.*, S.290.

21 Siehe At-Tasawaf ..., *a.a.O.*, passim.

22 *Ebd.*, Nr.77, S.200.

23 *Ebd.*, passim.

24 At-Tasawaf ..., *a.a.O.*, Nr.94, S.224.

25 At-Tasawaf ..., *a.a.O.*, passim.

26 Siehe V. Loulignac, *Un Saint Berbère – Moulay Bou Azza: Histoire et Légende*, Rabat: Hesperis, 1946.

27 Siehe Jean Chaumel, *Histoire d'une tribu maraboutique de l'Anti-Atlas, le Aît Abdallah Ou Said*, Rabat: Hesperis, 1952.

28 Zit. b. Dermenghem, *a.a.O.*, S.69.

Jungfräulichkeit und Patriarchat

Grenzen der Tradition im Wandel der sozialen Räume

Es ist kein Geheimnis, daß manche Braut ihre Jungfräulichkeit in der Hochzeitsnacht einem medizinischen Kunstgriff verdankt. Zur Freude der Gynäkologen, die solche Techniken beherrschen, gibt es genug junge Frauen, die sich kurz vor der Hochzeit einer kleinen Operation unterziehen, um alle Spuren ihrer vorehelichen Erfahrungen zu tilgen. Um ihre Rolle im traditionellen Schauspiel jungfräulicher Demut und patriarchalischer Arglosigkeit übernehmen zu können, braucht die junge Frau also einen verständnisvollen Arzt, der sie im Handumdrehen verwandelt in eines der kostbarsten Güter des Mannes in der mediterranen Welt: eine Jungfrau mit einem unversehrten Hymen, als Siegel auf der Vagina, als Garantie, daß noch kein anderer Mann sie dort berührt hat.

Seltsamerweise ist also die Jungfräulichkeit eine Angelegenheit zwischen Männern, die Frauen sind dabei nur ein stummes Medium. Wie die Ehre gilt die Jungfräulichkeit als reine Männersache, sie wird zum Problem in Gesellschaften, die bestimmt sind von Ungleichheit, Mangel und entwürdigender Unterwerfung der einen unter die anderen – was allen fehlt, ist jene menschliche Stärke, die allein zählt: Selbstvertrauen. Nach den Begriffen von Ehre und Jungfräulichkeit liegt der Ort, an dem sich entscheidet, welches Ansehen ein Mann genießt, zwischen den Beinen einer Frau. Nicht durch die Unterwerfung der Natur, durch das Erstürmen von Gipfeln oder die Bändigung von Flüssen bestimmt sich der Rang eines Mannes, sondern durch sein Vermögen, alle Bewegungen der Frauen zu kontrollieren, mit denen er durch Heirat oder Bluts-

Blutsverwandtschaft verbunden ist, und ihnen jeden Kontakt zu fremden Männern zu untersagen.

Beherrschung der Frauen und der Natur

Es ist eigentlich nicht verwunderlich, daß gerade in den Mittelmeerländern, wo diese Phänomene besonders ausgeprägt sind, vielfach, vor allem in der Landwirtschaft, noch immer ganz antiquierte und unentwickelte Techniken angewandt werden. Man könnte meinen, daß diese Völker, die sich in anderer Hinsicht als durchaus kultiviert und befähigt erweisen, unter einer Art von Blockierung leiden: sie sind nicht recht in der Lage, die einzige Kraft zu beherrschen, deren Bändigung noch eine Herausforderung darstellt – die Natur, die Quelle des Lebens. In den Kulturen des Mittelmeerraums sind die Männer den Launen der Natur oft so unterworfen wie die Frauen der Willkür der Männer, als gäbe es einen geheimen, unbegriffenen und verkehrten Zusammenhang zwischen den Frauen und der Natur, als könnten die Männer mit diesen beiden unkontrollierbaren Kräften nur umgehen, indem sie ihnen Gewalt antun. Tatsächlich erfüllt die Idealisierung und institutionalisierte Beharrung auf der Jungfräulichkeit genau diesen Zweck: die Frauen sollen daran gehindert werden, ihre Kinder zu gebären nach den Rhythmen der Biologie, des Begehrens und der Lust. Daß gerade der Katholizismus, eine besonders lustfeindliche Religion, die den Geschlechtsverkehr zur Sünde erklärt, wenn er nicht der Fortpflanzung dient, die Jungfrau Maria verehrt, ist kein Zufall. Das Beispiel zeigt auch, daß man das Prinzip der Jungfräulichkeit ernsthaft betrachten muß, weil es ein Symptom ist für tief vergrabene schmerzliche Konflikte. Es geht um die symbolischen Botschaften, nicht um das kleine Stück »Jungfernhaut«, das zufällig der Bedeutungsträger ist. Andere Kulturen haben andere Körperteile zu Symbolen des Konflikts und der inneren Not erklärt: die Füße oder den Hals, die Wangen oder die Vorhaut ...

Neu ist allerdings, daß man die Jungfräulichkeit künstlich erzeugen kann – das ist eine Subversion des Status quo, ein Trick, der das ganze Verhältnis der Geschlechter in Frage stellt. Aber die Frauen haben inzwischen begriffen, daß es für die Männer einen schweren Schock bedeutet, die unerfreuliche Wahrheit zu erfahren, daß es besser ist, ihnen ihre Illusionen zu lassen und den Schein zu wahren. Das ist nicht billig: zwischen 500 und 1 000 Dirham* kostet die Operation. Immerhin sind die Preise gefallen, was darauf hindeutet, daß solche Eingriffe[1] heute verbreiteter sind als noch vor einigen Jahren.[2] Die eigentliche Frage ist jedoch: warum begeht eine Frau einen solchen schweren Betrug an einem Mann, mit dem sie ihr Leben verbringen wird, mit dem sie Kinder haben und, über Jahrzehnte, Freude und Leid und alle Geheimnisse teilen wird? Ist das nicht ein übler Verrat an dem Mann, der sie als Lebensgefährtin gewählt hat?

Unverständnis zwischen den Geschlechtern

Diese Inanspruchnahme der neuesten medizinischen Möglichkeiten, um uralten patriarchalischen Anforderungen zu genügen, ist ein typisches Beispiel von »Modernisierung« – sie kann aber auch als Inbegriff einer Verständnislosigkeit gesehen werden, die seit Jahrhunderten das Verhältnis zwischen den Geschlechtern charakterisiert. Der Grund für dieses Unverständnis liegt in der Ungleichheit, die überall dort vorherrscht, wo die wirtschaftliche Entwicklung stagniert, wo der Verfall alter Sitten und Traditionen geleugnet oder nicht begriffen wird und sich darum um so rascher und härter vollzieht. Geradezu tragisch ist das Schicksal jener Individuen und Gruppen, die den vielfältigen Wandlungsprozessen an der Schwelle zum Jahr 2000 unterworfen sind, ohne sich diese Veränderungen einzugestehen. So haben sie nicht einmal die Möglichkeit bewußter Anpassung, und sie werden kaum in der Lage sein, jene Werte zu bewahren, die es verdienten – ihre Menschenwürde, ihre Selbstachtung und den menschlichen Umgang mit anderen.

* Ende der siebziger Jahre waren das zwischen 200 und 400 DM. Das durchschnittliche Jahreseinkommen einer Landarbeiterfamilie betrug damals 65 Dirham – damit ist klar, in welchen sozialen Schichten diese Spielchen möglich sind.

Die künstlich erzeugte Jungfräulichkeit bedeutet eine Erniedrigung – nicht nur für die Frau, die dafür bezahlt, sondern auch für den Mann, der sie deflorieren wird, für das Ehepaar, dessen Zusammenleben von Anfang an auf einer Täuschung beruht.

Daß der Geschlechtsakt als »Frauensache« begriffen wird, ist bereits ein Ausdruck jener Unfähigkeit zur Verständigung zwischen den Geschlechtern. Denn selbstverständlich gehören zur Defloration wie zur Schwangerschaft zwei: ein Mann und eine Frau. Nach der Moral des Patriarchats ist allein die Frau dafür verantwortlich, wie sie ihre Unschuld verliert – obwohl die gesetzlichen Bestimmungen eine deutlich andere Sprache sprechen. Rechtlich besehen ist jede sexuelle Beziehung zwischen Personen verschiedenen Geschlechts, die nicht verheiratet sind, strafwürdig, und beiden Partnern droht das gleiche Strafmaß: eine Gefängnisstrafe zwischen einem Monat und einem Jahr (Artikel 490 des marokkanischen Strafgesetzbuchs). Das Strafrecht hält also Mann und Frau für gleichermaßen verantwortlich, nur in den männlichen Vorstellungen herrscht eine irrationale Eigensüchtigkeit, die gern die ganze Verantwortung auf die Frauen abschieben möchte. Schon deshalb ist verständlich, daß die Frauen sich ebenso unlogisch verhalten und ihren Vorteil suchen, indem sie, durch einen Kunstgriff, die Jungfräulichkeit vortäuschen.

Außerdem gibt es das Phänomen der vorgetäuschten Jungfräulichkeit ja nur deshalb, weil die Männer einen absurden Anspruch stellen: vor der Ehe wollen sie ihre »Erfahrungen« machen, und dazu brauchen sie Frauen, die sich auf unverbindliche sexuelle Beziehungen einlassen, aber sobald sie beschlossen haben, in den Ehestand zu treten, suchen sie verzweifelt nach einer Jungfrau, die noch kein anderer Mann »geschändet« hat. Genau deshalb kann es ihnen passieren, daß sie in der Hochzeitsnacht ein Hymen penetrieren, das kurz zuvor von irgendeinem Gynäkologen mit groben Stichen zusammengeflickt wurde. Das geschieht ihnen recht: sie selbst haben ja die Töchter, Schwestern und Cousinen anderer Männer »geschändet« – und damit, nach ihrer eigenen Moral, diese Männer entehrt. Männer, die einerseits, vor der Ehe, bereit sind, junge Frauen zu entjungfern, aber dann andererseits unbedingt eine Jungfrau heiraten wollen, betrachten den Geschlechtsakt als etwas Schmutziges, eine Erniedrigung, die der Frau (und allen Männern, die, durch Heirat oder Blutsbande, mit ihr verbunden sind) die Ehre nimmt. Und diese Freibeuter, die den Frauen und ihren männlichen Angehörigen die Ehre geraubt haben, wollen dann ihren größten Sieg am Hochzeitstag erringen, indem sie eine Jungfrau heimführen – jenes kostbare Juwel, die Frau, die noch kein anderer berührt hat.

Wenn die Männer ihre Anbetung der Jungfräulichkeit ernst meinten, müßten sie natürlich auf voreheliche und außereheliche Sexualbeziehungen verzichten. In der arabischen Welt eine solche Forderung zu formulieren, scheint absurd – aber es gibt Führer von Revolutionsbewegungen, die genau das von ihren jugendlichen Anhängern verlangen. Sie predigen beiden Geschlechtern Geduld und sexuelle Abstinenz: das kalte revolutionäre Ethos soll die Sinnenlust der jungen Männer und Frauen gleichermaßen neutralisieren.

Der Patriarch als tragische Figur

Die Sexualität ist ein höchst wandelbares Merkmal der menschlichen Spezies, und alle Gesellschaften haben versucht, sie für ihre Zwecke zu benutzen – oft mit schlimmen Folgen. Man muß sich nur die klassischen Texte der Anthropologie vornehmen und auch die anthropologischen Studien über die sogenannten »Entwicklungsländer«. Aber ebenso sollte man die Arbeiten über das Sexualverhalten in den Vorstädten von Paris oder New York zur Kenntnis nehmen, die zeigen, was der Kapitalismus anrichtet, der auf den Verbrauch überflüssiger Waren angewiesen ist.[3]

Eine männliche »Jungfrau«, die rein und unschuldig ihrer Hochzeitsnacht entgegenfiebert, würde wohl jeder arabische Mann völlig lächerlich finden. Aber genau das ist sein Idealbild der arabischen Frau. Und darin liegt eine gewisse Tragik – der patriarchalisch orientierte Mann gründet seinen Status auf irrationale, widersprüchliche, geradezu schizophrene Annahmen. Er macht seine Ehre abhängig von einem Wesen, das er zugleich als feindlich begreift: von der Frau, die ewig geheimnisvoll schweigt oder ihn mit Lügen eindeckt, die ihn hinabzieht in den Sumpf schmutziger Verrichtungen. Es gilt das Gesetz der Vergeltung:

Auge für Auge, Lüge für Lüge … Ein Teufelskreis von Unverständnis, den das absurde Prinzip des Patriarchats gestiftet hat.

In drei Aufsätzen zur »Psychologie des Liebeslebens« hat Sigmund Freud die Antriebskräfte und die Funktionsweise des männlichen Unbewußten im Rahmen des Patriarchats umrissen.[4] Er macht zunächst deutlich, daß das »Tabu der Virginität« zu den ältesten Bestandteilen der menschlichen Überlieferung gehört, und daß es die Angst der Männer vor den Frauen ausdrückt. Diese Angst gründet sich zum einen darauf, daß die Frauen unendlich übermächtig sind, weil sie allein Leben schenken können, und weil dabei Blut fließt. Zum anderen müssen die Männer stets befürchten, daß die Frauen sich unterwürfig zeigen, aber insgeheim auf Rache sinnen: weil unter dem Patriarchat Zuneigung und Sexualität völlig unvereinbar sind, »achten« die Männer ihre Ehefrauen (und machen sie frigide) und suchen sich, um ihre Lust zu befriedigen, Frauen, auf die sie herabsehen können. Eine Folge dieser Aufteilung ist auch Impotenz: Freuds psychologische Erklärung geht dahin, daß der Mann unfähig ist, den Geschlechtsakt mit einer Frau zu vollziehen, die er »idealisiert« – er braucht dazu eine Frau, die er verachtet, die er gekauft hat. Freud führt uns die pathologischen Merkwürdigkeiten vor, die Qualen und Quälereien derjenigen, die sich in der Liebe nicht zu jener Form von Männlichkeit zwingen konnten, die das System verlangt – ein System, das bestimmt ist von der Furcht vor dem Körper der Frau und darum große Anstrengungen unternimmt, ihn zu beschädigen, ihn häßlich zu machen und seine Schönheit und Stärke zu verdecken.

Gesellschaftliche Schizophrenie

Die Männer wollen also etwas Schmutziges tun und ihre Partnerin beschmutzen, und das macht den Geschlechtsakt zu einer zerstörerischen und erniedrigenden Handlung. Aus der deflorierten Jungfrau wird die »gefallene Frau«, der Mann dagegen erhebt sich aus den Niederungen solcher Treffen wie der Phönix aus der Asche: gereinigt, mit gestärkter Männlichkeit und erhöhtem Ansehen. Nach den Maßstäben der Psychopathologie muß das als Schizophrenie gelten: als ein Widerspruch, der so extrem und umfassend ist, daß weder die einzelnen noch die Gesellschaft ihn sich eingestehen können, ohne sich selbst zu zerstören. Das Patriarchat macht den Geschlechtsakt zur ewig kindlichen Handlung des Mannes, der den Schrecken seiner Bedeutungslosigkeit angesichts der lebensspendenden Mutter nie überwunden hat, der nie erwachsen genug geworden ist, um die sexuelle Lust in einer Beziehung unter Gleichen zu erfahren, der die Sexualität immer nur als ein Mittel begreifen kann, sich durchzusetzen, ein Herrschaftsverhältnis zu begründen – also Inhumanität zu verbreiten.

Um die Achtung der Jungfräulichkeit wirklich zu etablieren, müßte man nur die »Unberührtheit« zur allgemeinen Verhaltensmaßregel für Männer und Frauen in der Zeit vor der Ehe erklären. In China gilt für junge Männer und junge Frauen das gleiche Gebot der Selbstzucht. Dort haben die Männer durchaus die Chance, am Hochzeitstag mit einer echten Jungfrau vermählt zu werden. Im China des »Großen Vorsitzenden Mao« brauchte es keine Gynäkologen, die das Hymen zusammennähen – alle Menschen wurden dazu erzogen, ihre Triebe zu zügeln, um dem großen Ziel der nationalen Entwicklung zu dienen. Das Abstinenzgebot, das jungen Männern und Frauen in China auferlegt wird, ist Teil eines vernünftigen nationalen Entwicklungplans: es geht darum, die Geburtenrate zu verringern. Bis zum dreißigsten Lebensjahr sind Frauen besonders fruchtbar, daher ist es die drastische und effektivste Methode zur Senkung der Geburtenrate, wenn man von ihnen verlangt, daß sie erst nach Erreichung dieses Alters heiraten und von den Männern fordert, daß sie keinen Geschlechtsverkehr mit Frauen unter dreißig haben. In den arabischen Staaten dagegen ist nicht zu erkennen, welchen ökonomischen Zwecken das Beharren auf der Jungfräulichkeit dienen soll.

Kann die Jungfräulichkeit bei uns als Faktor in irgendeiner nationalen Planung gelten? Oder ist sie nur ein zufälliges Moment, künstlich und käuflich, im großen Durcheinander, im Sumpf der verfallenden Moral? Unser Religionsgesetz schreibt vor, daß beide Geschlechter bis zur Ehe »unberührt« bleiben sollen – schon daran läßt sich ermessen, wie der Islam tagtäglich von Männern mißachtet wird, die sich auf seine Grundsätze berufen. Um das Religionsgesetz wirklich zu achten, müßten die Männer eine grundlegende Änderung ihrer Persönlichkeit und ihrer Mentalität vollziehen: sie müßten ihre Beziehungen zum anderen Geschlecht völlig neu bestimmen, sie müßten letztlich neue, vernünftige und sinnvolle Prinzipien der eigenen Lebensgestaltung finden.

An diesem Punkt stellt sich allerdings die Frage, ob die Jungfräulichkeit als soziale Idee betrachtet werden soll, die allein durch Sitten und Traditionen bestimmt ist, oder als ein rechtliches Konstrukt, wie es in den Gesetzesvorschriften erscheint. Im Artikel 42 der *mudawana*, des marokkanischen »Personenstandsgesetzes«*, ist von der Jungfräulichkeit im Zusammenhang mit den zivilrechtlichen Voraussetzungen einer Eheschließung die Rede: es heißt dort, im Ehevertrag müsse »alles genannt werden, was über die Braut bekannt ist, ob sie eine Frau oder eine Jungfrau ist«. Und in Artikel 27 dieses Gesetzes ist festgelegt, daß »der Bräutigam erst dann auf dem Vollzug der Ehe bestehen kann, wenn er der Braut den Anteil der Mitgift (*sadaq*)** ausgezahlt hat, der ihr zusteht«. Weiterhin heißt es, daß die Frau ihren Anspruch auf dieses Geld verliert, wenn die Ehe vor der Auszahlung vollzogen wurde. Auch im Strafgesetzbuch, in dem Abschnitt, der sich auf »Vergehen und Verbrechen gegen die Ordnung der Familie und die öffentliche Moral« bezieht, ist indirekt von der Jungfräulichkeit die Rede: das übliche Strafmaß für Vergewaltigung, zwischen fünf und zehn Jahren Gefängnis, wird auf zehn bis zwanzig Jahre erhöht, wenn das Opfer jungfräulich war. Auch in Fällen von sexueller Nötigung erhöht sich die Strafandrohung, wenn die Tat mit einer Defloration verbunden war. Sowohl in der *mudawana* als auch im Strafgesetzbuch werden keine Sonderrechte des Ehemanns im Umgang mit einer zuvor nicht verheirateten Frau formuliert, die sich nach der Eheschließung als nicht jungfräulich erweist.

Dieser Zurückhaltung der Gesetzgeber steht allerdings die Macht der Tradition entgegen: die Jungfräulichkeit der Braut ist Gegenstand einer Vielzahl von Sitten und Gebräuchen, allen voran die übliche Prozedur,

* Im ersten und zweiten Buch des *Code du Statut Personnel* (von 1957) sind alle familienrechtlichen Fragen geregelt (Anm. d. Übers.).

** *sadaqa* – allg. Almosen, hier ist das Brautgeld gemeint, das im Eigentum der Ehefrau verbleibt (Anm. d. Übers.).

nach der Hochzeitsnacht die Unterkleider der Braut öffentlich vorzuzeigen. Solche Rituale machen deutlich, daß »Virginität« nach wie vor in erster Linie gesellschaftlich definiert ist. In manchen Regionen gibt es Formen von *bid'a**, moderne Ergänzungen des Brauchtums: man zeigt sich fortschrittlich, indem nicht nur, wie üblich, die blutbefleckte Unterwäsche der Braut auf einem Tablett präsentiert wird, sondern außerdem ein Attest der Jungfräulichkeit, ordentlich ausgestellt von einem Arzt – dieses Zertifikat ist dann ganz elegant mit einer Sicherheitsnadel an der Wäsche befestigt. Jedenfalls führt es nach wie vor zu Drama und Skandal in den Familien der Braut wie des Bräutigams, wenn irgendein Zweifel an der Jungfräulichkeit der Braut aufkommt. Kein Wunder, daß die jungen Frauen sich dann gegen das eifersüchtige Mißtrauen ihres Verlobten mit besonders züchtigem Gehabe wappnen und, wenn nötig, einen chirurgischen Eingriff zur Wiederherstellung des Hymen vornehmen lassen. Jeder Versuch, offen und ehrlich zu sein, hätte katastrophale Folgen. Um jeden Verdacht zu zerstreuen, muß die Braut vielmehr betont kindlich und unbedarft wirken und alles ihrem künftigen Gatten überlassen. Sie darf eigentlich gar nicht mehr existieren – erst ihr »Zukünftiger« soll sie ja zum Leben erwecken. Für einen Mann, der sich vor der Gleichberechtigung der Geschlechter fürchtet, kann es nichts Schöneres geben als eine Frau, die ihm die Paraderolle des Patriarchats überläßt: als Herr und Meister aufzutreten ist sein ganzer Stolz. Wenn die Frauen aber so genau wissen, was die Männer wollen, warum verlieren sie dann überhaupt ihre Jungfräulichkeit? Warum geben sie sich anderen Männern hin, von denen sie in aller Regel nur Verachtung erwarten können? Weshalb lassen sie sich ein auf dieses tragikomische Spiel, das ihnen, wie den Männern, nur peinliche Rollen bietet?

* *bid'a* (Neuerung) ist ein abwertender Begriff, der im theologischen Kontext die Abweichung von der *sunna,* also eigentlich Häresie bedeutet (Anm. d. Übers.).

Folgen der Ungleichheit

Die Antwort liegt in der traditionellen, tief verwurzelten muslimischen Familienideologie, die allein den Frauen die Pflicht auferlegt, monogam zu leben und ihre sexuellen Begierden zu zügeln. Die Männer würden solche Einschränkungen nicht akzeptieren – sie dürfen sich Sexualpartner nach Belieben suchen. Jeder Mann hat nicht nur das Recht, bis zu vier Frauen zu heiraten, sondern auch, sich so viele Konkubinen zu halten, wie er sich leisten kann. Außerdem kann er seine Ehefrauen »verstoßen«: eine weitere Möglichkeit, die Sexualpartner zu wechseln. Der »wirtschaftliche Niedergang« hat dazu geführt, daß das institutionalisierte Konkubinat, der Harem, aufgegeben werden mußte. Seit es in den dreißiger Jahren in Marokko verboten wurde, Sklavinnen zu halten, gab es diese Einrichtung immer seltener – aus dem kollektiven Gedächtnis ist der Harem allerdings nicht verschwunden. Obwohl also die unfreundliche Wirklichkeit dem Recht der Männer auf uneingeschränkte Promiskuität entgegensteht, bleibt das Prinzip unangetastet: auch in der geltenden marokkanischen *mudawana* von 1957 ist das Recht auf Polygamie und Verstoßung festgeschrieben.

Aber wo Ungleichheit herrscht, da gibt es immer auch Unaufrichtigkeit, Ausflüchte, Heuchelei und den offenen oder uneingestandenen Wunsch nach Vergeltung. In Gesellschaften, die nur dem einen der beiden Geschlechter das Recht auf wechselnde Sexualpartner zugestehen, wird zwangsläufig ein Konfliktpotential entstehen, das irgendwann seinen Ausdruck in mehr oder weniger aggressiven Formen der Auseinandersetzung finden muß. Auch die »Zauberei« ist eine dieser Formen. Die archaischen Rituale und Praktiken dienen den Frauen zum Beispiel dazu, die Liebe von Männern zu gewinnen oder zu erhalten, auf die sie eigentlich kein Anrecht haben. Das hat weitreichende Folgen: vor allem im Süden Marokkos können die Ärzte viele Geschichten von Patienten in der Notaufnahme erzählen, die behaupten, eine Frau habe sie mit einem Zaubertrank vergiftet. Und es gibt jede Menge Gerüchte über die Wundermittel: von den besonders geschätzten Hyänenköpfen, die von den Behörden beschlagnahmt wurden, bis zum berühmten Pottwal von Sebh Edhab. Der Wahrheitsgehalt solcher Geschichten ist nicht von

Belang, ihre Bedeutung liegt darin, daß sie Wunschvorstellungen, Bedürfnisse, Verlangen und Konflikte zum Ausdruck bringen. In ähnlicher Weise ist die Palette der Manipulationsmöglichkeiten zu bewerten. Der chirurgische Eingriff zur Wiederherstellung der Jungfräulichkeit ist bloß eine moderne Variante der alten Methoden: Hühnerblut auf der Hochzeitswäsche der vermeintlichen Jungfrauen und tausend andere Tricks, die von Generation zu Generation weitergegeben wurden. Ganz zu schweigen von der Vortäuschung von Schwangerschaften, Geburten und Orgasmen. Wenn eine Frau sich in die Enge getrieben fühlt, wenn sie die widersprüchlichen Anforderungen, die aus ihrer sozialen Gruppe an sie gestellt werden, mit ihren eigenen Bedürfnissen nicht in Übereinstimmung bringen kann, dann greift sie auf die alten Tricks zurück – eine logische Folge der Ungleichheit. So kann eine Frau, die geheiratet werden will, eine vorgetäuschte oder tatsächliche Schwangerschaft dazu benutzen, von ihrem Liebhaber zu fordern, sich »der Verantwortung nicht zu entziehen«. Unfruchtbare Ehefrauen sind in der Lage, sich von einer anderen Frau, die ihr Kind aus sozialen oder wirtschaftlichen Gründen nicht behalten will, einen Säugling zu beschaffen, um dann dem Ehemann und aller Welt eine Geburt vorzuspielen. Der vorgetäuschte Orgasmus ist allgemein üblich und bedarf keiner weiteren Erläuterung.

Sozialer Wandel und Neubestimmung der sozialen Räume

Ideologisch ist das Phänomen der künstlich wiederhergestellten Jungfräulichkeit also nicht neu – unter soziologischem Aspekt stellt sich allerdings die Frage, weshalb es heute viel mehr solcher »falscher Jungfrauen« als früher gibt. »Virginität« ist letztlich kein biologischer, sondern ein sozialer Begriff: beiden Geschlechtern wird mit dem Beginn der Pubertät körperliche sexuelle Reife zugeschrieben. Aber in Marokko haben sich Veränderungen vollzogen, die diese Vorstellung zunehmend problematisch erscheinen lassen. Mindestens vier verschiedene Arten des Wandels sind auszumachen, die neue Verhältnisse schaffen, in denen die Bewahrung der Jungfräulichkeit nicht mehr als selbstverständliches Resultat der Einbindung in eine soziale Gruppe, sondern als individuelle Leistung gesehen werden muß. Der Wandel hat räumliche, institutionelle, wirtschaftliche und psychologische Aspekte – das Zusammenwirken dieser Faktoren bedeutet tiefgreifende Veränderungen im Alltagsleben.

Der institutionelle Wandel schließt vor allem eine Neubestimmung der sozialen Räume ein, die den Frauen zugänglich sind, und bewirkt damit in gewisser Weise einen Abbau der Geschlechtertrennung. Die neue Raum-Ordnung bedeutet einen Bruch mit jenem Ideal sexueller Dynamik, das die muslimische Gesellschaft bis in die kleinsten Details festgelegt hatte. Männern und Frauen stand demnach die Inanspruchnahme von Raum nicht in gleicher Weise zu – die Männer konnten sich frei bewegen, die Frauen durften das, wenn überhaupt, nur sehr selten. Früher war es ungewöhnlich, eine Frau außerhalb ihres Hauses anzutreffen. Solche Ausnahmefälle hatten zumeist einen familiären oder religiösen Anlaß, also Familienfeiern oder Besuche an den Heiligengräbern, den *marabouts*. Es wurden dann vielfältige abschirmende Maßnahmen getroffen, wobei das wichtigste Hilfsmittel der Schleier war, denn er erlaubte einer Frau, sich im männlichen Raum zu bewegen, ohne angeblickt zu werden. Noch heute muß eine Frau, die allein an der Straße steht, am Strand oder im Café sitzt, damit rechnen, beleidigt und angegriffen zu werden; solche Ausbrüche von Aggression speisen sich aus dem kollektiven Gedächtnis, sie beschwören das alte Bild der Frau, die ihren Platz in der häuslichen Sphäre hat. Überdies ist die herkömmliche Geschlechtertrennung auch in den Religionsschriften festgelegt – zum Beispiel in der 24. Sure* des Koran. Der Schleier kann daher auch als Symbol einer kollektiven Wunschvorstellung der (männlichen) Muslime interpretiert werden: die Frauen verschwinden zu lassen, sie aus dem öffentlichen Leben der Gemeinschaft zu tilgen, sie in die häusliche Sphäre zu verbannen, wo sie besser zu kontrollieren sind. Und wenn sie sich auf männlichem Territorium bewegen, sollen sie eine Maske tragen,

* 24. Sure (»Das Licht«) Vers. 31.

um deutlich zu machen, daß sie Ausgestoßene sind, die dort nichts zu suchen haben. Angesichts der geradezu phobischen Reaktionen der männlichen Öffentlichkeit auf die Frauen scheint das eine logische Schlußfolgerung. Ebenso heftig und hartnäckig hat man sich daher gegen die Bemühungen nationaler Unabhängigkeitsbewegungen gewehrt, Frauenrechte zu propagieren und zu institutionalisieren. Es war ein Akt von großer symbolischer Bedeutung, als König Mohammed V. 1947 in Tanger in einer öffentlichen Zeremonie seiner Tochter, der Prinzessin Aischa den Schleier abnahm.* Sehr wichtig war auch der Einfluß von Allal al-Fassi, der in seinen Schriften, und vor allem in seiner »Arabischen Charta«, für das Recht der Frauen auf Ausbildung und Teilnahme am Gesellschaftsleben eintrat.**

Strukturwandel der Wirtschaft und neue Gesetze

Solche Standpunkte, die natürlich einen radikalen Bruch mit der traditionellen Zuweisung getrennter Räume an die Geschlechter bedeuteten, zeigten ihre Wirkung, als neue Grundlagen formuliert wurden. So gewährt Artikel 9 der marokkanischen Verfassung allen Staatsbürgern das Recht, sich innerhalb des Königreichs frei zu bewegen und sich an jedem Ort niederzulassen. Das ist ein großer Fortschritt, auch wenn einige juristische Einzelbestimmungen dieses Grundrecht einschränken. Die Frauen sind jedenfalls nicht länger prinzipiell ausgeschlossen vom öffentlichen Leben: Artikel 13 der Verfassung gewährt ihnen, wie allen Bürgern, das Recht auf Ausbildung und Arbeit. Zwar ist der Bildungsstand marokkanischer Frauen bis heute weit unter dem Durchschnitt, dennoch hatten diese Verfassungsbestimmungen eine revolutionäre Qualität: sie zogen einen Schlußstrich unter die jahrhundertealte Ausschließung der Frauen und die rigide Geschlechtertrennung. Kein

* Sultan Mohammed V., der Ansehen im Volk und in der Unabhängigkeitsbewegung genoß, kehrte aus dem Exil zurück, als Marokko die nationale Unabhängigkeit gewann, und regierte ab 1957 als König die neue konstitutionelle Monarchie (Anm. d. Übers.)

** Muhammad Allal al-Fassi (geb. 1910) war einer der bedeutendsten Führer der marokkanischen Unabhängigkeitsbewegung *(hizb al-istiqlal)* (Anm. d. Übers.)

Wunder, daß die reaktionären *ulama** gegen diese Veränderungen Front machten – sie spürten, daß eine ganz neue Ordnung gesetzt wurde.

Seither haben die Geschlechter Gelegenheit gehabt, einander neu zu entdecken: in den Schulen, im Beruf, in der Konkurrenz auf dem Arbeitsmarkt, im Büro und in den Konferenzen; und im Rahmen der unterschiedlichsten wirtschaftlichen Unternehmungen werden sie festgestellt haben, daß es noch andere Beziehungsformen gibt als jene enge und karge Auffassung von Sexualität, die das patriarchalische Modell zur Norm erklärt hat. Eines der wirksamsten Mittel zur Kontrolle vorehelicher Sexualität war mit einem Mal nicht mehr einsetzbar – und damit hatte die Überwachung der Sexualität insgesamt ein Ende.

Als verstärkender Faktor in diesen Wandlungsprozessen wirkte die Veränderung der ökonomischen Strukturen. Vor allem das Wirtschaften in den Familienhaushalten erfuhr eine drastische Umgestaltung – und dazu gehörte nicht zuletzt der Abbau der traditionellen Machtposition des Familienvaters. Früher funktionierte die Familie als Produktionseinheit, als ein selbstversorgendes System, in dem es nur darauf ankam, die Familienmitglieder beiderlei Geschlechts produktiv einzusetzen. Die Leitung dieses Unternehmens lag in den Händen des Familienoberhaupts, eines Patriarchen, der zugleich als Arbeitgeber und treusorgender Ernährer auftrat. Heute sind die Familienväter oft arbeitslos: für 1979 ist die Arbeitslosigkeit auf 35 % geschätzt worden.[5] Dieser Niedergang der patriarchalischen Autorität hat seinen Ursprung in einer allgemeinen wirtschaftlichen Veränderung, die auch dazu geführt hat, daß Frauen und Kinder heute Lohnarbeit verrichten müssen.[6] Aus der Großfamilie wird die Kernfamilie, in der individualistische Tendenzen deutlicher hervortreten. Und neben der Arbeitslosigkeit spielt auch die Emigration eine Rolle: mit dem Weggang des Vaters ist seine Macht nur noch formell, ebenso die Familie als Einheit.[7]

* *ulama* (pl. von *alim*) – der »Klerus«, die Religionsgelehrten und Geistlichen im Islam (Anm. d. Übers.)

Junge Frauen in Bedrängnis

Für Mädchen und junge Frauen bedeutet der Verfall der väterlichen Macht unter anderem auch, daß sie sich dem Arbeitsmarkt und seinen Regeln stellen müssen – und die Bedingungen sind hart. Um als Lehrerin, Krankenschwester oder Sekretärin Arbeit zu finden, sind junge Frauen von 17 oder 18 Jahren oft gezwungen, weit weg von ihrem Elternhaus zu leben. Wenn sie wohlbehütet in der Familie aufgewachsen sind, bringt ihnen diese Trennung zunächst Einsamkeit und Verunsicherung, sie müssen erst lernen, an ihrem Arbeitsort neue Beziehungen zu knüpfen. Das heißt natürlich, daß diese jungen Frauen, die ihren Lebensunterhalt selbst verdienen, irgendwann auch zu Männern ihres Alters Beziehungen aufnehmen werden, die mit den traditionellen Formen nichts mehr gemein haben. Das Verhältnis der Geschlechter zueinander erhält durch die Selbständigkeit der Frauen eine völlig neue Gestalt. Es ist kein Zufall, daß alle, die für Revolution und Frauenbefreiung eintraten, stets die Integration der Frauen in die Prozesse des Aufbaus und der Entwicklung zu einem wichtigen Ziel erklärt haben.

Aber die Männer sperren sich gegen eine solche Integration, sie wollen ihre alten Privilegien nicht aufgeben. Und sie nutzen die unsichere Lage der jungen Frauen, die von ihren Familien nicht unterstützt werden, um ihnen nachzustellen, wo sie können. Dabei kommt ihnen zugute, daß sie genau das bieten können, was die Probleme der Mädchen lösen würde: die Eheschließung. In einem Land, wo die Väter arbeitslos sind und Frauen kaum Chancen auf eine gute Ausbildung haben, erscheint die Heirat als einzige Möglichkeit, sich einen »Platz an der Sonne« zu sichern. Die Männer spielen diese Trümpfe aus, wenn sie ein junges Mädchen verführen wollen: sie bieten all das, was sich die Frauen wünschen, Geld, einen sicheren Job in einem modernen Wirtschaftssektor, die Aussicht auf ein Leben im Wohlstand. In Marokko hat die Verführung junger Frauen durch ältere Männer auch einen eindeutig schichtspezifischen Aspekt. Das extremste Beispiel sind jene Hausangestellten, die am Ende dezent abgeschoben werden in eine der Entbindungsstationen des staatlichen Gesundheitsdienstes.

Ein deutliches Bild liefern auch die langen Reihen großer Wagen (übrigens meist Firmenwagen), in denen die höheren Angestellten vor den Mädchenschulen und Colleges warten. Aber nicht die Männer, die Armut und Arbeitslosigkeit ausnutzen, werden moralisch verurteilt, sondern die jungen Mädchen, die »schwach geworden« sind. Immer wieder werden sich junge Frauen verführen lassen, wenn sie in einer fremdbestimmten Wirtschaft keine Zukunftschancen sehen. Und die mediterranen Männer, die dazu erzogen sind, Frauen nachzustellen, sie zu verführen und zu beherrschen, die unfähig sind, Liebe als Hingabe und Geben und Nehmen unter Gleichen zu begreifen – sie werden dann auch weiterhin Jungfernhäutchen penetrieren, die mit ein paar Stichen zusammengenäht und so falsch und künstlich sind wie ihre Beziehungen zu den Frauen. Und sie werden an ihrer ängstlichen Abwehr aller Veränderung festhalten, werden sich an alberne soziale Gebräuche klammern, anstatt sich der Bewältigung von Problemen in jenen Bereichen zu widmen, die letztlich ihr Leben bestimmen: ihrer Umwelt, ihrem Lebensraum, dem Geschehen auf dem Weltmarkt, den Fragen der Energie und Technologie ...

Symptom eines Grundübels

Die Beziehung zwischen den Geschlechtern muß von Lüge und Täuschung bestimmt bleiben, solange die Männer ihre schizophrene Vorstellung nicht aufgeben, daß beim Geschlechtsakt, an dem sie doch beteiligt sind, nur die Frauen »Schuld« haben können – Schuld an der Defloration, an der außerehelichen Schwangerschaft, an der Prostitution ... Die Praxis der chirurgischen Wiederherstellung der Jungfräulichkeit ist keineswegs ein unbedeutendes soziales Phänomen, sondern symbolischer Ausdruck eines uralten Übels, das schon seit Jahrhunderten verhindert, daß sich Männer und Frauen in Liebe und Achtung verbinden. Der Grund dieses Übels liegt im Fehlen der Gleichberechtigung der Geschlechter – ein Zustand, der prinzipiell widernatürlich und effektiv anti-sozial ist. Wenn ein Mann das Gefühl hat, eine Frau zu »schänden«, dann begreift er sich unbewußt als Quelle von Übel – und das nicht nur in sexueller Hinsicht. Man kann sich leicht vorstellen, welche Art von Selbstbewußtsein er zum Beispiel in der Politik entwickeln mag ...

Zwischen Politik und Sexualität besteht ein enger Zusammenhang: im Verlauf der Menschheitsgeschichte, die leider auch eine Geschichte der Ausbeutung ist, haben es die herrschenden Klassen immer wieder verstanden, bei den Menschen ein Selbstbild und ein Bild des eigenen Körpers zu bewirken, das den Herrschaftszwecken nützte. Geschichtlich betrachtet, hat der Klassenkampf auch im Bereich der sexuellen Beziehungen seinen Ausdruck gefunden. In diesem Kontext sind nicht nur die Produktions-, sondern auch die Reproduktionsbedingungen zu untersuchen; wir müssen das Problem des Analphabetismus unter den Frauen der armen Schichten, vor allem auf dem Lande einbeziehen, ebenso ihren Ausschluß von den Bildungsmöglickeiten und Arbeitsplätzen im modernen Sektor der Wirtschaft, und schließlich, vor diesem Hintergrund, das Phänomen der Prostitution, die gerade in Ländern mit hoher Arbeitslosigkeit floriert. Die sexuellen Dienstleistungen, die von Frauen der unteren Schichten angeboten werden, sind Waren auf einem patriarchalisch bestimmten Markt, dessen Regeln im Zusammenwirken der internationalen imperialistischen Kräfte mit den lokalen Kompradoren gemacht werden. Nur so, mit Blick auf die soziale und ökonomische Struktur des Landes können diese Probleme begriffen werden, und nicht durch Salongeplauder über Ethik und Moral.

Anmerkungen

1 Auch nach wiederholtem Geschlechtsverkehr, sogar nach Abtreibungen und Geburten, sind noch Reste des Hymen vorhanden, die, je nach Befund, mit wenigen Stichen oder mit größerem Aufwand wieder zusammengenäht werden können. Das Verfahren heißt Hymenorraphie – sobald die Narben verheilt sind, ist das Wunder perfekt: die deflorierte Frau wird wieder zur Jungfrau.

2 Siehe den Aufsatz von Nadia Bradley, »Le scandale de la virginité«, in: *Lamalif*, Nr 25.

3 Die klassische Analyse der kapitalistischen Manipulation von Sexualität ist Reimut Reiche, *Sexualität und Klassenkampf: Zur Abwehr repressiver Entsublimierung*, Frankfurt: Verlag Neue Kritik, 1970. Ein anderer Klassiker der 70er Jahre, weniger sozialwissenschaftlich orientiert, ist das Buch einer amerikanischen Autorin: Kate

Millet, *Sexus und Herrschaft: Die Tyrannei des Mannes in unserer Gesellschaft,* München; Wien; Basel: Desch, 1971.

4 »Über einen besonderen Typus der Objektwahl beim Manne« (1910); »Über die allgemeinste Erniedrigung des Liebeslebens« (1912); und »Das Tabu der Virginität« (1918), in: Sigmund Freud, *Studienausgabe, Bd.V: Sexualleben*, Frankfurt a.M.: S. Fischer, 1972.

5 Siehe Hassan Sebar, »Planification et disparités sociales à travers quelques indicateurs«, in: *Libération*, 9.3./17.3.1979.

6 Siehe Fatema Mernissi, (»Aktuelle Veränderungen in der marokkanischen Familie: die allmähliche Ablösung der Macht des Familienoberhaupts durch die Macht des Staates«), arabische Fassung in: *Revue de la Faculté des Lettres*, No. 2/3, Rabat, o.J.

7 A. Radi, »Adaptation de la famille au changement social dans le Maroc urbain«, in: *BESM*, Nr.135.

Bevölkerungsplanung ohne Demokratie?

Der muslimische Staat und die Frauen im Interessenkonflikt

Seit die Staaten der europäischen Gemeinschaft immer weniger Arbeitsimmigranten über die Grenzen lassen und in den Ländern des Maghreb die Jugendarbeitslosigkeit drastisch zunimmt, kann man häufiger abfällige Bemerkungen der Art hören, die Frauen könnten ja auch nicht aufhören zu »werfen«... Das ist eine dieser »Medina-Theorien«, die plötzlich aufkommen – aber zur Not läßt sie sich auch mit ein paar statistischen Angaben wissenschaftlich unterfüttern. Männer, die sich in allem auskennen, zum Beispiel Taxifahrer oder Spitzenbeamte im Gesundheitsministerium, werden nicht müde zu betonen, daß die weibliche Fruchtbarkeit das wirtschaftliche Gleichgewicht durcheinanderbringt. In Rabat lassen sich tagtäglich Szenen wie diese beobachten: Eine junge Frau in der traditionellen *dschelaba*, zwei Kinder an der Hand und eins auf dem Rücken, sucht sich mühsam ihren Weg durch den Straßenverkehr, und die Autofahrer regen sich auf. »*Qbet waladek* – paß doch auf deine Bälger auf!« Im Gespräch mit leitenden Beamten fällt nach einer Viertelstunde unweigerlich etwa folgender Satz: »Bei dieser irrsinnigen Geburtenrate haben wir doch keine Chance. Wenn es unsere Frauen so machen würden wie die Europäerinnen, ein Kind, höchstens zwei – dann wären wir viel weiter!« Erleichterte Pause, der Mann rückt sich nervös die Krawatte zurecht und versucht glaubwürdig zu wirken. Die Verantwortung ist abgewälzt, sie liegt jetzt dort, wo sie hingehört: Schuld an der wirtschaftlichen Misere hat dieses unkontrollierbare Ärgernis, die Frau mit ihrem unkontrollierbaren Uterus!

Wieder einmal ist die Frau an allem schuld, sie allein macht die Pläne zunichte, die der Staat in wunderbarer Voraussicht entworfen hat und in die Praxis umsetzen wollte. Das Problem liegt bei den arabischen Frauen, vor allem bei denen, die einfach nicht lesen und schreiben lernen wollen (das hört sich dann an, als sei es eine hartnäckige Ablehnung der verzweifelten Bemühungen der zuständigen Ministerien). Arbeitslosigkeit, mangelhafte Ausstattung von Gesundheits- und Bildungseinrichtungen – alles eine Folge des weiblichen Eigensinns.

Auf den ersten Blick lassen die vorliegenden statistischen Daten (die von hochrangigen Sachbearbeitern im Planungsministerium, selbstverständlich fast ausschließlich Männer, zusammengestellt wurden) tatsächlich die Rolle der Frauen höchst zweifelhaft erscheinen. Bedauernd müssen die Experten vom Amt für Statistik feststellen: »1962 betrug die 'statistisch unbereinigte Geburtenrate' 46,1. Marokko gehörte damit zu den Ländern mit sehr hoher Geburtenrate. Nach der letzten Volkszählung (von 1982) sind es neun Punkte weniger: 37 per tausend Einwohner.«[1]

Bei dieser »unbereinigten Geburtenrate« kommen die Frauen natürlich nicht gut weg. Irgendwie gehören zwar zwei dazu, ein Kind zu machen, aber schließlich ist ja auch bekannt, daß allein die Frauen wissen, wie es zu diesen zauberhaften Augenblicken nächtlicher Intimität kommt, als deren Folge dann neun Monate später ein Säugling geboren wird. Die »unbereinigte Geburtenrate« ist also der schlagende Beweis für die unbegreifliche Macht der Frauen, nach Belieben menschliche Wesen hervorzubringen. Den Rückgang der Säuglingssterblichkeit (von 18,7 %, 1962, auf 12,5 %, 1982) präsentieren die Experten des Planungs- und Gesundheitsministeriums jedenfalls wie einen Triumph der Kultur über die rohe Natur.

Tatsächlich haben wir es hier mit einem begeisternden Erfolg der staatlichen Planer zu tun. Die Behörden haben weder Mühe noch Kosten gescheut und vor allem in Programme zur Gesundheitsfürsorge für Mutter und Kind investiert. Die Statistik beweist eindeutig, daß die »tatsächliche Geburtenrate« (d.h. unbereinigte Geburtenrate minus Sterberate) in Marokko gestiegen ist: von 27,4 (1962) auf 27,7 (1982). Mit anderen Worten: wir haben heute einen jährlichen Bevölkerungszuwachs von rund 28 Menschen pro Tausend.[2] »Der gleichzeitige Rückgang von Geburtenziffer und Sterblichkeitsrate« heißt es dazu in der

Studie, »hatte zur Folge, daß das Bevölkerungswachstum in Marokko unverändert geblieben ist.«[3]

Daß die Frauen in diesen Angelegenheiten alle Schuld trifft, ergibt sich noch aus einem anderen Aspekt: sie verweigern sich offenbar jedem Versuch der staatlichen Institutionen, sie zur Anwendung empfängnisverhütender Maßnahmen zu bewegen. Eine UNICEF-Studie von 1989 zeigt folgendes Bild: in Großbritannien verwenden 83 % der in Frage stehenden Bevölkerungsgruppen Verhütungsmittel, in Frankreich sind es 79 %, in den Niederlanden und Italien 78 %, in Kanada 73 % und in den USA 68 %. Nur die marokkanischen Frauen (und ihre Schwestern in den anderen arabischen Staaten) bringen noch immer die demographischen Strategien durcheinander, weil sie sich der Anwendung von Verhütungsmitteln »verweigern«. In Marokko sind immerhin noch 27 % der Betroffenen bereit, Kontrazeptiva zu benutzen, Algerien markiert mit 7 % bereits einen Tiefpunkt, aber die negative Bestleistung gelingt dem Jemen: nur 1 % der relevanten Bevölkerung wendet empfängnisverhütende Mittel an.[4] Wer die arabischen Frauen zum Haupthindernis der staatlichen Planung erklären will, findet in solchen Statistiken genügend Material für eine »wissenschaftliche« Argumentation.

Bleiben wir bei den Frauen in Marokko: Woran lag es, daß trotz aller staatlichen Bemühungen das Bevölkerungswachstum nicht zurückging? Nicht zuletzt daran, daß die kleinen Mädchen der sechziger Jahre, die in den Jahren der nationalen Begeisterung, nach der Unabhängigkeit, geboren und aufgewachsen waren, irgendwann Mütter wurden. Dem familienpolitischen Kurswechsel, den die zuständigen Ministerien dann vollzogen, wollten sie nicht ohne weiteres folgen. Sie waren es, die den demographischen Strategien der Planer im Wege standen, obwohl inzwischen die mit großem Nachdruck betriebenen Programme zur Familienplanung Wirkung zeigten. Die durchschnittliche Kinderzahl war zurückgegangen: »Anfang der 60er Jahre brachte eine Frau im Durchschnitt sieben Kinder zur Welt, wobei bereits ein erheblicher Unterschied zwischen den Müttern in der Stadt und in den ländlichen Gebieten bestand. Zwanzig Jahre später, also am Beginn der achtziger Jahre, betrug die durchschnittliche Kinderzahl nur noch 5,5.«[5] Daß sich Mütter und Kinder offenbar gegen die Planer verschworen hatten, geht aus der nüchternen Rubrik der »Gesamt-Vermehrungsrate« hervor: die Zahl der Menschen stieg, die »tatsächliche Vermehrungsrate« entsprach nicht den staatlichen Vorstellungen. Die Überlebenschancen der Kleinkinder und die allgemeine »Lebenserwartung« nahmen zu. Der Staat mußte sich der Aufgabe stellen, einer wachsenden Zahl von Bürgern eine Zukunft zu bieten, oder doch wenigstens ein Auskommen. Das heißt letztlich, zu berechnen, wieviel Zucker wir für den Tee brauchen, wieviel Getreide für unser köstliches Brot – und natürlich geht es auch um die Wohnungen, die Schulen, die Busse und Bahnen ... Kein Wunder also, daß die staatlichen Planer glaubten, ihren Zorn auf die Frauen richten zu müssen.

Das stille Scheitern der Programme für Frauen

Den Erfolg von Institutionen, deren Aufgabe darin besteht, ein vorgegebenes Programm in die Praxis umzusetzen, kann man in der Regel daran messen, ob die ursprünglichen Ziele erreicht wurden. Natürlich sind auch die Kosten zu bedenken: die einfachste Art der Beurteilung ist, das Budget eines Programms durch die Zahl der »Leistungsempfänger« zu teilen. Wenn eine große Zahl von Personen von einem Programm Vorteile hatte, dann kann es als kostengünstig und die Arbeit der durchführenden Behörde als effektiv gelten. Die zitierte Studie über die Gesundheitsfürsorge bei Schwangeren zeigt allerdings, daß die Maßnahmen dieses Programms nur etwa ein Drittel der in Frage kommenden Frauen erreichten – ein Grund, sich etwas genauer mit der »Effektivität« der Behörden zu befassen, die nämlich gerade im Umgang mit den Frauen offenbar nicht recht gefordert ist.

Wer sich das zweifelhafte Vergnügen gönnt, staatlich geführte Programme zu untersuchen, die dem Wohl der Frauen dienen sollen, wird rasch feststellen, daß sie in den meisten arabischen Ländern nur sehr geringe Wirkung zeigen. Auch bei solchen gesundheitspolitischen Maßnahmen, die der pränatalen Beratung, der begleitenden Fürsorge während der Schwangerschaft und bei der Geburt dienen, müßte man sich genaugenommen an das Prinzip halten, die Summe der eingesetzten

Mittel durch die Zahl der Leistungsempfänger zu teilen. Nun haben wir es aber mit arabischen Staaten zu tun, und hier gilt die Grundregel, daß in allen Fragen des Etats Undurchsichtigkeit herrscht. Also ist es auch ein typisches Merkmal sozialpolitischer (und anderer) Programme, daß es keine Informationen über die finanzielle Seite solcher Maßnahmen gibt. In den Statistiken über das Gesundheitswesen wird zwar die Zahl der Leistungsempfängerinnen pro Verwaltungsbezirk genannt, aber wir erfahren nicht, welche Mittel eingesetzt wurden und können also auch keine Rückschlüsse auf den Erfolg der Programme ziehen. Aber auch die Angaben über die Zahl der Frauen, die erfaßt wurden, sind schon recht aufschlußreich.

Die »pränatale Beratung« ist in Gesellschaften, die nach wie vor auf dem Prinzip der Verschleierung beharren, etwas Neues und Ungewöhnliches. Solche Programme zeigen jedenfalls einen deutlichen Wandel im Umgang der staatlichen Institutionen mit den weiblichen Untertanen an. *Hidschab* und *harem*, die Verschleierung und die Verwahrung der Frauen, sind ideologisch eng verknüpft, die beiden Ordnungsvorstellungen bewirken unter anderem eine Art Arbeitsteilung zwischen den Staatslenkern und den Familienoberhäuptern. In der muslimischen Gesellschaft steht der *harem* für die häusliche Sphäre, in der allein der Familienvater das Sagen hat: er »besitzt« die Frauen, die in seinem Machtbereich leben, und darum verfügt er über ihren Körper und alles, was mit ihrer Sexualität und der Fortpflanzung zu tun hat. Dieses Vorrecht ist durch einen strengen Ehrenkodex abgesichert. In traditionellen Gesellschaften war (und ist) die Strafgewalt der Familienoberhäupter gegen Frauen, die diesen Kodex verletzt haben, keiner staatlichen Kontrolle unterworfen. Gelegentlich finden sich in den Zeitungen der arabischen Länder, die sich in solchen Fragen insgesamt sehr bedeckt halten, überraschende Berichte über »Verbrechen aus Ehrgefühl«. Daß dieses Thema überhaupt zur Sprache gebracht wird und daß die Fälle als seltsame und unverständliche Begebenheiten geschildert werden, zeigt an, daß die arabischen Länder sich in einem Prozeß des Aufbruchs und des Wandels befinden. Vor diesem Hintergrund bedeutet es eine deutliche Abkehr von der Tradition, daß sich staatliche Institutionen, die doch vorwiegend mit Männern besetzt sind, mit Problemen der Schwangerschaft befassen.

Solche Formen des drastischen Wandels der Vorstellungen und Verhaltensweisen schaffen natürlich Verwirrung und begründen Abwehrhaltungen – diesen Effekt kann man nicht nur in Marokko, sondern überall in der arabischen Welt beobachten. Allenthalben gibt es Diskussionen über die Verschleierung, über die Forderung der islamischen Integristen, die Koedukation von Jungen und Mädchen zu verbieten. Aber gerade aus der Heftigkeit dieser Debatten kann man den Schluß ziehen, daß sich ein grundlegender Wandel vollzieht. In der islamischen Welt muß es als ein Jahrhundertereignis gelten, daß die Zuständigkeit für Familienangelegenheiten, also auch für das Schicksal der Frauen, erstmals nicht mehr allein bei den Vätern und Ehemännern liegt. Fortpflanzung, Ausbildung und Beschäftigung sind aus der häuslichen Sphäre in die Öffentlichkeit, in die staatliche Verantwortung übertragen worden. Das bedeutet einen radikalen Bruch mit den angestammten Geschlechterrollen und stiftet ein ganz neues Verhältnis der Frauen zu den staatlichen Institutionen: das Prinzip der Verschleierung ist plötzlich außer Kraft gesetzt. Der muslimische Staat kannte traditionell keine Formen unmittelbarer Bezugnahme auf die Frauen, daß er sie nun auf einmal als mündige Bürgerinnen anspricht, ist nicht zuletzt ein Verstoß gegen die überkommene Ordnung der sozialen Raumgrenzen.

Daß ein arabischer Staat durch regelnde Eingriffe in den Bereich von Sexualität und Fortpflanzung die hergebrachten Denkmuster so grundlegend in Frage stellt, muß man wohl als einen eher ungewollten Nebeneffekt von Programmen der Familienplanung und der Gesundheitsfürsorge für Mutter und Kind ansehen. Das Problem ist, daß diese Programme nicht etwa nach reiflicher philosophischer und politischer Erwägung der Rolle des modernen Staates in der Arabischen Welt durchgeführt werden, sondern einfach, weil man auf internationaler Ebene unter Druck geraten ist. Da gibt es UN-Konventionen, die man ratifizieren muß, um nicht als rückständig zu gelten, und vor allem gibt es internationale Finanzhilfen, deren Gewährung an Maßnahmen zur Geburtenkontrolle gebunden ist. In vielen arabischen Ländern sind die Programme der Familienplanung zunächst aus internationalen Fonds bezahlt worden, und bei genauerer Betrachtung zeigt sich, daß ihre Einführung auf heftigen Widerstand gestoßen ist. Diese Abwehr hält an, und obwohl dabei häufig die heiligen Schriften zitiert werden, handelt es sich doch letztlich um die Verteidigung eines kulturellen Zustands: die arabische Frau gilt als das Eigentum des Familienoberhaupts, und der Staat hat keine Veranlassung, ihr seine Dienste anzubieten. Ganz anders sieht es das Kinderhilfswerk der Vereinten Nationen – für die UNICEF gehört die hohe Zahl von Müttern, die im Kindbett sterben, zu den schlimmsten Formen der Ungleichheit in unserem fortschrittlichen Jahrhundert:

> »... eine besonders tragische statistische Feststellung ist die Sterberate bei den Müttern. Die sozialen Indikatoren (Alphabetisierungsrate, Lebenserwartung, Kindersterblichkeit) lassen den ungeheuren Abstand deutlich werden, der die Industrieländer von den Entwicklungsländern trennt ... Wenn man alle Faktoren in Betracht zieht, ist das Risiko, an den Folgen einer Schwangerschaft oder bei der Geburt zu sterben, in den Entwicklungsländern mindestens vierzigmal so hoch – in den ärmsten Ländern sogar etwa hundertfünfzigmal so hoch. In Afrika kommen auf 100 000 lebend geborene Kinder fast 700 Fälle von Müttern, die im Kindbett sterben. Dagegen ist diese Zahl in den Industrieländern sehr gering: durchschnittlich zehn Todesfälle ... Die Risiken der Schwangerschaft und Geburt könnten erheblich reduziert werden, wenn den Frauen beigebracht würde, die folgenden Grundsätze zu beachten:
>
> - sich während der Schwangerschaft regelmäßig untersuchen zu lassen,
> - dafür zu sorgen, daß bei der Geburt eine qualifizierte Hilfsperson anwesend ist,
> - Schwangerschaften vor dem achtzehnten Lebensjahr zu vermeiden und darauf zu achten, daß zwischen den Schwangerschaften wenigstens zwei Jahre liegen ...«[6]

Diese Vorstellungen von Fürsorge für die Mütter müssen in den muslimischen Gesellschaften als Umsturzversuche gelten: sie verletzen die

Prinzipien des *harem* und des *hidschab**, die dazu dienen, eine strikte Grenze zwischen dem häuslichen und dem öffentlichen Raum zu ziehen.

> »Der Begriff *hidschab* hat eine dreidimensionale Bedeutung. Die drei Dimensionen überschneiden sich mehrfach. Die erste Dimension ist die visuelle: dem Blick entziehen. Die Wurzel des Verbs *hadschaba* bedeutet 'verstecken'. Die zweite Dimension dagegen ist die räumliche: trennen, eine Grenze ziehen, eine Schwelle aufbauen. Die dritte Dimension schließlich ist ethischer Natur: sie gehört dem Bereich des Verbotenen an. Hierbei handelt es sich nicht mehr um fühlbare Kategorien, die in der Realität der Sinne existieren, wie das Visuelle oder das Räumliche, sondern um eine abstrakte Realität, eine Idee. Ein hinter einem *hidschab* verborgener Raum ist ein verbotener Raum.«[7]

Wenn man sich vergegenwärtigt, daß sich in einem muslimischen Staat die Leitung der Verwaltungen in der Hand einer fast ausschließlich männlichen Elite befindet, dann wird klar, daß die Schwangerschaftsfürsorge als Eingriff fremder Männer in die Familie begriffen werden muß, eine Verletzung des *harem*, der zugleich als die Sphäre der Frauen und der Sexualität definiert ist. Andererseits bedeutet es einen begrüßenswerten Bruch mit traditionellen Denkweisen, wenn der Staat im modernen Sinne seiner Aufgabe nachkommt, Sorge für das Gemeinwohl zu tragen, und die Frauen als mündige Bürgerinnen behandelt – nicht zuletzt, weil damit gerade den Frauen aus den ärmsten Schichten geholfen wird. Mich interessiert in diesem Zusammenhang natürlich vor allem die Frage, wie der marokkanische Staat mit diesem Problem umgeht und welche Resultate die Programme für die Schwangeren und Mütter in Marokko erbracht haben.

* *harem* kommt von *haram* (»verboten«), *hidschab* kommt von *hadschaba* (»etwas verhüllen, durch einen Vorhang oder eine symbolische Schwelle abgrenzen«).

Die Situation der Frauen in Marokko – Ergebnisse einer Untersuchung

1987 ist in Marokko eine demographische Erhebung durchgeführt worden, die vor allem der gesundheitspolitischen Planung dienen sollte. Die Ergebnisse der Befragung geben interessante Aufschlüsse vor allem über das Leben der ärmsten Schichten: bei 47,6 % der Befragten war keines oder nur eines der Kriterien für die »Grundausstattung« des Haushalts (Wasser- und Gasanschluß, Toilette im Haus) erfüllt, fast zwei Drittel der Haushalte (59,8 %) besaßen weder einen Kühlschrank noch ein Fernsehgerät.

Die Programme der Gesundheitsvorsorge für Mutter und Kind sind in vieler Hinsicht ein Ausnahmefall: normalerweise kümmert sich der Staat nicht um das Schicksal der Frauen aus den armen und sozial geächteten Schichten. Aus der Untersuchung wird allerdings auch deutlich, daß der Effekt der gesundheitspolitischen Programme, die im einzelnen der Beratung und Pflege während Schwangerschaft und Geburt sowie der Betreuung der Kleinkinder dienen sollten, recht unbefriedigend war – vor allem angesichts der Kosten dieser Unternehmung in einem Land der »Dritten Welt«. Zu den überraschenden Ergebnissen der Befragung gehört die Feststellung, daß noch immer zwei Drittel der Frauen ihre Kinder zu Hause zur Welt bringen – als sei das moderne Gesundheitswesen gar nicht vorhanden oder nur eine Angelegenheit für bestimmte Schichten ... Lediglich 26,3 % der befragten Frauen hatten ein Krankenhaus aufgesucht, um ein Kind zur Welt zu bringen. Und von diesen 26 % war wiederum nur einem Drittel die Ehre zuteil geworden, von einem Arzt betreut zu werden. Alle übrigen mußten sich bei der Geburt mit den Handreichungen von Krankenschwestern oder »weisen Frauen« zufriedengeben.[8] Das alles wäre nicht so schlimm, wenn wenigstens die Frauen, die ihre Kinder zu Hause zur Welt bringen, anschließend auf die Gesundheitsfürsorge zurückgreifen könnten, die doch angeblich von den staatlichen Institutionen bereitgestellt wird. Aber aus der Studie geht eindeutig hervor, daß der Zugang zu pränatalen und postnatalen Gesundheitsdiensten davon abhängig ist, wo die Mütter ihre Kinder zur Welt bringen: 82 % der Frauen, die zu Hause gebären, haben danach keine staatliche Hilfe erfahren, während 30 % der Mütter, die eine staatliche Klinik aufgesucht hatten, anschließend auch betreut wurden. [9]

Insgesamt ergibt sich, daß über zwei Drittel der befragten Frauen (71,3 %) überhaupt keine Vorsorge und Beratung während der Schwangerschaft erfahren haben, und etwa die Hälfte der übrigen hatte private Dienste in Anspruch genommen. Letztlich waren es nur 555 der 3 753 befragten Frauen (14,7 %), die in den staatlichen Gesundheitszentren beraten wurden.[10]

Das sind schon auf den ersten Blick enttäuschende Ergebnisse, aber das ganze Ausmaß des Scheiterns dieser Programme wird erst deutlich, wenn man einige Einzelfaktoren in Betracht zieht: ob eine Frau die Chance hat, von den staatlichen Gesundheitsdiensten versorgt zu werden, hängt entscheidend von ihrem Wohnort, ihrem Alter und ihren wirtschaftlichen Verhältnissen ab.

In den ländlichen Gebieten bringen nur 10 % der Frauen ihre Kinder im Krankenhaus zur Welt, das heißt 90 % gehen das Risiko ein, bei Komplikationen keine Hilfe zu erhalten – die Verkehrsverbindungen sind bekanntlich schlecht, und es fehlt vor allem an Krankenwagen. Pränatale oder postnatale Versorgung wird nur 14 % der Frauen auf dem Lande zuteil. Und das schlimmste Stigma ist die Armut: nur 5,7 % der Mütter aus den Bevölkerungsschichten, die nach der offiziellen Definition »an der Armutsgrenze« leben, kommen zur Geburt ins Krankenhaus, und nur 7,9 % hatten eine Schwangerschaftsberatung. Irritierend sind aber vor allem die statistischen Befunde unter dem Aspekt des Alters der Mütter. Gerade die jüngsten unter den Befragten, die Frauen, die zum erstenmal schwanger sind und darum als besonders gefährdet gelten müssen, haben die geringsten Chancen, den Gesundheitsdienst zu nutzen. Nur 27,6 % der Mütter im Alter von fünfzehn bis vierundzwanzig Jahren bringen ihre Kinder im Krankenhaus zur Welt.[11]

Unter allen Institutionen des marokkanischen Staates genießt das Amt für Statistik wahrscheinlich den besten Ruf, weil es uns die Wirklichkeit in Form von errechneten Tendenzen und Entwicklungen präsentiert. Diese Behörde hat sich in den vergangenen Jahren auch durch bemerkenswerte Studien über die Lage der Frauen und das Bevölkerungswachstum hervorgetan, die allgemein Beachtung fanden. Um so erstaunlicher, daß in der bereits zitierten Studie »Femmes et Condition Féminine au Maroc«, die 1989 vom Amt für Statistik herausgegeben wurde, im Abschnitt über die Gesundheitsfürsorge von Problemen nicht die Rede ist. Im Gegenteil, die Programme zur Familienplanung werden als Erfolg verkauft:

> »Es wurden verschiedene verknüpfte Programme durchgeführt, die dazu dienten, den Frauen Kenntnisse über Ernährung, Impfungen und Empfängnisverhütung zu vermitteln und vor allem schwangere Frauen zu beraten. Im Zeitraum von 1979 bis 1985 ist die Zahl der Familienplanungseinrichtungen von 315 auf 475 gestiegen. Diese Beratungszentren übernehmen die Ausgabe von Verhütungsmitteln und kümmern sich um die begleitende Gesundheitsfürsorge. 1986 betrug die Zahl der Frauen, die erstmals zur Anwendung der Pille, der Spirale oder von Kondomen bereit waren, 432170. 1979 waren es nur 133815 Frauen gewesen – eine Steigerung von 223 %.«[12]

Das ist eine Umdeutung der Statistik zum Zweck der positiven Selbstdarstellung – in der typischen Manier staatlicher Propaganda, die man jeden Tag im Fernsehen und in anderen Medien vorgeführt bekommt. Aber ich denke, nach dem Fall der Berliner Mauer sind solche Formen selbst in einem Land der »Dritten Welt« überholt. Der Untergang der sozialistischen Staaten in Europa hatte nicht zuletzt den Grund, daß die Forderung nach Transparenz, nach Überprüfbarkeit der Leistungen unabweisbar wurde. Diese Lektion hat man im marokkanischen Amt für Statistik offenbar noch nicht gelernt, man schwafelt vom Erfolg der gesundheitspolitischen Programme, obwohl wir es eigentlich mit einem sinnlosen Einsatz wissenschaftlicher Kenntnisse und einer unverschämten Verschwendung öffentlicher Mittel zu tun haben. Es bleibt also zu fragen, warum sich eine staatliche Institution so etwas erlauben darf, schließlich geht es hier nicht nur um die korrekte Information über die Leistungen der öffentlichen Einrichtungen, sondern um Maßnahmen, die für die Betroffenen, zum Beispiel die schwangeren Frauen, eine Frage von Leben und Tod sind.

Der eigentliche Skandal besteht aber nicht darin, daß die staatlichen Gesundheitsdienste für Frauen nicht funktionieren, sondern daß man das Scheitern solcher Programme nicht zur Kenntnis nehmen will. Um das zu ändern, müßte sich allerdings die ganze Struktur des öffentlichen Dienstes wandeln: erst wenn die Verantwortlichen mit der Selbstbeweihräucherung aufhören, könnten sie selbstkritische Erwägungen in bezug auf die Ziele und den Zuschnitt ihrer Programme anstellen.

Ein erster Schritt zu mehr Transparenz wäre es, wenn den statistischen Angaben über die staatlichen Leistungen (also etwa der Zahl der Frauen, die beraten oder behandelt wurden) auch genaue Angaben über den Einsatz finanzieller Mittel gegenübergestellt würden. Wenn man die Programme danach bewertet, welche Hilfe sie den Müttern aus den ärmsten Schichten gebracht haben, muß man, wenn nicht von einem Scheitern, so doch von sehr bescheidenen Resultaten in der Praxis sprechen. Und wenn die staatlichen Maßnahmen nach ihrer Effektivität beurteilt würden, wenn der Staat verpflichtet wäre, offenzulegen, wieviele Dirhams pro erbrachter Leistung aufgewendet wurden, und sich eventuell der Kritik an überhöhten Kosten zu stellen, dann hätten wir nach dem Erscheinen der Studie über die Lage der Frauen wohl eine schwere Krise im Gesundheitsministerium erlebt. Aber daß die Programme zur Gesundheitsvorsorge gescheitert sind, scheint niemanden aufzuregen, man geht zur Tagesordnung über. Und genau diese Selbstverständlichkeit, mit der die offensichtliche Unfähigkeit zur Kenntnis genommen wird, soll im weiteren etwas genauer betrachtet werden.

Gelten die Bürgerrechte für Frauen? »kaid« und »hidschab« als Begriffe der Abwehr und Abgrenzung

Es geht mir also um eine einfache Frage, die aber nur auf den ersten Blick trivial wirkt: weshalb wird es nicht als ein skandalöses Versagen der Institutionen kritisiert, wenn sich zeigt, daß etwa das Bildungs- oder das Gesundheitsministerium nicht in der Lage ist, die Bedürfnisse der Frauen in angemessener Weise zu berücksichtigen? In den arabischen Ländern kann man ständig die leitenden Funktionäre im Fernsehen bewundern, wie sie vom Fortschritt schwärmen und den »großen Sprung nach vorn« (*qafza hassima*) ankündigen, aber es gilt offenbar als normal, daß die Rate des Analphabetismus unter den Frauen zu den höchsten der Welt zählt und daß es um ihre gesundheitliche Grundversorgung ebenso schlecht bestellt ist.

In der kollektiven Erinnerung der Muslime spielt die Idee der »weiblichen Ränke« (*kaid*) eine wichtige Rolle. Wenn heute eine Frau zum Beispiel bei einem Vertragsabschluß hart verhandelt oder in einer Projektdiskussion besonders geschickt und überzeugend argumentiert, dann wird früher oder später mit der Schärfe eines Fallbeils das berühmte Zitat aus dem Vers 28 der zwölften Koransure auf sie niedergehen: *inna kaidakunna al-'azim* – 'Ihr seid voller List und Tücke'. Die Sure erzählt die Geschichte Josephs, in der es unter anderem um den Verdacht des Ehebruchs geht. Im 28. Vers zeigt sich, daß nicht Joseph, sondern die Frau seines Herrn die ehebrecherische Absicht hatte – und das genannte Verdikt über die Frauen wird gleich zweimal hintereinander ausgesprochen, um ihm besonderen Nachdruck zu verleihen.[13]

Ibn Manzurs *Lissan al-Arab*, ein berühmtes Wörterbuch des 13. Jahrhunderts, das bis heute in Fragen der arabischen Sprache Geltung hat, erläutert *kaid* durch die verwandten Begriffe *al-chubth* (Bosheit, Tücke) und *al-makr* (Schlauheit, List). Auch *al-ihtijal*, (»Ränke«, Betrug und bewußte Irreführung) gilt als synonym. Der Aspekt der Planung, der berechnenden und bewußten bösen Absicht, ist ein wichtiges Merkmal – »darum wird auch der Krieg als *kaid* bezeichnet« heißt es im *Lissan al-Arab*.[14] In der Koransure »Joseph« geht es um die ehebrecherischen Absichten einer Frau, *kaid* steht also auch für die weibliche Sexualität, für die beständige Bedrohung der Ordnung, die darin liegt, daß sich die Ehefrau einem anderen als dem Ehemann hingeben könnte. Ibn Manzur führt merkwürdigerweise auch noch an, daß man eine Frau als *kaadat* bezeichnet, wenn sie ihre Monatsblutung hat. Diese Bedeutung scheint aus dem Mittelalter nicht tradiert worden zu sein, dagegen ist die Vorstellung von der subversiven Macht der Frauen, die Furcht vor ihren Möglichkeiten, Sexualität, Sinnlichkeit und Verführungskunst zur Zerstörung der Ordnung einzusetzen, nach wie vor lebendig – sie spielt im modernen Alltag eine wichtige Rolle.

Die Sure »Joseph« gehört zweifellos zu den schönsten im Koran. Gleich zu Beginn, im dritten Vers, wird darauf hingewiesen, daß nun dank der koranischen Offenbarung »die schönste Geschichte« erzählt werde. Der Inhalt ist auch aus der Bibel bekannt: Joseph wird von seinen Brüdern verraten und in einen Brunnen geworfen. Eine vorbeiziehende Karawane rettet ihn, und er wird an einen vornehmen Ägypter verkauft, der ihn adoptiert. Die Frau des »hochmögenden Herrn« (*imraat al-Aziz* – sie hat im Koran keinen Namen) ist von Josephs Schönheit bezaubert und versucht, ihn zu verführen. Doch er besinnt sich im letzten Augenblick und bleibt standhaft – diese Szene bildet einen der erzählerischen Höhepunkte der Sure. *Kaid* erscheint in diesem Zusammenhang als eine kaum zu bezähmende weibliche Kraft, als die Fähigkeit, ganz nach Belieben die herrschende Ordnung der Väter außer Kraft zu setzen. Genau diese Vorstellung finden wir heute, wenn davon die Rede ist, daß es keine Arbeitslosigkeit gäbe und die Busse und Bahnen nicht so überfüllt wären, wenn die Frauen nicht so viele Kinder in die Welt setzten.

Auf die Idee der *kaid*, der weiblichen List, beruft man sich bis heute alltäglich in der Medina. Ob es nun um so banale Fragen wie das Feilschen um die Preise beim Kauf von Stoffen oder von Lebensmitteln geht, oder um wichtigere Angelegenheiten, wie sie auf den Arbeitssitzungen in den Ministerien verhandelt werden – kaum hat eine Frau eine kluge Bemerkung gemacht oder Verhandlungsgeschick gezeigt, wird irgendein Mann das klassische Zitat aussprechen: *inna kaidakunna al-ʿazim*.

Die Vorstellung der weiblichen *kaid* als einer Gefahr für die herrschende Ordnung ist eng verknüpft mit dem Prinzip des *hidschab*, der Abschließung und Verschleierung. Eben weil die Frauen die Macht besitzen, durch ihre Sexualität und Verführungskunst das Chaos heraufzubeschwören, muß man sie aus dem öffentlichen Raum fernhalten. Genau wie *kaid* wird der Begriff *hidschab* im Koran im Zusammenhang mit der Verletzung der Ordnung zwischen den Geschlechtern genannt. Vers 59 der 33. Sure gibt den Frauen des Propheten den Rat, sich in der Öffentlichkeit die Dschellaba etwas über das Gesicht zu ziehen, um als ehrbare Frauen erkannt zu werden und vor sexuellen Belästigungen geschützt zu sein.[15] Im Unterschied zur Sure »Joseph« geht die Unzucht (*zina*) hier von den Männern Medinas aus, und als Reaktion darauf wird der Schleier eingeführt, um die Frau mit einer Schutzsphäre zu umgeben.

Der Rückblick auf die muslimische Tradition macht deutlich, daß die Begriffe *kaid* und *hidschab* in der kollektiven Psyche verankert sind und darum bis heute im Alltag und in der politischen Entwicklung eine wichtige Rolle spielen. Beide Vorstellungen schließen die Angst vor den subversiven Folgen der Sexualität ein. Daß die militanten fundamentalistischen Bewegungen gerade das Auftreten von Frauen in der Öffentlichkeit und den gemeinsamen Schulbesuch von Jungen und Mädchen als eine Quelle des Sittenverfalls bezeichnen, zeigt an, wie weit wir von einer Gesellschaft entfernt sind, in der die Bürgerrechte für Frauen gelten. Der Weg dorthin wird mühevoll sein und noch viel Erziehungsarbeit kosten – weder die einfachen Leute noch die Funktionäre in den Führungszirkeln zeigen sich dieser Idee aufgeschlossen.

Nach wie vor werden die Frauen als eine Gefahr gesehen, die es einzudämmen gilt, als Wesen mit subversiver Kraft, die man in der Defensive halten und ausschließen muß. Aber solange die Vorstellung sich nicht durchgesetzt hat, daß Frauen Bürgerinnen mit allen Rechten und Pflichten sind, und überdies eine gesellschaftliche Kraft, die viel zur Zukunft ihres Landes beitragen könnte, werden alle Entwicklungsprojekte in der arabischen Welt letztlich zum Scheitern verurteilt bleiben. Wie sonst soll es gelingen, aus einer Gesellschaft, die in ihren Mythen befangen ist und sich an archaischen Strukturen abarbeitet, den Übergang in eine moderne Gesellschaft zu schaffen, die wissenschaftliche Maßstäbe gelten läßt und die Menschen auch als ein Entwicklungspotential, als eine Vielzahl einzelner Gaben und Fähigkeiten begreift? Zweifellos wäre es ein wichtiger Beitrag zu diesem Wandel, die Bildung und Ausbildung der Frauen zu fördern. Gerade sie könnten durch ihre alltägliche Mitwirkung in allen gesellschaftlichen Bereichen, und gerade auch auf den politischen Kommandohöhen, den Kurswechsel spürbar machen und ihr Land auf den Weg in die Zukunft bringen. Und genau darum bleibt es die Schande der in vielen Bereichen so dynamischen arabischen Gesellschaften, daß sie den Frauen keinen besseren Zugang zur Bildung gewähren – die Reduzierung des Analphabetismus in der weiblichen

Bevölkerung wird sich als eine der wichtigsten Aufgaben der neunziger Jahre erweisen.

Geburtenkontrolle, Bildungsniveau und Demokratie

Natürlich gibt es in der arabischen Welt bereits eine elitäre Schicht von Frauen, die gebildet und ausgebildet sind und auch politischen Einfluß haben. Aber sie spielen diese Rolle nur in ganz bestimmten Bereichen, vor allem in der universitären Forschung und in den Medien. Die Filme und Bücher von Frauen konnten das negative Frauenbild in den arabischen Ländern kaum korrigieren, immerhin haben sie dazu beigetragen, das Problem bewußt zu machen. Nach wie vor bleibt aber das allgemeine Bildungsniveau der Frauen der entscheidende Faktor in der Bevölkerungspolitik. Die kleine Gruppe emanzipierter Frauen ist eindeutig ein Phänomen der städtischen Kultur und beschränkt sich auf die Töchter der Mittel- und Oberschicht. Auf derart glückliche Umstände kann die Masse der Frauen aus den armen Schichten nicht hoffen.

In allen arabischen Ländern sind enorme Summen in bildungspolitische Programme investiert worden, doch die Frauen hatten bislang kaum einen Vorteil davon. Die kritische Bewertung der marokkanischen Studie zur Gesundheitspolitik zeigt, daß fast zwei Drittel der Mütter nicht in den Genuß der staatlichen Leistungen kamen, sie macht aber auch deutlich, welche Rolle dabei das Bildungsniveau spielt: Frauen mit Schulbildung und Ausbildung haben wesentlich bessere Chancen, die Möglichkeiten der Schwangerschaftsberatung zu nutzen, als die völlig ungebildeten Frauen. Das ist nichts Neues: schon frühere Studien aus Marokko lassen keinen Zweifel daran, daß ein enger Zusammenhang zwischen dem Bildungsgrad und dem Erfolg bevölkerungspolitischer Progamme besteht. Bereits Anfang der achtziger Jahre wird in einer Untersuchung über Empfängnisverhütung die Feststellung getroffen: »Die Geburtenrate sinkt, wenn das Bildungsniveau steigt«.[16] Eine vernünftige staatliche Entwicklungspolitik müßte sich also vorrangig der Aufgabe widmen, den Analphabetismus in der weiblichen Bevölkerung zu bekämpfen. Aber es sieht nicht so aus, als unternähmen die staatlichen Institutionen in dieser Angelegenheit besondere Anstrengungen.

Trotz seiner Ressourcen und seiner dynamischen Entwicklung gehört Marokko in die Gruppe arabischer Staaten mit den höchsten Raten von Analphabetismus in der weiblichen Bevölkerung. 78,3 % sind es in Marokko, nicht viel weniger (63,1 %) in Algerien, noch höher ist die Rate in Ägypten (79,8 %) und im Jemen (74,8 % in der ehemaligen Volksrepublik Südjemen und 96,6 % im ehemaligen Nordjemen). Eine Ausnahme in der Statistik bildet nur der Irak: mit seiner Rate von nur 12,5 % Analphabetinnen kann er fast unter die Nationen mit »normalen« Bildungschancen für Frauen gerechnet werden.[17] Es ist also nicht erstaunlich, daß sich die arabischen Länder auf der internationalen Ebene dem Vorwurf ausgesetzt sehen, die Frauen in der Unwissenheit zu halten. In einer vergleichenden Studie des »Population Crisis Committee«, die ausschließlich der Lage der Frauen gewidmet war, wurden 99 Länder (und damit rund 92 % der weiblichen Weltbevölkerung) anhand von 20 Indikatoren, die sich auf Fragen der Gesundheitsversorgung, Bildung, Beschäftigung und politischer und sozialer Einflußnahme der Frauen bezogen, erfaßt und klassifiziert.

Wie nicht anders zu erwarten, finden sich die arabischen Länder in dieser Rangfolge auf den unteren Plätzen: »Natürlich stehen Nordamerika und Nordeuropa an der Spitze und die Länder Afrikas, des Mittleren Ostens und Südasiens am Ende der Rangliste. (...) Außerordentlich schlechte Ergebnisse gab es in den ölexportierenden Staaten der Golfregion...«[18] Erst im Vergleich der Analphabetismusraten bei Männern und Frauen wird klar, welche Diskriminierung in der staatlichen Bildungspolitik stattfindet. Seit der Zeit, als diese Länder die Unabhängigkeit gewonnen haben, ist es Marokko immerhin gelungen, fast der Hälfte der männlichen Bevölkerung Lesen und Schreiben beizubringen (55,4 % waren 1985 noch Analphabeten), Algerien hat den Analphabetismus der Männer auf 37 % reduziert, und in Tunesien sind zwei Drittel der Männer zur Schule gegangen (32,4 % männliche Analphabeten) – aber nur 40 % der Frauen. Auch die revolutionären Ansprüche der ehemaligen Volksrepublik Jemen haben nichts daran geändert, daß dort zwei Drittel der Männer (41,4 % männliche Analphabeten) aber nur ein

Viertel der Frauen in die Grundschule kam.[19] Wären die arabischen Länder tatsächlich an einer effektiven Geburtenkontrolle interessiert, dann müßten sie allerdings eine ganz andere Bildungspolitik machen: wenige Jahre Schulbildung für die Frauen würden ganz erstaunliche Wirkung zeigen. Es gibt eine Vielzahl von Statistiken, die diesen Zusammenhang von Bildungsgrad und Familienpolitik belegen – eigentlich hätten die neunziger Jahre längst zum »Jahrzehnt des Kampfes gegen den Analphabetismus der Frauen« erklärt werden müssen.

Die Zukunft der Familienplanung in den arabischen Staaten und in der übrigen muslimischen Welt wird ganz entscheidend davon abhängen, ob man den Frauen Zugang zur Bildung gewährt, und ob man ihnen erlaubt, ihre gesellschaftliche Rolle und ihr Selbstbild mitzubestimmen – zum Beispiel auch im Bereich der Medien und gerade des Fernsehens, dessen Einfluß auf breite Bevölkerungsschichten ja unübersehbar ist.

Ein neues Bild der Frau – ein neues Weltbild der Frauen

Wenn die Frauen in allen gesellschaftlichen Bereichen Einfluß nehmen dürfen und eine gewisse Autonomie erwerben können, die darin besteht, über ihr Leben und ihren Körper selbst zu bestimmen – dann werden sie zweifellos auch eine vernünftige Form der Geburtenkontrolle akzeptieren und praktizieren. Ein solcher »Staatsstreich« der Frauen, der ihnen endlich das Recht sichert, ihr Leben selbst zu gestalten und sich alltäglich einzumischen, ist fällig – und alle Voraussetzungen sind da: es gibt bereits eine elitäre Schicht von Frauen, die über Schulbildung und Ausbildung verfügen und für ein neues Frauenbild und eine veränderte gesellschaftliche Rolle eintreten, und es gibt das Medium Fernsehen. Die bereits zitierte Untersuchung über die staatlichen Gesundheitsdienste in Marokko zeigte unter anderem, daß selbst von den 47,6 % der Haushalte, die weder eine Wasserleitung noch eine Toilette im Haus besaßen, 18,5 % einen Kühlschrank und einen Fernsehapparat hatten.[20] Für die Mittelschichten ist das Fernsehen längst eine Selbstverständlichkeit, und inzwischen erreichen seine Programme auch die ärmsten Schichten. Damit eröffnen sich auch Möglichkeiten, dieses Medium im Interesse der Frauen zu nutzen. Nicht nur, um positiven Einfluß auf ihren Bildungsstand und ihr Selbstbild zu nehmen, sondern auch, um auf die Haltungen und Denkweisen der arabischen Männer einzuwirken.

Es wäre also eine interessante und wichtige Aufgabe für die Elite gebildeter Frauen, die ohnehin häufig im Bereich der Publikationsmedien arbeiten, Programme zu entwerfen, die speziell für die weiblichen Zuschauer gedacht sind: Filme, kurze Spots, Videoproduktionen – das alles auch in den Regionalsprachen. Warum nicht eine weibliche Medienindustrie aufbauen, um die Frauen in diesem Bereich zu fördern, der große Zukunft hat. Ausbildungsprogramme wären denkbar, in denen Frauen lernen, jene »software« zu produzieren, die wiederum der Bildung und Ausbildung von Millionen Frauen dient. Das könnte mehreren Zielen zugleich dienen: den Armen Lesen und Schreiben beizubringen, den Frauen der Elite eine neue wichtige Rolle zu geben und auf diese Weise die Produktion von Ideen und Bildern in der arabischen Welt zu demokratisieren.

Damit würde ganz friedlich, »auf kaltem Wege« gewissermaßen, der Prozeß der Demokratisierung vorangebracht und die Gefahr des islamischen »Integrismus« bekämpft. Daß diese bedrohliche Bewegung solchen Zulauf findet, liegt ja auch daran, daß sie offizielle Haltungen des Staates übernimmt, wiederholt und bekräftigt. Indem die Frauen Gelegenheit erhielten, andere Positionen zu formulieren und Beiträge zu einer anderen Kultur zu leisten, könnte jener Pluralismus gefördert werden, ohne den die Demokratie nicht auskommt.

Es ist unsinnig, von den Frauen im Bereich der Geburtenplanung eigene Initiative zu erwarten, wenn man in allen anderen Sphären ihren Willen bricht und ihre Selbständigkeit verhindert, wenn man, wie in den arabischen Gesellschaften, die Frau sogar als einen Sammelpunkt negativer Kräfte, eine Quelle von List und Tücke (*kaid*) ansieht. Selbstbewußtsein und Eigenständigkeit sind »ganzheitliche« Phänomene, sie können nicht allein in Teilbereichen ausgebildet werden. Daß die Geburtenrate in den westlichen Ländern so niedrig ist, liegt unter anderem an der Demokratisierung der gesellschaftlichen Beziehungen und der zunehmenden Mitwirkung der Frauen in allen sozialen Bereichen – sie können Fortschritte der Gleichberechtigung in Bildung, Ausbildung und Beruf erleben. Um im Rahmen bestimmter Entwicklungsprogramme eine vernünftige Regelung der Geburten, die Begrenzung oder Verringerung der Kinderzahl zu erreichen, müssen die Frauen als Partnerinnen im Planungsprozeß begriffen werden, das Programm muß ihnen sinnvoll erscheinen. Aber der arabische Staat pflegt die irrationale Vorstellung, daß den Frauen nur eine untergeordnete Rolle in der nichtöffentlichen Sphäre zukommt, und genau das ist sein Problem im Umgang mit dem weiblichen Teil der Bevölkerung.

Es gibt diese Haltung zwar nicht nur in der arabischen Welt, aber nur hier zeigt man bislang kaum Bereitschaft, etwas gegen diese Ungleichheit zu unternehmen und die Frauen in das öffentliche soziale Leben zu integrieren. Der Bevölkerungszuwachs ist kein »biologisches« Problem, sondern er wäre sicherlich innerhalb eines Jahrzehnts pragmatisch zu regeln, wenn der politische Wille vorhanden wäre, eine entsprechende Medienpolitik geplant und inhaltlich ausgewiesen würde. Ausgerechnet der Golfkrieg bietet hier Anlaß, optimistisch in die Zukunft zu blicken: diese kurze Episode hat einige festgefügte Haltungen erschüttert und die Massen in Aufruhr versetzt, und unsere arabischen Führer sahen sehr verloren aus. Alle, die Herrschenden wie die Beherrschten, dürften begriffen haben, daß die Stärke und der Wohlstand der arabischen Länder davon abhängen wird, ob die Distanz zwischen Staatsführung und Staatsbürgern sich verringert – und rund die Hälfte der Staatsbürger sind nun einmal Frauen.

Die heftigen Debatten um die Verschleierung und die Koedukation der Jungen und Mädchen können als eine nützliche Irritation verstanden werden: sie zwingen uns Bilanz zu ziehen und Farbe zu bekennen. In diesem Sinne ist auch der Fundamentalismus kein Rückfall in archaische Formen, sondern vielleicht ein Phänomen des schmerzhaften Übergangs in die Moderne, der nicht ohne harte Einschnitte und die Auflösung alter Denkgewohnheiten abgehen wird – die notwendige Neuorientierung hat ihren Preis. Eines der besten Mittel, den »Integristen« entgegenzutreten, ist die eigene Auseinandersetzung mit dem muslimischen Kulturerbe. In Filmen, Büchern und Vorträgen können gerade

Frauen deutlich machen, wo die wahren Probleme liegen: in einer Welt begrenzter Ressourcen muß die Chancengleichheit der Partizipation hergestellt werden. Dabei kann die Aufklärung über die geschichtlichen Wurzeln der heutigen Vorstellungen und Begriffe eine wichtige Rolle spielen. Bücher, vor allem Romane für die jungen Leserinnen und Leser, in denen die eigenständige und selbstbewußte Rolle der Frauen dargestellt wird, sollten historisches Material aus der muslimischen Kulturgeschichte verarbeiten, um zu zeigen, daß die Emanzipation der Frauen kein Import aus dem Westen ist. Ich glaube, daß solche Bücher, und ebenso audio-visuelle Arbeiten, auf lange Sicht einen großen Einfluß haben könnten. Es geht nicht nur darum, daß die Frauen in der islamischen Welt endlich die Selbstbestimmung über ihren Körper erlangen, sondern sie sollen Partnerinnen in einem weltweiten Miteinander werden - und das heißt, sie müssen lernen, alles mit neuen Augen zu sehen: das Leben, den Tod, unsere Erde, die Sterne und was es sonst noch gibt ...

Anmerkungen

1 *Femmes et Condition Féminine au Maroc*, Royaume du Maroc, Premier Ministre, Direction de la Statistique, 1989, S.24.
Zum besseren Verständnis hier noch einmal die wichtigsten Begriffsdefinitionen aus der obengenannten Arbeit, die im folgenden gebraucht werden:
Die »unbereinigte Geburtenrate« ist die Zahl der jährlich lebend geborenen Kinder pro 1000 Einwohner.
Die »Gesamt-Vermehrungsrate« bezeichnet das Verhältnis von Geburten pro Jahr zur Gesamtzahl gebärfähiger Frauen (statistisch zwischen 15 und 49 Jahren).
Die »unbereinigte Sterberate« bedeutet die Zahl der jährlichen Todesfälle pro 1000 Einwohner.

2 *Ebd.*, S.23.

3 *Ebd.*, S.24.

4 Siehe *La Situation des Enfants dans le Monde 1989*, Compilé par P. et L.Adamson, UNICEF, o.O., 1989, S.102, 103. (Die neuesten Daten sind zu finden in: Zur Situation der Kinder in der Welt 1993, hrsg. von James P.Grant/Zsgest. u. realisiert für UNICEF von P. u. L.Adamson, o.O. [Köln], 1993. Anm. d. Übers.).

5 *Femmes et Condition Féminine au Maroc*, a.a.O., S.24.

6 La Situation des Enfants ..., *a.a.O.*, S.42.

7 Fatema Mernissi, *Der politische Harem: Mohammed und die Frauen*, Frankfurt a.M.: Dağyeli, 1989, S.124.

8 *Morocco Demographic and Health Survey,* o.O., 1987, Statistische »Übersicht über die gesundheitliche Versorgung der Mütter« (Tabelle 3).

9 *Ebd.*, Tabelle 4.

10 *Ebd.*, Tabelle 2.

11 *Ebd.*, Tabelle 5.

12 *Femmes et Condition Féminine au Maroc, a.a.O.*

13 »Als er nun sah, daß sein Hemd hinten zerrissen war, sagte er: 'Das ist (wieder einmal) eine List von euch (Weibern). Ihr seid voller List und Tücke.'« Zit.n. *Der Koran*, Übersetzung von R. Paret, Stuttgart, 1982.

14 Siehe die Einträge zu den genannten Wurzeln in Ibn Manzur, *Lissan al-Arab*, Kairo: Dar al-Maarif, o.J.

15 »Prophet! Sag deinen Gattinnen und Töchtern und den Frauen der Gläubigen, sie sollen (wenn sie austreten) sich etwas von ihrem Gewand (über den Kopf) herunterziehen. So ist es am ehesten gewährleistet, daß sie (als ehrbare Frauen) erkannt und daraufhin nicht belästigt werden.« Zit. n. Der Koran, *a.a.O.*

16 *Planification Familiale, Fécondité et Santé Familiale au Maroc. (1983-1984): Rapport de l'enquête de Prévalence Contraceptive*, Ministère de la Santé Publique, Statistiques Sanitaires, o.O., 1985, S.59.

17 Sidi-Ahmed Abdelkader, *Le Monde Arabe Horizon 2000*, Vortrag auf einer Arbeitskonferenz der UNESCO in Tunis, September 1988, erschienen in der Reihe »Reflexion sur les Problèmes Mondiaux«, BEP, 1988. Siehe die Tabelle 1: »Analphabetismus in den arabischen Staaten 1985«.

18 Population Crisis Committee, *Population Briefing Paper: Country Rankings of the Status of Women, Poor, Powerless and Pregnant*, o.O., Nr.20 (Juni 1988).

19 Sidi-Ahmed Abdelkader, *a.a.O.*

20 Morocco Demographic and Health Survey, *a.a.O.*

Frauenarbeit

Wissenschaft, Islam und Politik

Ich möchte im folgenden an eine Studie über »Die kapitalistische Entwicklung und das Frauenbild in der arabischen und muslimischen Welt«[1] anknüpfen, die ich für die »Internationale Arbeitsorganisation« (I.A.O.) verfaßt habe. Es geht mir hier allerdings weniger darum, die wissenschaftliche Argumentation weiterzuführen, sondern die Kategorien kritisch zu betrachten, die unsere Technokraten in Planung und Gesetzgebung benutzen, wenn sie sich mit Frauenarbeit beschäftigen. Diese kritische Bestandsaufnahme soll sich nicht nur auf das wissenschaftliche Instrumentarium westlicher Provenienz, also auf bestimmte ökonomische und statistische Kategorien beziehen, sondern auch auf die überlieferten religiösen Vorstellungen von Frauenarbeit – und das ist in muslimischen Gesellschaften noch immer ein heikles Unterfangen. Die Technokraten müssen sich, um die veränderte Rolle der Frauen im Wirtschaftsleben moderner muslimischer Staaten zu erfassen und in den Griff zu bekommen, nicht allein auf westliche Konzepte verlassen, sie können auch auf ein begriffliches Instrumentarium zurückgreifen, das aus dem religiösen Erbe, aus dem islamischen Mittelalter stammt. In jüngster Zeit ist ausführlich diskutiert worden, wie die Hausarbeit der Frauen zu berechnen und in die volkswirtschaftliche Gesamtrechnung einzubringen sei, und ebenso, wie die Frauenarbeit im »informellen Sektor« in das Bruttosozialprodukt eingehen könne. Für die Volkswirtschaften der »Dritten Welt« sind das Fragen von großer Wichtigkeit.

Unsere muslimischen Technokraten haben vielfältige Möglichkeiten, sowohl aus den Jahrhunderten muslimischer Tradition zu schöpfen als auch aus der westlichen Erfahrung kapitalistischer wie sozialistischer

Industrialisierung zu lernen; um so interessanter ist die Frage, welche Begriffe sie seit der Erlangung der nationalen Unabhängigkeit geformt haben, die unsere Vorstellungen von den Potentialen und der Nutzung der Arbeitskraft prägen. Dienen diese Begrifflichkeiten dem besseren Verständnis von Arbeit als einem der entscheidenen Prozesse der Erzeugung von Reichtum? Und wie realistisch sind die volkswirtschaftlichen Kategorien darin, den Anteil der Frauen an der Erzeugung von Gütern und Dienstleistungen zu beschreiben und zu bewerten, ihren Beitrag zum Nationaleinkommen eines muslimischen Staates zu erfassen?

Diese Frage stellt sich vor allem in muslimischen Ländern, die an der Trennung der Geschlechter als idealem Ordnungsprinzip des gesellschaftlichen Raumes festhalten und den Frauen die »häusliche Sphäre« als den »natürlichen« und einzig angemessenen Aufenthaltsort zuweisen. Frauenarbeit, sei es im formellen oder informellen Sektor, im Haushalt oder in der Fabrik oder in sonst irgendeiner bezahlten oder unbezahlten Tätigkeit, muß unter diesem Aspekt betrachtet werden – die räumliche Trennung der Geschlechter hat ganz offensichtlich einen vielfachen Einfluß auf das Rollenverhalten und die sozialen Ideale. Untersuchungen, die diesen Einfluß vernachlässigen, können keine gültigen Resultate erbringen und zum Verständnis der Bedeutung von Frauenarbeit in der Volkswirtschaft muslimischer Staaten nichts beitragen.[2]

In der arabischen Welt würden es viele Männer nach wie vor als Unverschämtheit betrachten, wenn man sie fragte, ob ihre Frau arbeiten geht. Als ich im September 1982 als Beobachterin an einer »Volkszählung« in verschiedenen Distrikten im Süden und Osten Marokkos teilnahm, konnte ich erleben, wie erschrocken und beleidigt die männlichen »Haushaltsvorstände« auf die Fragen 18 und 19 des Erhebungsbogens reagierten, die sich auf Arbeitsverhältnisse von Frauen außerhalb des familiären Zusammenhangs bezogen. »Ich sorge für meine Frau, sie muß nicht arbeiten gehen. Das wird sie nicht nötig haben, so lange ich lebe.« Diese Männer würden es als Schande für ihre Familie ansehen, wenn ihre Frauen aus dem Haus gingen, um zu arbeiten. Es wäre ein Zeichen ihrer Schwäche, ihres Versagens; denn es ist ja ihre Pflicht und selbstgewählte Rolle, die Frauen zu versorgen, die das Haus nicht verlassen dürfen.

Die statistische Erhebung von 1982 sollte unter anderem Daten über die Frauenarbeit in Marokko liefern. Aber das Unterfangen war aus verschiedenen Gründen zum Scheitern verurteilt – unter anderem, weil für die marokkanischen Männer eine Frau, die arbeiten geht, fast schon als Hure gilt. Daß sie Lohnarbeit annehmen muß, zeigt jedenfalls, daß ihr Ehemann ein Versager ist, der sie nicht ernähren kann. Bei der Befragung trafen nun in der Regel zwei Männer aufeinander: der »Haushaltsvorstand«, also ein Familienvater, und der Interviewer, zumeist ein Lehrer. (Lehrerinnen waren in der Planung dieser Erhebung nur als Aushilfen, als eine Art »Einsatzreserve« vorgesehen.) Unter solchen Bedingungen konnte der Zensus, der die marokkanischen Steuerzahler natürlich eine Menge Geld gekostet hat, kaum etwas anderes als ein völlig verzerrtes Bild der Beschäftigungsmöglichkeiten von Frauen ergeben.

Für die Planungsexperten in den arabischen Staaten und für die Funktionäre der internationalen Entwicklungspolitik ist »Frauenarbeit« ein banaler und überstrapazierter Begriff. Aber für viele Männer in der arabischen Welt, vor allem in den ärmeren Bevölkerungsschichten, ist es nach wie vor undenkbar, daß ihre Frauen arbeiten gehen. Sie sehen sich als die »Ernährer« der Familie und vor allem als alleinige Beschützer und Versorger ihrer Frauen. Daß die Frauen das Haus verlassen müssen, um arbeiten zu gehen, ist eine Vorstellung, die ihre männliche Identität bedroht – eine Art symbolischer Entmannung. In diesen sozialen Schichten haben die Frauen in der Regel auch keinen Zugang zu Bildung und Ausbildung. Sie als »Wirtschaftssubjekte« zu begreifen, käme den Männern nicht in den Sinn. Aus dem Haus zu gehen, um Geld zu verdienen, wird als ein männliches Privileg verstanden. Wir dürfen diese Haltungen nicht vorschnell verurteilen: sie sind einfach Ausdruck der Bestimmung von männlicher und weiblicher Identität und den entsprechenden sozialen Rollen in muslimischen Gesellschaften, die sich auf die *schari'a*, auf die Moral und das Gesetz des Islam beziehen.

Für die Sozialwissenschaft stellen sich damit neue Fragen. Der Erfolg oder Mißerfolg der marokkanischen Befragung von 1982 ist unerheblich – letztlich geht es um die künftige Entwicklung und die wirtschaftliche Autonomie aller arabischen Staaten.

Welche Folgen hat also die Integration der muslimischen Nationen in die Weltwirtschaft und die Einführung moderner Technologien für die Frauen, vor allem in den ländlichen Gebieten? Wie ändern sich die Formen ihrer Teilnahme an wirtschaftlichen und anderen sozialen Prozessen, ihre Beziehungen zu der Gemeinschaft, in der sie leben, und insbesondere zu ihrer Familie und dem Ehemann? Wie wandeln sich die Geschlechterrollen und die Arbeitsteilung zwischen den Geschlechtern, und was bedeutet das letztlich für die geschlechtsspezifischen Möglichkeiten, materielle und ideelle Vorteile zu erlangen – also Güter und Geld oder Status und Achtung zu empfangen oder zu vergeben?

Ich beziehe mich im folgenden auf dic oben genannte I.A.O.-Studie von 1981, sowie auf eine Reihe von Interviews, die 1977 und 1978 mit (männlichen) leitenden Angestellten und Mitarbeitern der Personalabteilungen von Unternehmen geführt wurden, die viele Arbeiterinnen beschäftigen. Außerdem greife ich auf die persönlichen Beobachtungen zurück, die ich bei meiner Teilnahme an der erwähnten marokkanischen Volkszählung von 1982 machen konnte.[3]

In der Studie für die I.A.O. ging es darum, vor dem Hintergrund der Veränderungen in Produktion und Verteilung der Erträge den ideologischen Wandel zu untersuchen: die Auswirkungen auf die traditionellen Geschlechterrollen, die Formen, in denen das Verhältnis der Geschlechter neu bestimmt wurde.

Die Studie betrachtet unter anderem die Haltungen in bäuerlichen Familien in bezug auf die Frauenarbeit, womit vor allem die Arbeit auf den Feldern gemeint ist. Ein Ergebnis der Untersuchung ist, daß es eine geschlechtsspezifische Raumordnung gibt. Der öffentliche Raum, in dem das Produzieren, Wirtschaften und Geldverdienen stattfindet, gehört den Männern. Die private Sphäre, der Ort der Reproduktion und der Sexualität, wird dagegen den Frauen zugewiesen.

Diese Aufteilung des sozialen Raums in eine wirtschaftliche (öffentliche, männliche) und eine häusliche (private, weibliche) Sphäre erklärt auch einen weiteren Befund der Studie: daß es als Peinlichkeit, als eine Art von Prostitution angesehen wird, wenn Frauen einer Lohnarbeit außerhalb des Hauses nachgehen. Indem sie sich im öffentlichen Raum, in der Sphäre des Wirtschaftens bewegen, übertreten sie die sozialen

Raumgrenzen und verletzen die Regeln der Arbeitsteilung zwischen den Geschlechtern. Für die Männer ist es nicht vorstellbar, daß eine Frau etwas anderes verkaufen kann als das, was sie in der häuslichen, privaten Sphäre anzubieten hat: ihre Sexualität.

Die Gleichsetzung von Frauenarbeit außer Haus mit Prostitution läßt sich nicht einfach als die Borniertheit bäuerlicher Analphabeten abtun: In der einen oder anderen Form findet sich diese Vorstellung auch bei Spitzenmanagern in der Industrie, bei Fabrikbesitzern und bei Planern und Technokraten in den staatlichen Institutionen. Aus einer Reihe von Interviews, die von 1978 bis 1980 in verschiedenen Textilfabriken (vor allem Teppichwebereien) in Rabat und Salé, sowie in Konservenfabriken (für Sardinen) in Safi durchgeführt wurden, geht eindeutig hervor, daß die meisten Mitglieder der (ausschließlich männlichen) Firmenleitungen ebenfalls der Meinung sind, daß »nur Frauen von zweifelhaftem Ruf arbeiten gehen«.

Die Spezialisten und Planer in den staatlichen Institutionen können sich offenbar nicht vorstellen, daß auch die Frauen einen Beitrag zum Nationaleinkommen leisten. Die Mehrheit der Statistiker und Wirtschaftswissenschaftler in den arabischen Staaten zeichnet sich durch besondere Ignoranz in bezug auf die Leistungen der weiblichen Arbeitskräfte in der Volkswirtschaft aus. In den arabischen Statistiken, die den regionalen Anteil der Frauen an den Beschäftigungsverhältnissen ausweisen sollen, zeigt sich immer wieder, daß die Frauen nicht als Arbeitskräfte gelten. Statistische Daten aus den afrikanischen Staaten südlich der Sahara (Elfenbeinküste, Madagaskar, Benin, Zentralafrikanische Republik, Gambia, Liberia und Mali) verzeichnen in der Regel einen Anteil der Frauen an der nationalen Lohnarbeit von über 40 %. Aber in den arabischen Ländern Nordafrikas wird die Frauenarbeit generell unter acht Prozent eingestuft: 2 % in Algerien, 8 % in Marokko, 4 % in Tunesien, 3 % in Libyen, und 5 % in Ägypten[4].

Soll man daraus schließen, daß die Frauen in Nordafrika ein angenehmes Leben führen, weil sie kaum arbeiten müssen? Die erwähnte I.A.O.-Studie kommt zu ganz anderen Ergebnissen – die befragten Landfrauen klagten, daß ihr Leben eine endlose Plackerei sei.

Arabische Planer und Statistiker, die im Rahmen von Agrarreformen, Modernisierungsvorhaben und Beschäftigungsprogrammen auf dem Land tätig sind, scheinen nicht nur die Ansicht zu vertreten, daß die Frauen keine »Arbeitskräfte« sind, sondern auch eine Vorstellung zu teilen, die bei den Bauern und, mehr oder minder, bei allen arabischen Männern zu finden ist, unabhängig von Einkommen, Bildungsgrad, politischem Bewußtsein und Einfluß: sie begreifen die Frauen als allein im häuslichen Bereich Handelnde, weibliches Wirtschaftshandeln ist undenkbar.

Es stellt sich also die Frage, weshalb es den Männern in den modernen muslimischen Gesellschaften so schwer fällt, den Anteil der Frauen am Wirtschaftsleben zur Kenntnis zu nehmen. Warum sind sie blind für die Frauenarbeit im außerfamiliären Raum? Verschiedene Aspekte spielen dabei eine Rolle, vor allem aber der »kulturelle Faktor« – die traditionelle Bestimmung der Geschlechterrollen in muslimischen Gesellschaften. Wie ist die Arbeitsteilung zwischen Männern und Frauen in der Überlieferung beschrieben, wie unterscheidet sie sich von den heutigen Verhältnissen? Ist es denkbar, daß dieses Rollenverhalten den gewaltsamen und drastischen Wandel unbeschadet überstehen kann, dem die arabische Welt tagtäglich in allen sozialen Bereichen ausgesetzt ist?

Daß sich unsere arabischen Gesellschaften in einem Prozeß rascher und tiefgreifender Veränderung befinden, ist offensichtlich – alle staatlichen Planungsvorhaben sind von der Idee getragen, in wenigen Jahren ganz andere Verhältnisse zu schaffen. Die Formen des Wandels werden allerdings unterschiedlich qualifiziert. Während die Übernahme und Beherrschung moderner Technologie allgemein erwünscht ist, steht man der fortschreitenden Verwestlichung mißtrauisch gegenüber, sie gilt als existenzgefährdende Bedrohung unserer Identität. Aber dieser Widerstand gegen die Verwestlichung kann die Veränderung nicht aufhalten, er verschärft nur die unvermeidlichen Widersprüche und Konflikte. Auch die muslimischen Fundamentalisten bedienen sich alltäglich der Erzeugnisse der westlichen Zivilisation. Sie benutzen selbstverständlich die Elektrizität, das Fernsehen, den Computer, das Auto ... Indem sie sich zugleich dagegen verwahren, reißen sie einen Graben zwischen ihrem Verhalten und ihren Vorstellungen auf – es wird deutlich, daß sie ihr Leben nicht selbst bestimmen. Genau das macht die Frage so interessant, was das Beharren auf traditionellen Geschlechterrollen in einer arabischen Welt bedeutet, die von raschem Wandel geprägt ist. Wie erklärt sich dieses statische Moment in einer dynamischen Welt? Wie sind die sozialen Rollen der Geschlechter im Islam bestimmt und in der geschichtlichen Entwicklung geformt worden?

In meiner I.A.O.-Studie über »Die Rolle der Frauen in der ländlichen Entwicklung« führe ich sechs Faktoren an, die historisch dazu beigetragen haben, daß der Körper der Frau und ihre Fähigkeiten in unseren Gesellschaften vor allem unter dem Aspekt der Sexualität und folglich nicht unter wirtschaftlichen Gesichtspunkten betrachtet werden. Daß arabische Planer und Wirtschaftsexperten in ihren Bemühungen, die nationalen Ressourcen optimal zu nutzen und zu entwickeln, das Potential der weiblichen Arbeitskraft nicht in Betracht ziehen, hat demnach mit den folgenden historischen Bedingungen zu tun:

1. Die Beschreibung der sozialen Arbeitsteilung in den geheiligten Texten der Überlieferung, vor allem im Koran, die bis heute die Sittenlehre bestimmen;
2. die Tradition der Sklaverei, die ihren Höhepunkt im »Goldenen Zeitalter« des Abbasidenreiches hatte;
3. die klimatischen Bedingungen des Mittelmeerraumes, die immer wieder Seuchen und Hungersnöte hervorriefen und damit die Fortsetzung der Sklavenhaltung von Frauen bis ins zwanzigste Jahrhundert ermöglichten;
4. die gewaltsame und unkoordinierte Einführung kapitalistischer Wirtschafts- und Produktionsformen in der Zeit der Kolonialherrschaft;
5. die kleinbürgerliche Formulierung der »Frauenfrage« in den arabischen nationalen Bewegungen vor und nach der Jahrhundertwende;
6. und schließlich: die Entstehung einer kleinbürgerlichen Frauenbewegung in den nachkolonialen arabischen Nationalstaaten, die unsere heutigen Vorstellungen von der körperlichen Arbeit der Frauen in den unteren Gesellschaftsschichten geprägt hat.

Im folgenden will ich vor allem die ersten beiden Aspekte etwas genauer erläutern, die mir als die entscheidenden Faktoren bei der Herausbildung der Geschlechteridentität erscheinen: die Bestimmungen des Koran und das Idealbild der *dschâria*, der Haremssklavin.

Geschlechterrollen im mittelalterlichen Islam

Die Art und Weise, wie der Islam die Frage der Stellung der Frauen in der Gemeinschaft behandelt und welchen Platz er ihnen schließlich zugewiesen hat, ist in der muslimischen Kulturgeschichte so ausführlich untersucht worden wie kaum ein anderes Thema. Bis heute widmen sich unzählige religionsrechtliche (und ebensoviele pseudowissenschaftliche) Arbeiten der Aufgabe, den Gläubigen zu versichern, diese Frage sei eindeutig geklärt – ein Indiz dafür, daß es ein Problem gibt. Denn jeder, der etwas nachdenkt, wird feststellen, daß die Beziehung zwischen dem gläubigen Gatten und seinem gläubigen Weib von einer prinzipiellen Ungleichheit bestimmt ist, die im Widerspruch steht zu der Botschaft der Gleichheit aller Gläubigen, die der Islam verkündet.

Zunächst muß klargestellt werden, daß die Geschlechterrollen in verschiedenen Suren des Koran ganz eindeutig und unmißverständlich definiert sind. Ich beziehe mich im weiteren auf die deutlichsten Formulierungen.

Im Vers 228 der 2. Sure heißt es:

> »Und die Männer stehen eine Stufe über ihnen [den Frauen]. Gott ist mächtig und weise.«[5]

Daß die Männer »eine Stufe über den Frauen stehen«, ist auch wirtschaftlich begründet: die Männer versorgen die Frauen, die nach dem göttlichen Gesetz keinen direkten Zugang zu materiellen Gütern haben dürfen. In der geheiligten Arbeitsteilung zwischen den Geschlechtern wird unterstellt, daß die Frauen nicht für sich selbst sorgen können. Dieser Grundsatz ist im Vers 34 der 4. Sure genau formuliert:

> »Die Männer stehen über den Frauen, weil Gott sie (von Natur vor diesen) ausgezeichnet hat und wegen der Ausgaben, die sie von ihrem Vermögen (als Morgengabe für die Frauen) gemacht haben. Und die rechtschaffenen Frauen sind (Gott) demütig ergeben und geben acht auf das, was (den Außenstehenden) verborgen ist, weil Gott (darauf) acht gibt.«[6]

Von diesem Vers leiten sich die Sittengesetze ab, nach denen die Rollen und Beziehungen in muslimischen Familien geregelt sind, auf ihn beziehen sich letztlich auch die meisten familienrechtlichen Bestimmungen, die in den arabischen Staaten nach ihrer Unabhängigkeit in Kraft gesetzt wurden.[7] So heißt es etwa in Artikel 115 der *muduwana*, des marokkanischen »Personenstandsgesetzes«:

> »Jeder bestreitet seinen Lebensunterhalt aus eigener Kraft, mit Ausnahme der Ehefrau, deren Unterhalt dem Ehemann obliegt.«[8]

Dieser »Unterhalt« (*nafaqa*) wird in Artikel 118 als die Verpflichtung des Ehemanns definiert, seine Frau mit allem Lebensnotwendigen zu versorgen: Nahrung, Kleidung, Unterkunft und Gesundheitspflege. Ganz offensichtlich ist die Rolle der Frau im Islam durch die Sexualität bestimmt: Frauen bieten sexuelle Dienste und sorgen, im Rahmen patriarchalischer Legitimität, für die Fortpflanzung der menschlichen Art. Damit sind sie einem Keuschheitsgebot unterworfen, das sich nur durch räumliche Absonderung sichern läßt. Die Frauen dürfen sich lediglich in einem eng begrenzten Raum bewegen, in dem sie keine Männer treffen außer dem Ehemann und jenen, die ihnen durch das Inzestgebot versagt sind. Dieser Raum ist per Definition kein Ort des ökonomischen Handelns, sondern das Gegenteil: die häusliche Sphäre.[9]

Die Rollenverteilung, die sich aus dem Koran ergibt – Sexualität ist Frauensache, Unterhalt ist Männersache – und die damit verbundene Ungleichheit der Geschlechter wird bereits den Kindern anerzogen, sobald sie die Koranschule besuchen. Es ist die kunstvolle poetische Sprache des Heiligen Buches, die das Vokabular und den Sprachduktus der Kinder bestimmt, wenn sie Lesen und Schreiben lernen. Tagtäglich wird der Koran gelesen, abgeschrieben, rezitiert und gehört, und seine Vorschriften bestimmen den Alltag. Seit vierzehn Jahrhunderten prägt der Koran ganz entscheidend die Psyche der Muslime beiderlei Geschlechts.

Daß die hierarchischen Strukturen und das Rollenverständnis nach den Vorgaben des Koran bis ins zwanzigste Jahrhundert ihren Einfluß auf die Persönlichkeit der Muslime behalten haben, ist allerdings auch eine Folge der Errichtung und Ausweitung jenes legendären islamischen Großreichs, in dem die Haremssklavinnen das Symbol der Etablierung sexueller Ungleichheit waren.

Die »dschawâri« – Haremssklavinnen in Legende und Wirklichkeit

Die *Erzählungen aus den Tausendundein Nächten* sind eines der bekanntesten literarischen Werke der muslimischen Welt. Aus der Vielzahl moderner Ausgaben kann man schließen, daß das Buch auch heute noch sehr beliebt ist. Die meisten der *Erzählungen* ... spielen in Bagdad, während des »Goldenen Zeitalters« der muslimischen Herrschaft[10], als die Mächtigen in den Palästen und vornehmen Häusern aus einem Angebot von Sklavinnen wählen konnten, so wie man sich heute einen Mietwagen oder irgendeinen Luxusartikel leistet.

> »Nun geschah es eines Tages nach der Bestimmung des Allmächtigen, daß König Mohammed ibn Sulaimân ez-Zaini auf seinem Herrscherthrone saß, umgeben von seinen Würdenträgern, und daß er seinen Wesir el-Fadl ibn Chakân rufen ließ und zu ihm sagte: 'Ich möchte eine Sklavin so schön, wie es jetzt keine andere gibt, vollendet in Lieblichkeit, von ebenmäßiger Vollkommenheit und aller guten Gaben Vortrefflichkeit.'«[11]

Der Wesir begab sich sogleich auf den Sklavenmarkt, aber er fand keine Frau, die den Anforderungen des Herrschers entsprochen hätte. Doch einige Tage später ließ ihn einer der Sklavenhändler wissen, er habe eine Sklavin anzubieten, die alle gewünschten Eigenschaften besitze.

> »Der Wesir befahl: 'Bringe sie mir!' Da verschwand der Händler auf eine kurze Weile und brachte dann eine Maid, die war von edlem Wuchs und von schwellender Brust; ihr Blick von dunkler Gewalt, rund ihrer Wange Gestalt; ihr Leib war schmal, doch schwer die Hüften zumal ...«[12]

»*Enîs el-Dschelîs*« – »Vertraute Unterhalterin«, so wurde sie genannt – hatte aber noch mehr zu bieten. Ihr Herr, der sie verkaufen wollte, verlangte einen ungewöhnlich hohen Preis und erklärte dem Wesir, zehntausend Dinar

> »'deckten nicht einmal die Kosten ... des Weines, den sie getrunken hat, und der Ehrengewänder, die ihren Lehrmeistern verliehen wurden; denn sie erlernte die Kunst der schönen Schrift, die Grammatik, die Wortkunde, die Auslegung des Korans, die Grundsätze der Rechtswissenschaft und der Theologie, der Heilkunde und der Zeitrechnung, und sie versteht die Musikinstrumente zu spielen.'«[13]

Eine solche »Vertraute Unterhalterin« gibt es nicht nur in den *Erzählungen aus den Tausendundein Nächten*, ich hätte sie auch in einem der Geschichtsbücher über das Leben in den Jahrhunderten des muslimischen »Goldenen Zeitalters« finden können. Aus den zwanzig Bänden des *Kitab al-Aghani* von Al-Isfahani zum Beispiel ließen sich viele ähnliche Episoden zitieren. Aber ich habe ganz bewußt eine Passage aus den *Erzählungen* ... gewählt – weil die Muslime von heute dazu neigen, das imaginäre und das geschichtliche Bild des »Goldenen Zeitalters« durcheinander zu bringen. Gerade die prominente Frauenrolle jener Zeit, die Gestalt der *dschâria*, der »Lustsklavin«, lädt zu dieser Verwechslung von Vorstellung und Wirklichkeit ein.[14]

Überwältigt von der westlichen Technologie, träumen die Gläubigen unserer Tage gern von der großen Zeit, als die abbasidischen Kalifen in

Bagdad über Orient und Okzident geboten und ihre Macht sich, unter anderem, im reichen Angebot der Sklavenmärkte manifestierte.

> »In der Geschichte der muslimischen Gesellschaften haben die *dschawâri* eine ebenso wichtige Rolle gespielt wie die männlichen Sklaven und die *mawâli*.[15] Die *dschawâri* waren in der Regel Frauen und Mädchen, die im Zuge der Eroberungen gefangen genommen wurden. Sie galten als Kriegsbeute, als Eigentum der Eroberer, selbst wenn es sich um Königstöchter handelte. Für die Kriegsherren (al-Fatihun bezeichnet sie als 'jene, die dem Islam die Länder öffneten') zählte ihr Wert, sie nutzten sie als Arbeitskräfte und als Gebärmaschinen und verkauften sie – ganz so, wie man mit Gütern umgeht, die einem gehören. Den Muslimen ging es immer besser, ihr Wohlstand nahm zu, die Schatzkammern der Kalifen und Mächtigen füllten sich mit Reichtümern. Sie machten einander kostbare Geschenke, Perlen und Edelsteine und auch Sklavinnen. Wer einen mächtigen Mann günstig stimmen wollte, der schenkte ihm eine *dschâria*, die seinen Vorlieben entsprach. Je nach den Neigungen des Beschenkten konnte es eine besonders schöne Sklavin sein, oder eine *dschâria*, deren Gesang entzückte ...«[16]

Jurji Zaijdan, der Autor der zitierten Passage, beruft sich in seinen Ausführungen über die Sklavinnen immer wieder auf die großen Chronisten jener Epoche: Ibn Challikan, Al-Isfahani, Al-Masʿudi und andere ...

Dieser Abschnitt in der Geschichte der arabischen Muslime stand für Sieg und Ruhm, für wirtschaftliche und politische Macht. Die Vorstellungsmuster, die damals geformt und gefestigt wurden, wirken bis heute – gerade in unserer Zeit der ökonomischen Abhängigkeit und der Niederlagen. Zu den Symbolen von Erfolg und Macht im »Goldenen Zeitalter« gehörten die in großer Zahl verfügbaren Frauen, die man nach Belieben unterdrücken und beherrschen oder reich schmücken durfte, die man sich schenken ließ oder verschenkte. Einige Jahrhunderte später, als die *Erzählungen aus den Tausendundein Nächten* erstmals

»publiziert« wurden[17], war die Assoziation von Erfolg und Macht mit den *dschawári* nicht mehr nur eine historische Reminiszenz – sie war zu einem prägenden psychologischen Faktor geworden, der die Märchen- und Traumwelten der arabischen Muslime bestimmte.

Bemerkenswert ist auch die Ähnlichkeit zwischen den historischen und imaginären Vorstellungsmustern und den Bildern, die in den heiligen Schriften geboten werden. Im Koran verkörpert die Gestalt der *huri* das Ideal der Frau als Quelle der männlichen Lust: die *huris* sind weibliche Wesen, die den Gläubigen im Paradies als Lohn für ihr frommes Erdenleben zuteil werden sollen. Die Beschreibung dieser Paradiesjungfrauen im Koran erinnert in vieler Hinsicht an die Haremssklavinnen – sie sind schön, ewig jungfräulich, und ihre Liebe gilt auf immerdar den Seligen, deren Glück in den Versen 12 bis 38 der 56. Sure so beschrieben ist:

> »In den Gärten der Wonne
> auf golddurchwirkten Betten
> liegen sie (behaglich) einander gegenüber
> während ewig junge Knaben unter ihnen die Runde machen
> mit Humpen und Kannen (voll Wein) und einem Becher (voll) von
>   Quellwasser
> (mit einem Getränk), von dem sie weder Kopfschmerzen
>   bekommen noch betrunken werden ...
> und großäugige Huris (haben sie zu ihrer Verfügung),
>   (in ihrer Schönheit) wohlverwahrten Perlen zu vergleichen ...
> Wir haben sie regelrecht geschaffen
> und sie zu Jungfrauen gemacht
> heiß liebend und gleichaltrig
> eigens für die von der Rechten.«[18]

Der offensichtliche Zusammenhang zwischen dem Frauenideal des Koran (der *huri*) und den säkularen Vorstellungsmustern (der historischen *dschária* im Zeitalter der Abbasiden und der imaginären Sklavin aus den *Tausendundein Nächten*) bestimmt noch heute die Geschlechterrollen und das Sexualverhalten der Muslime und damit die soziale

Raum- und Arbeitsteilung der Geschlechter in der arabischen Welt. Beide Idealvorstellungen von Weiblichkeit, die weltliche und die heilige, sind mit dem männlichen Erfolg verknüpft – Macht im Diesseits oder Belohnung im Jenseits. Und ich bin überzeugt, daß diese gängige Auffassung weitgehend verantwortlich ist für die aktuelle Unfähigkeit der Männer, ob Technokraten oder Bauern, sich die Frauen anders als wirtschaftlich abhängig und sexuell willfährig vorzustellen.

Vor diesem Hintergrund muß man erneut die Frage stellen: Wie kommt es, daß in der modernen arabischen Welt, die geprägt ist von umfassenden Prozessen des Wandels, die Geschlechterrollen noch immer nach den Vorgaben aus dem Mittelalter, nach dem Koran und den Bildern aus dem »Goldenen Zeitalter« definiert werden? Im Alltag der arabischen Staaten werden viele Angelegenheiten pragmatisch behandelt; wieso versagt diese Fähigkeit, »eklektizistisch« zu denken, sobald es um die Identität der Geschlechter geht? Wäre es nicht logisch, daß die alten Vorstellungen durch neue abgelöst werden, etwa durch das westliche Vorbild der berufstätigen Frau, oder auch durch eigenständige neue Formen der Frauenrolle, als Antwort der arabischen Gesellschaften auf die Zwangsmodernisierung? In der Wirklichkeit haben Millionen arabischer Frauen die Grenzen der häuslichen Sphäre längst überschritten. Seit dem Ende des Zweiten Weltkriegs sind sie in vielen Bereichen präsent, die eigentlich als männliche Domäne gelten: in den Fabriken, in der Verwaltung, in Schulen und Krankenhäusern. Aber dieser drastische Wandel, mit all seinen Folgen für die Familienstruktur, hat offenbar keine adäquate Neubestimmung der Geschlechterrollen bewirkt. Warum gelingt es den arabischen Gesellschaften nicht, neue Wertvorstellungen und Verhaltensmuster in bezug auf die soziale Stellung der Geschlechter zu entwickeln, die den tatsächlichen Verhältnissen Rechnung tragen und die Bewältigung der gesellschaftlichen Aufgaben erleichtern könnten?

Antworten auf diese Fragen sind nicht leicht zu finden. Jeder Klärungsversuch rührt an offene Wunden: das Verhältnis der Aaraber zu ihrer Vergangenheit ist problematisch. Man nährt sich von der Tradition, man benutzt sie für aktuelle Zwecke, aber man quält sich dabei und verschwendet Energie, die für die Gestaltung der Zukunft besser eingesetzt werden könnte.

Ein entscheidender Begriff in den Diskussionen über den Umgang mit der Vergangenheit ist *asâla*, die Idee der »Echtheit« und der guten Tradition. Die Verfechter dieser Auffassung möchten die Muslime auf das jahrhundertealte kulturelle Erbe und die bewährten Sitten verpflichten. Nach ihrer Meinung ist das die einzig wahre Leitidee auf dem Weg in die Zukunft. Auf das Prinzip der *asâla* kann man sich in ganz unterschiedlicher Weise berufen. Die einen argumentieren politisch (und zumeist fremdenfeindlich), andere (vor allem die »Fundamentalisten«) berufen sich auf religiöse Grundsätze.

Ich kann den Anhängern der *asâla*-Tradition nur die eine Frage entgegenstellen: Wieso reicht die »arabische Tradition«, die wir heute beschwören, nur bis zum neunten Jahrhundert (der christlichen Zeitrechnung)? Darf es sich eine Gesellschaft erlauben, auch nur einen Tag ihrer Geschichte zu übergehen? Und können wir es uns leisten, Jahrhunderte auszublenden?

Es spricht einiges dafür, daß diejenigen, die heute nur das kulturelle Erbe des islamischen Mittelalters als »wahre Tradition« gelten lassen, lediglich verhindern möchten, daß neuere Vorstellungen und kulturelle Werte an Einfluß gewinnen – nicht nur Ideen aus späteren Jahrhunderten, sondern vor allem aus den letzten Jahrzehnten. In den meisten arabischen Staaten sind nach der Erlangung der nationalen Unabhängigkeit Gesetze erlassen worden, die sich hinsichtlich Geschlechterrollen und Familienrecht ganz eindeutig auf das Religionsgesetz, die *schari'a*, berufen, also auf Prinzipien, die im Mittelalter formuliert wurden. Viele Bereiche des Rechts, vor allem die Vorschriften, die Handel und Gewerbe betreffen, sind von den Fesseln des Religionsgesetzes befreit worden, doch das Familienrecht ist ganz bewußt auch weiterhin nach den Maßgaben der Heiligen Schrift gestaltet, die keine anderen Auffassungen duldet.

Diese Versteinerung der Ideale und Leitbilder der Familie ist die bewußte politische Entscheidung von Führungsschichten, die sich von modernen Vorstellungen und Orientierungen ideologisch bedroht fühlen. Die Gesetzgeber fahren in westlichen Autos in ihre Büros und zu den Sitzungen der *schari'a*-Gerichte und benutzen die westliche Technik, aber sie würden Familienformen, die auf der Gleichberechtigung der

Geschlechter beruhen, sofort als fremde Sitten ablehnen. Interessanterweise suchen sich die politischen Führer der arabischen Welt aus der Vergangenheit immer nur heraus, was ihnen paßt: das Ergebnis ist eine Politik der Unterdrückung und der Verhinderung der Gleichberechtigung. Vieles, was im Befreiungskampf der arabischen Welt bereits erreicht worden war, ist später ganz gezielt rückgängig gemacht und für unvereinbar mit dem Religionsgesetz erklärt worden. Das Festhalten an der traditionellen Form der Arbeitsteilung zwischen den Geschlechtern bietet besondere Vorteile für alle, die im nationalen Rahmen weibliche Arbeitskräfte kaufen oder Frauenarbeit international anbieten. Indem die Arbeit der Frauen außerhalb von Haus und Familie nicht als legitimes Recht angesehen wird, bleibt sie billig. In unseren Ländern sind die Frauen durchweg besonders schlecht entlohnt und besonders drastisch ausgebeutet. Ideologische Präferenzen sind kein Zufall – es ist daher wichtig, genau zu untersuchen, wem im Wirtschaftsleben der arabischen Länder der Einsatz »moderner« ökonomischer und statistischer Methoden nutzt, die dazu dienen, den Anteil der Frauenarbeit am Nationaleinkommen zu verschleiern und die in dieser Hinsicht mit den mittelalterlichen Vorstellungen von der Rolle der Frau in der Gesellschaft gut zusammengehen.

Anmerkungen

1 Fatima Mernissi, *Développement capitaliste et perceptions des femmes dans la société arabo-musulmane: une illustration des paysannes du Gharb Maroc.* Die Untersuchung wurde für ein Seminar der afrikanischen Sektion der I.A.O. über »Die Rolle der Frauen in der ländlichen Entwicklung« verfaßt, das im Juni 1981 in Dakar, Senegal, stattfand. Eine englische Fassung ist erschienen in: *Feminist Issues*, Berkeley, Herbst 1982/Frühjahr 1983.

2 Siehe dazu die Kapitel »Die Bedeutung der räumlichen Geschlechtertrennung« und »Die Überwachung der weiblichen Sexualität im Islam« in meiner Arbeit Geschlecht, Ideologie, Islam, München, 1987.

3 Die Ergebnisse der Befragung von 1977/1978 sind bislang nicht publiziert; sie liegen nur (in Arabisch) bei der sozialwissenschaftlichen Fakultät der Universität Mohammed V in Rabat vor. Fünfzig Studenten hatten damals in einem Projekt, das von Mohammed

Guessous und mir geleitet wurde, in der Mehrzahl der Gewerbebetriebe (von modernen Fabriken bis zu Familienwerkstätten) in der Gegend von Rabat/Salé Interviews geführt. Befragt wurden sowohl die Arbeiter (bzw. überwiegend Arbeiterinnen) als auch die leitenden Angestellten (überwiegend Männer).

Die statistische Erhebung von 1982 habe ich im Auftrag des marokkanischen Planungsministeriums gemeinsam mit der Soziologin Malika Belghiti sozialwissenschaftlich begleitet. Es ging darum, die Reaktionen der »Haushaltsvorstände« auf den Fragebogen zu beobachten. Wir sind zu diesem Zweck rund 4000 Kilometer durch die ländlichen Gebiete Marokkos gereist. Unser Bericht (Evaluation critique du Questionnaire du Recensement Général de la population et de l'habitat) kam zu dem Schluß, daß ein entscheidendes Hindernis für die wissenschaftliche Auswertbarkeit der Daten im Einfluß der Geschlechterrollen auf das Antwortverhalten bestand.

4 Siehe »Les Femmes dans la société«, in: Peuples 7, Nr.4, 1980.

5 Zit. n. *Der Koran: Übersetzung von R.Paret,* Stuttgart, Berlin usw., 1982.

6 *Ebd.*

7 Schon seit Ende des 19. Jahrhunderts argumentierten konservative politische Kreise in der arabischen Welt mit diesem Koranvers. Dabei ist zu bedenken, daß die Vertreter konservativer Haltungen ohnehin der Auffassung sind, der Koran könne eigentlich nur von männlichen Gläubigen richtig gelesen und verstanden werden. Daraus folgt, daß die weiblichen Mitglieder eines muslimischen Gemeinwesens nicht das Recht haben, Koranexegese zu betreiben – genaugenommen wäre es eine Blasphemie, wenn Frauen den Koran interpretierten.

Die konservativen Autoritäten wollen den Frauen heute auch den Zugang zu wissenschaftlichen Kenntnissen verwehren. Wissen gilt als ein männliches Privileg, Frauen sind nicht vernunftbegabt und darum nichts weiter als Sexualobjekte. So gesehen wäre die *umma* eine Gemeinschaft männlicher Muslime: nur die Männer können Verantwortung tragen, denn nur sie können denken. Die Vorstellung, eine Frau könnte sich als Mitglied der muslimischen Gemeinschaft das Recht nehmen, den Koran, der ihr Leben bestimmt, einer eigenen Auslegung zu unterziehen, bedroht das ganze Weltbild, in dem sich die Konservativen so angenehm eingerichtet haben.

Aber die Frage, ob Frauen den Koran auslegen dürfen, ist von großer Bedeutung für die Zukunft der *umma*, letztlich geht es doch um das Problem, das heute die arabische Welt bewegt – um die Demokratie. Haben nur die Männer oder haben alle Mitglieder der Gemeinschaft der Muslime das Recht auf eigene Interpretation der Überlieferung und der heutigen Wirklichkeit? Denn heute wird das Wissen über wirtschaftliche und statistische Gegebenheiten ebenso als männliches Vorrecht behandelt wie die Korangelehrsamkeit. Die männlichen Technokraten maßen sich an, die Welt, in der wir alle leben, allein zu deuten und zu erklären.

8 Siehe das erste und zweite Buch (Familienrecht) des marokkanischen Personenstandsgesetzes. Zit. n. *Muduwana: Dhabir Nr.1-57-343*, veröffentlicht im Amtsblatt vom 6. Dezember 1957.

9 Es sollte nicht übersehen werden, daß die sexuelle Ungleichheit keine Eigenart des Islam ist, sondern zu den Grundvoraussetzungen auch der beiden anderen monotheistischen Religionen (dem Judentum und dem Christentum) gehört, auf die sich der Islam bezieht und aus denen er entstanden ist. In diesen beiden Religionen ist die inferiore Stellung der Frau prinzipiell sogar noch deutlicher als im Islam. Eine Reihe von feministischen Studien hat sich ausführlich mit diesem Aspekt der jüdisch-christlichen Tradition auseinandergesetzt; der international übereinstimmende Befund lautet, daß die soziale Benachteiligung von Frauen ganz entscheidend durch ihre untergeordnete Rolle in der Überlieferung der monotheistischen Religionen bestimmt ist. Ich verweise auf die Beiträge der Konferenz zum Thema »Frauen, Religion und sozialer Wandel«, die 1983 vom Harvard Center for the Study of World Religions organisiert wurde.

10 Dieses »Goldene Zeitalter« begann mit der Machtübernahme der abbasidischen Kalifendynastie, die 749 die Umaijaden-Dynastie ablöste. 763 wurde Bagdad, anstelle von Damaskus, die Hauptstadt des muslimischen Reiches.

11 »Die Geschichte von Nûr ed-Dîn 'Alî und Enîs el-Dschelîs«, in: *Die Erzählungen aus den Tausendundein Nächten: vollständige deutsche Ausgabe in zwölf Teilbänden; zum ersten Mal nach dem arabischen Urtext der Calcuttaer Ausgabe aus dem Jahre 1839 übertragen von Enno Littmann,* Wiesbaden, 1976, Bd. 1.2, S.407.

12 *Ebd.*, S.408.

13 *Ebd.*, S.409.

14 Es gibt unterschiedliche Bedeutungen des Wortes *dschâria* (pl. *dschawâri*) in verschiedenen Epochen und Regionen der islamischen Welt. In den Jahrhunderten, als das Reich der Muslime sich ausdehnte und seine kulturelle Hochblüte erlebte, war *dschâria* jedenfalls gleichbedeutend mit Sklavin.

15 Die *mawâli* (sing. *maulá*) waren »Neubekehrte«, die sich, um ihr »Vollbürgertum« in der muslimischen Gemeinschaft zu erlangen, als »Klienten« unter die Protektion einflußreicher Sippenoberhäupter stellten.

16 Jurji Zaijdan, *Ta'rich at-Tammadun al-Islami* (Geschichte der islamischen Gesellschaften), o.O., o.J., Bd.5, S.35. (Zit. n.d. Übersetzung ins Englische von F. Mernissi).

17 Die Ursprünge der verschiedenen Geschichten dieser Sammlung sind vielfältig und nicht vollständig geklärt. Es gibt altpersische Quellen, deren arabische Übersetzung seit dem 8. Jahrhundert belegt ist. Bei Al-Mas'udi und Ibn Ishaq wird (im 10. Jahrhundert) ein populäres Buch mit dem Titel »Tausend Nächte« erwähnt. Im Muster dieser Erzählungen sind unzählige kulturelle Handlungsfäden verwebt, Volksmärchen und literarische Tradition. Bis ins 19. Jahrhundert waren die »Bücher« natürlich Abschriften. Eine erste gedruckte Ausgabe erschien 1814-1818 in Kairo, die erste vollständige arabische Ausgabe wurde 1835 in Bulak bei Kairo gedruckt.

18 Die 56. Sure (»Die Katastrophe«) beschreibt die Aburteilung der Menschen am Tag des Weltgerichts, den Lohn oder die Strafe für ihre weltlichen Taten. Die »Gefährten zur Rechten« sind die »Seligen«, die, wie zitiert, für ihr gottesfürchtiges Leben belohnt werden (Anm. d. Übers.). Zit.n. *Der Koran: Übersetzung von R.Paret, a.a.O.*

Sklavinnen und Kalifen

Die Rolle der Frau im traditionellen Politikverständnis

Die islamische Welt befindet sich im Umbruch. Daß man sich heute vielfach auf die Tradition des Islam beruft, um Formen der Ungleichheit, zum Beispiel im Verhältnis der Geschlechter, zu rechtfertigen, ist ein Zeichen der Verunsicherung. Universelle Resolutionen, die unzweideutig einen Gleichheitsanspruch formulieren (wie etwa die »Allgemeine Erklärung der Menschenrechte«), werden für unvereinbar mit dem muslimischen Kulturerbe, mit seinen Schriften und seinem Geist erklärt. Mit anderen Worten: man beschwört die (vermeintlich sexistische) Überlieferung, um alle demokratischen Tendenzen abzuweisen. Solche Vorstellungen sollen keinen Einfluß auf die Gesetzgebung haben und keinesfalls als Grundwerte eines modernen muslimischen Staatswesens gelten dürfen. Offiziell bekennen sich viele muslimische Staaten zu den demokratischen Formen, deren Grundlage die »Menschen- und Bürgerrechte« sind – nach diesen Prinzipien müßten alle Staatsbürger gleich behandelt werden, ohne jede Ausnahme. Aber die muslimische Überlieferung besagt angeblich, daß die Frauen stets nur einc völlig untergeordnete Rolle gespielt haben. Demnach stünden die muslimischen Männer vor einer schwierigen Entscheidung: sollen sie Verrat an ihren Vorfahren begehen, indem sie das moderne Gleichheitspostulat akzeptieren, oder sollen sie den fünfzig Millionen muslimischer Frauen weiterhin ihre Rechte absprechen? Oder gibt es vielleicht noch einen anderen, einen »dritten« Weg, der zur Versöhnung von Vergangenheit und Moderne führt?

Die Verpflichtung der Muslime auf die Tradition und das »politische Erbe«

Müssen sich die Muslime auch heute noch an eine Überlieferung gebunden fühlen, in der die Beziehung der Geschlechter von prinzipieller Ungleichheit geprägt ist? Die Antwort auf diese Frage ist von großer Bedeutung für die künftige Entwicklung: es geht darum, welchen Platz die Muslime im Kreis der Nationen einnehmen wollen. Das Jahr 1989 hat den Beginn eines erstaunlichen Siegeszugs der Demokratie in Osteuropa markiert; auch in China, im größten Volk der Erde, ist der Ruf nach Demokratie laut geworden. Es scheint, als gewinne das Ideal der Gleichberechtigung in der Gemeinschaft der Staaten der Welt immer mehr an Anerkennung. Die Araber konnten einst eine hervorragende Stellung unter den Völkern der Welt beanspruchen – wenn sie sich nicht eines Besseren besinnen, werden die arabischen Männer allerdings bald die letzten sein, die das Banner der Ungleichheit schwingen und zur Verteidigung von überlebten und archaischen Prinzipien antreten. Wir befinden uns in einer ähnlichen Situation wie zu Anfang dieses Jahrhunderts: damals hatten alle bedeutenden Nationen bereits die Sklaverei abgeschafft, nur die Führer der muslimischen Völker waren dazu nicht bereit und mußten von den Kolonialmächten zu diesem Schritt gezwungen werden. Soll das »politische Erbe« der Muslime darin bestehen, daß die Zeit angehalten wird, daß man im »Goldenen Zeitalter« der Abbasiden, in der Epoche der Sklaverei verharrt? Könnte es sein, daß diejenigen, die heute als Verteidiger des Islam auftreten, sich auf eine sehr selektive und eingeschränkte Auffassung der Tradition beziehen und von den humanitären Errungenschaften des neunzehnten und zwanzigsten Jahrhunderts einfach nichts wissen wollen?

Am Ende ist der islamische Traditionalismus, der sich heute dagegen sperrt, den Frauen die Bürgerrechte zu gewähren, nicht einmal bereit, die historische Tatsache der Abschaffung der Sklaverei zu akzeptieren – und sei es nur, weil diese Veränderung einst von den früheren Kolonialmächten, England und Frankreich, erzwungen wurde. Im Kampf für die gleichen Rechte aller Menschen haben die Muslime nie eine führende Rolle gespielt. Sie sind nicht nur für die Errungenschaften aus der dreihundertjährigen Geschichte der Moderne nicht eingetreten, sondern sie zeigten sich erschreckt, sie fürchteten den Fortschritt und klammerten sich an die archaischen Formen. Obwohl der Islam sich offiziell gegen die Sklaverei wandte, waren die muslimischen Führer nicht bereit, diese Praxis in ihrem Machtbereich zu unterbinden. Die Zweite Französische Republik hatte am 27. April 1848 ein Dekret zur Abschaffung der Sklaverei in den überseeischen Provinzen erlassen; aber in Tunesien wurde diese Vorschrift erst 1890 durchgesetzt, in Ägypten erst 1898. In Marokko dauerte es bis 1922 – und auch dann wurde das Verbot nur durch eine Verordnung der französischen Kolonialverwaltung wirksam.

Noch 1951 weigerten sich der Jemen und Saudi Arabien, den Vereinten Nationen Auskunft über die Praxis der Sklaverei in ihrem Hoheitsgebiet zu geben. Sie betrachteten das Ansinnen als Einmischung in innere Angelegenheiten.[1] Und diese Haltung wird auch heute, vierzig Jahre später, von den selbsternannten Hütern des Islam noch vertreten: immer dann, wenn es um die Frauen geht. Grund genug, die islamische Tradition etwas näher zu betrachten, die ihnen zur Rechtfertigung der Ungleichheit dient.

Der Platz der Frau im traditionellen Politikverständnis

Als Benazir Bhutto aus den Wahlen vom 16. November 1988 als Siegerin hervorging und Premierministerin von Pakistan wurde, zeigten sich die Traditionalisten empört, die den Frauen grundsätzlich keine Rolle in der Politik zugestehen wollen. Sie sprachen von Gotteslästerung und Werteverfall – allen voran Nawaz Sharif, der Führer der »Islamischen Demokratischen Allianz« (IDA), und ebenso Khan Junejo, ein ehemaliger Minister unter Zia Ul-Haq und führender Vertreter der »Muslimischen Liga« (ML). Sie erklärten, Benazir Bhutto dürfe das höchste Amt nicht antreten, weil eine Frau grundsätzlich kein Recht habe, die Geschicke eines muslimischen Volkes zu lenken.

Das islamische Kulturerbe ist gewaltig: Fünfzehn Jahrhunderte der Auseinandersetzung zwischen Herrschern und Beherrschten haben ihre Spuren hinterlassen, die unterschiedlichsten Kulturen haben es geprägt.

Immer wieder gab es Volksbewegungen und ihre Forderungen, die mehr oder weniger erfolgreich unterdrückt wurden. Sich auf die Geschichte der Muslime zu berufen, heißt also eine Auswahl treffen. Man muß sich entscheiden für diese oder jene Formen und Entwürfe, die in der langen Geschichte einer großen Gemeinschaft zu finden sind – ein klares und eindeutiges Konzept ist aus der Tradition nicht herauszulesen. Jede Generation hat sich aus diesem Fundus bedient, um ihre alltäglichen Probleme zu bewältigen und ihre »kulturelle Identität« zu finden. Wie beliebig das »islamische Kulturerbe« in Anspruch genommen werden kann, zeigt sich an den unterschiedlichen Auffassungen in verschiedenen sozialen Schichten. Der Islam, den die *ulama*, die Korangelehrten, in den großen Städten vertraten, war stets etwas ganz anderes als der islamische Volksglauben, der etwa dem *schaich* Al-Kamel in Meknès einst eine vieltausendköpfige Anhängerschaft sicherte. Den rechtgläubigen Stadtbürgern galten solche Formen des Glaubens, die von den Praktiken verschiedener Sekten und ihren Entrückungszuständen geprägt sind, stets als Ketzerei.

Wenn also die islamische Tradition derart vielfältig ist, weshalb beruft man sich dann gerade auf eine Lesart, die den Frauen keine Rechte zugesteht? Was sind das für Muslime, denen die Idee der Gleichberechtigung so bedrohlich erscheint? Eine soziologische Untersuchung, eine Repräsentativumfrage, könnte helfen, diese Frage zu beantworten – keine große Sache, in meinem Land wären dafür nur etwa tausend Interviews zu führen. Aber um nicht warten zu müssen, bis unsere Politiker dieses Thema so interessant finden, daß sie dafür Forschungsmittel bewilligen, halten wir uns einstweilen an die »überlieferten Schriften«: die gibt es fast umsonst, und es läßt sich eine Menge damit anfangen. Welche »natürliche« Rolle wird den Frauen in dieser Überlieferung zugewiesen? Die »Klassiker« der arabischen Geschichtsschreibung, deren Sichtweise selbstverständlich aristokratisch geprägt ist, weil die Historiker im Dienst der Paläste standen, geben eine eindeutige Antwort: die Frau hat zu dienen und zu gehorchen, ihre »natürliche« Funktion ist die einer *dschária*, einer Haremssklavin.

Bevor ich die Ergebnisse meiner Beschäftigung mit diesen Texten darstelle, sollten allerdings einige Begriffe und Fragen der Methode geklärt werden. Worin besteht die »politische Tradition« der Muslime? Wie läßt sie sich bestimmen, angesichts der fünfzehn Jahrhunderte islamischer Herrschaft in unterschiedlichen Kulturen? Und welche Überlieferung soll als identitätsstiftend für die Muslime von heute gelten: die der Armen oder die der Reichen, die der Männer oder die der Frauen? Sprechen wir von der Tradition der Herrschenden oder der ihrer Gegner, von der Tradition der Araber oder der Berber, der Kurden oder der *zandsch*, der Schwarzafrikaner, im Sudan und anderswo?

Die Tradition der muslimischen Geschichtsschreibung: Offizielle Biographien der Kalifen

Ich beziehe mich im folgenden auf die klassischen Werke der muslimischen Geschichtsschreibung, auf Autoren wie Ibn Sa'd, At-Tabari, Al-Mas'udi, Ibn Al-Athir und andere – es sind natürlich durchweg Männer, und sie schildern die Ereignisse aus der Sicht der Herrschenden und mit Blick auf die Ordnung, die sie durchsetzen wollten. *At-Ta'rich* ist der arabische Begriff für Geschichtsschreibung – ein reduktionistischer Begriff, der eigentlich nichts anderes bedeutet als eine »Chronik« des Lebens und der Taten der Herrscher und ihrer Gefolgsleute. Aber diese Annalen bilden die Grundlage des traditionellen arabischen Geschichtsbewußtseins, und die genannten Autoren der diversen Bücher des »Ta'rich« werden als Klassiker verstanden, als verläßliche und über jeden Zweifel erhabene Quellen.[2]

Das ist eine eindeutige politische Voreingenommenheit: in der Überlieferung kommen die sozialen und wirtschaftlichen Umstände, die das Leben der einfachen Leute, des »Volkes« (*an-nass*) im Rahmen der *umma*, der Gemeinschaft der Muslime, bestimmt haben, nur ganz am Rande vor. In den Büchern des »Ta'rich« geht es immer nur um die Taten der Kalifen, der Herrscher, der Sultane und der Politiker bei Hofe, vornehmlich der Wesire. So erscheint in den elf Bänden des *Ta'rich ar-rusul wal-muluk* von Tabari und ebenso im *Kitab murudsch adh-dhahab wa-ma'adin al-dschauhar* von Mas'udi die Sozialgeschichte der Muslime eigentlich nur als eine knappe Chronologie der politischen Ereignisse: Welcher Kalif folgte auf welchen, welche Statthalter wurden eingesetzt, welche Steuern wurden erhoben, allenfalls werden noch die Namen der Anführer jener Revolten der *zindiq*, der »Ketzer«, genannt, die den Herrscher herausgefordert hatten und besiegt worden waren. Solche Bewegungen waren meist religiös motiviert, wie die Schi'a, die Charidschiten und viele andere.[3]

Es bleibt die Aufgabe der Intellektuellen von heute, die unbekannte Seite unserer Geschichte zu zeigen, das Handeln der einfachen Leute, der Handwerker und Kaufleute, die den Reichtum der großen Reiche geschaffen haben. Einstweilen werden wir uns aber mit der verkürzten Fassung der muslimischen Geschichte auseinandersetzen müssen, die als politische Tradition aller Muslime gilt, obwohl das Volk in ihr nicht vorkommt. Wenn es um die Rolle der Frauen in der Geschichte geht, macht diese *ta'rich*-Chronologie allerdings große Unterschiede in der Behandlung der verschiedenen Epochen. Allein die große Zeit der Abbasiden-Kalifen wird ausführlicher behandelt. Es wird daher im folgenden nur um die ersten Jahrhunderte in der Geschichte des Islam gehen, und eben vor allem um jene Glanzzeit der Abbasiden (749-945), von der man noch heute träumt.[4]

Um deutlich zu machen, daß die Frauen in den ersten Jahrzehnten des Islam in einer Weise in die Politik eingriffen, wie es ihnen unter den Omaijaden und Abbasiden kaum noch möglich war, unterscheide ich drei Abschnitte in der politischen Geschichte des Islam:

Die Periode der Religionsstiftung: die Lebenszeit des Propheten und die Herrschaftszeit der »rechtgeleiteten« Kalifen – von 622 (dem Jahr der *hidschra*) bis 661, als der erste Omaijade, Mu'awija I., an die Macht kam. In dieser Zeit spielen Frauen, die zur Gefolgschaft des Propheten gehören, bestimmende Rollen im politischen Geschehen.

In der zweiten Periode, einige Generationen später, als die Gefolgsleute des Propheten nicht mehr am Leben sind, üben Frauen aus der arabischen Aristokratie in der Umgebung der Kalifen noch großen Einfluß aus. Sie werden in den Chroniken als die Ehefrauen und Mütter der Herrscher und Kalifen genannt. Gemeint ist die Herrschaftszeit der ersten Omaijaden-Kalifen, in der das muslimische Reich gefestigt wurde.

Die dritte Periode ist das »goldene Zeitalter« der Abbasiden. Unter den frühen abbasidischen Kalifen spielen die *dschawári*, Haremssklavinnen, die ihren Einfluß als Kurtisanen geltend machen, eine glänzende Rolle in der höfischen Gesellschaft.

Es ist kein Zufall, daß die traditionalistischen Muslime von heute, die den Frauen gar keine Rechte zugestehen möchten, sich nicht auf die Anfänge des Islam, auf die Zeit des Propheten berufen, sondern auf die despotische Herrschaft der Abbasiden.

Die politische Macht der Frauen in der Gefolgschaft des Propheten

Aus der Überlieferung wird deutlich, daß Frauen in den ersten Jahrzehnten der Geschichte des Islam eine wichtige Rolle gespielt haben, vor allem natürlich die Ehefrauen des Propheten und einige andere Frauen in seiner Gefolgschaft, die sich als besonders fähig erwiesen. Die Historiker schildern die Rolle einiger der Frauen Mohammeds – Chadidscha, Aʾischa, Umm Salama, Zainab bint Dschahsch – und den Einfluß anderer Frauen aus seinem Gefolge. Die meisten stammten aus den vornehmen Familien der Sippe der Quraisch. In der Überlieferung erscheinen diese Frauen als selbstbewußte und politisch einflußreiche Persönlichkeiten, es heißt, der Prophet habe stets ein offenes Ohr für ihre Meinungen und Einwände gehabt.

Zwei Beispiele zeigen dies besonders deutlich. Umm Salama, die fünfte Frau des Propheten, wünschte von ihm eine Erläuterung der Offenbarung des Koran: »Warum, so fragte sie den Propheten eines Tages, ist im Koran immer von den Männern die Rede und nicht von uns?« Der Prophet blieb ihr die Antwort nicht schuldig, er verwies auf den berühmten 25. Vers der 48. Sure (»Der Erfolg«), in dem »gläubigen Männern und Frauen« der gleiche Anteil an der Offenbarung zugewiesen wird: »Gott läßt eben in seine Barmherzigkeit eingehen, wen er will, und hat so auch jene Männer und Frauen in Mekka für den wahren Glauben vorgesehen.« Die Botschaft des Koran ist an alle gerichtet,

Frauen wie Männer sind verpflichtet, für den Sieg des Islam im Diesseits einzutreten und dereinst vor Gott für ihre Handlungen Rechenschaft abzulegen. Tabari legt diesen Vers so aus, daß auch den Frauen die Sünden vergeben werden und sie ein Anrecht auf Eingang ins Paradies haben.[5]

Das zweite Beispiel zeigt auch auf der symbolischen Ebene, welchen Rang die Frauen in der Politik einnahmen, etwa in der Vermittlung zwischen der göttlichen Macht und der Gemeinde, die das Amt des Propheten war. Chaulah bint Thalaba hatte sich an den Propheten gewandt und sich über ihren Gatten bitter beklagt, der sie zu Unrecht verstoßen habe; der Prophet verwies sie auf die Offenbarung, die einen Ausweg weisen werde. Und tatsächlich antwortet Allah einer Frau, die unter dem Betragen ihres Mannes zu leiden hat: »Gott hat wohl gehört, was die Frau gesagt hat, die mit dir über ihren Gatten stritt und Gott ihr Leid klagte«, heißt es im ersten Vers der 58. Sure (»Der Streit«).[6]

Die beiden Beispiele sollen genügen, um deutlich zu machen, welche Rolle Frauen damals im politischen Leben spielten und welches Verhältnis zur Macht sie hatten. Sie konnten fordernd auftreten, Fragen stellen, die das Zusammenleben in der Gemeinschaft der Gläubigen und ihr Verhältnis zur Autorität, auch zur allerhöchsten, betrafen – und sie wurden gehört. Zweifellos ein außerordentlicher Moment in unserer Geschichte: die Mühseligen und Beladenen, und auch die Frauen unter ihnen, finden Gehör und Antwort beim Allerhöchsten und seinem Propheten. Aber heute gilt diese Idealsituation offensichtlich nicht mehr als bemerkenswert, geschweige denn als richtungsweisendes Element in »unserer« Tradition.

In der Zeit des Propheten und der ersten vier Kalifen (der »rechtgeleiteten« [632-661]) werden Frauen von den Chronisten nur erwähnt, wenn es sich um die »Mütter der Gläubigen« (*ummahat al-muminin* – die Ehefrauen Mohammeds) oder um Frauen aus der Gefolgschaft des Propheten (*as-sahabija*) handelt. Diesen Frauen gilt allerdings große Aufmerksamkeit: bei Ibn Al-Athir, Ibn Sa'd und Ibn Hadschar ist ihnen jeweils ein eigenes Buch gewidmet.[7] Ähnliche Beachtung finden sie auch in religionsgeschichtlichen Werken. Aus den dreißig Bänden des Korankommentars von Tabari zum Beispiel, der jeden einzelnen Vers in seinem Zusammenhang erläutert, ergibt sich ein Bild der Frauen als aktive Mitglieder der muslimischen Gemeinschaft: sie tragen Verantwortung und werden als verantwortliche Personen behandelt. At-Tabari zeichnet ein lebhaftes und genaues Bild der geschichtlichen Umstände und aller Parteien in den Auseinandersetzungen, die sich in den Jahren der Offenbarung abspielten. Die Frauen erscheinen dabei durchaus nicht als passiv und unterwürfig – sie bekennen sich zu Mohammed, sie spielen eine aktive Rolle und fordern ihre Rechte ein.[8] Daß sie, als Anhängerinnen des Propheten, so gleichberechtigt auftreten konnten, kann als Beleg für die egalitäre Botschaft des frühen Islam gelten. Damals, im siebten Jahrhundert, hatten alle, die sich an Allah und seinen Propheten banden, den gleichen Status: sie gehörten einer geistigen Elite an – der *sahabija*.

Wenige Jahrzehnte später, als die Zeit der »rechtgeleiteten« Kalifen vorüber war und die Omaijaden die Macht übernahmen, spielten nur noch die Frauen aus den vornehmen arabischen Familien eine bestimmende Rolle. Auch sie traten selbstbewußt und fordernd auf, sie hatten ihren Stolz und waren nicht bereit, sich hinter dem Schleier zu verbergen und ihren Gatten das Recht auf Polygamie zuzugestehen.

Die Ablehnung von Schleier und Polygamie in der Herrschaftszeit der ersten Omaijaden

Die letzten Omaijaden-Kalifen und die nachfolgenden Abbasiden-Herrscher hatten eine Vorliebe für die *dschawári* – sie heirateten Haremssklavinnen und wählten sie als Mütter ihrer Kinder. Dagegen hielten die ersten Omaijaden-Herrscher an der arabischen Tradition der Heiratspolitik im Rahmen der vornehmen Familien fest. Damals erwies sich die vornehme Stellung einer Frau in ihrem Stolz und ihrem Mut, männlicher Macht und Autorität entgegenzutreten. Ihr Widerstand galt vor allem zwei Institutionen: dem Schleier und der Polygamie.

Leitfiguren in dieser Auseinandersetzung waren zwei vornehme Frauen von legendärer Schönheit, die in allen historischen Werken Erwähnung finden: Sakina Bint Al-Hussein und A'ischa Bint Talha.

Sakina Bint al-Hussein, die Enkelin des Propheten[9], wurde dafür berühmt, daß sie ihren dritten Gatten, einen Enkel des Kalifen Uthman ibn Affan, zur Monogamie gezwungen hatte. Sie verbot ihm, sich einer anderen Frau zu nähern, nicht einmal einer Sklavin. Als sie ihn schließlich »in flagranti« mit einer seiner »rechtmäßigen« *dschawâri* ertappte, machte sie eine große Szene und trennte sich von ihm. Alle Chronisten betonen, daß Sakina stets unverschleiert (*barzaa*) aufgetreten sei.[10]

A'ischa Bint Talha, die andere legendäre Frauengestalt dieser Zeit, war ebenfalls von vornehmer Abkunft: sie war die Nichte von A'ischa Bint Abu Bakr, einer Ehefrau des Propheten. Auch sie weigerte sich, den Schleier zu tragen. Sie erklärte, es könne nicht Allahs Wille gewesen sein, die Schönheit, mit der er sie ausgestattet habe, den Blicken zu entziehen.[11]

Schon unter den letzten Omaijaden[12] zeigt sich der Einfluß der Haremssklavinnen, ganz deutlich wird ihre Rolle in den Chroniken der Abbasidenherrschaft geschildert. Da die klassischen Geschichtsschreiber, wie At-Tabari, Al-Mas'udi und Ibn al-Athir, streng chronologisch vorgehen, verschwinden in ihren Werken zunächst die Frauen aus der Gefolgschaft des Propheten (und seine Ehefrauen), dann die arabischen Aristokratinnen allmählich von der politischen Bühne. Lebensbeschreibungen von Kalifen und politische Chroniken, die sich auf das zweite Jahrhundert nach der *hidschra* beziehen, erwähnen auch die Frauen aus den vornehmen Sippen nicht mehr.

Fünf oder sechs Generationen später werden statt dessen unzählige Haremssklavinnen aufgeführt. Die berühmtesten unter ihnen sind Gahdir, die *dschâria* des Kalifen al-Hadi, Adir, die *dschâria* des Kalifen al-Ma'mun, Farida (»die Große«), *dschâria* Harun ar-Raschids, Fadl und Mahbuba, *dschawâri* des Kalifen al-Mutawakkil, der für seine besonders große »Sammlung« von Sklavinnen bekannt war.[13] Diese Frauen waren schön, und sie besaßen Talent als Sängerinnen und Dichterinnen, aber ihr Einfluß blieb begrenzt durch ihre Rolle als Kurtisanen. Sie durften nichts fordern: als Sklavin, und sei es auch als Favoritin eines Herrschers, mußte jede von ihnen sich immer neu beweisen, durch Verführung, List und Verhandlungsgeschick ihre Position behaupten. Es gab für sie keine Sicherheit, keine gesicherten Privilegien. Natürlich versuchten sie, das Beste aus ihrer Situation zu machen. Sie orientierten sich mit Geschick an den Launen des Kalifen – und so entstand das Bild, das uns in den »Geschichten aus tausendundeiner Nacht« überliefert ist: die Frauen spielen ihre Rolle in der Politik nur als Kurtisanen, als Sklavinnen, die sich der Liebe und der Mittel der Verführungskunst zu bedienen wissen.

Glanzzeit der Haremssklavinnen unter den Abbasiden

Es ist immer wieder interessant, den sprachlichen Wurzeln der Begriffe nachzuspüren. Woher kommt die Bezeichnung *dschária* für eine Haremssklavin? Im *Lissan al-Arab*, einem arabischen Wörterbuch aus dem 13. Jahrhundert, meint der Wortstamm etwas, das sich bewegt, das seinen Standort verändert: zum Beispiel den Wind, einen Stern oder ein Schiff. Der Begriff kann aber auch gleichbedeutend mit *ar-rassul* (Gesandter) oder *al-chadam* (Dienerin) gebraucht werden.[14] Als Synonym für *dschária* wird außerdem *qina* genannt. Schon im 9. Jahrhundert hat Al-Dschahiz in einem Buch über die Sklavinnen (*risala fi al-qijan*) versucht, die Faszination zu ergründen, die von diesen Frauen ausging.[15] *Qina* wird im allgemeinen gleichbedeutend mit *dschária* gebraucht, es ist immer eine Sklavin gemeint. Ibn Manzur, der Verfasser des *Lissan al-Arab*, erläutert, daß eine *qina*, ob es sich nun um eine Sängerin handele oder nicht, stets eine Sklavin sei: »Daß eine *dschária*, die zu singen versteht, auch *qina* genannt wird, hat seinen Grund darin, daß diese Kunst nur von Sklavinnen geübt wird, niemals von freien Frauen.«

Und wie wurde eine Frau zur Sklavin, zur *dschária* oder *qina*? Jedenfalls wurde sie gekauft, auf einem Sklavenmarkt, dessen »Waren« zumeist aus der *sabija* stammten – der Kriegsbeute an Frauen und Kindern der Gegner. Die Kriegsgefangenen (*asra*) wurden zu Sklaven. Bei Ibn Manzur heißt es kurz und bündig: »*As-sabija* bedeutet Versklavung.«[16]

Die Erweiterung des islamischen Herrschaftsbereichs unter den Omaijaden, und vor allem unter den Abbasiden, bescherte den Sklavenmärkten in Damaskus und Bagdad ein reiches Angebot an Sklavinnen aus den eroberten Ländern: Frauen aus Asien, Afrika und Europa.

Interessanterweise bewirkte dieser große Zustrom von *dschawâri* aber einen Wandel der Sitten am Hof der Machthaber. Für die ersten Kalifen war es eine Prestigefrage gewesen, ihre Gattinnen nur unter den Töchtern der vornehmen arabischen Familien zu wählen. Nun geschah etwas ganz anderes: die Herrscher erlagen den Reizen ihrer Haremssklavinnen. »Jeder Kalif, und jedermann von Macht und Rang, umgab sich mit jungen Sklavinnen, die ihn bedienten, ihm Kühlung zufächelten und die Fliegen vertrieben – und das in aller Öffentlichkeit.«[17] Aber die Sklavinnen waren nicht nur dienstbare Geister und Unterhalterinnen, sie wurden bald auch in den Rang von Ehefrauen und Müttern erhoben.

Zu Beginn der Omaijaden-Dynastie war es die Ausnahme, wenn die Mutter eines Kalifen nicht aus der vornehmen Oberschicht stammte, bald darauf war es die Regel. Ibn Hazm, ein andalusischer Gelehrter des 11. Jahrhunderts, faßte es so zusammen: »Unter den Abbasiden gab es nur drei Kalifen, die Söhne freier Frauen (*hurra*) waren, und von den Omaijaden-Kalifen in Andalusien war nicht ein einziger der Sohn einer freien Frau.«[18] Die Mütter der Kalifen waren also Sklavinnen, Frauen, die aus fremden Ländern stammten: Römerinnen, Türkinnen, Berberinnen, Kurdinnen ...

Die *dschawâri* spielten eine so bedeutende Rolle im höfischen Leben der Kalifen, daß sogar eine neue Literaturgattung entstand, die sich mit diesen Sklavinnen beschäftigte – das »Buch der Lieder« von al-Isfahani zum Beispiel, oder das Buch über die *dschawâri* von as-Sujuti.[19]

Wie erklärt sich die Faszination, die sie auf die Kalifen und die Mächtigen ausübten? Von al-Dschahiz bis zu modernen Autoren wie Ahmed Amin haben sich Historiker, Philosophen und Schriftsteller bemüht, das Geheimnis der Haremssklavinnen zu ergründen. Sie fanden unterschiedliche Erklärungen: die Sklavinnen seien sexuell besonders attraktiv gewesen, weil sie Erfahrungen mit verschiedenen Männern machen konnten, oder ihre Anziehungskraft sei daraus zu erklären, daß sie aus fremden Kulturen neue Reize importierten. Die Frauen aus Indien, Persien, Äthiopien betörten die arabischen Kalifen mit Musik und Gesang, mit Düften und Zärtlichkeiten, mit neuen Ideen und Dingen, die zuvor unbekannt waren.[20] Al-Dschahiz betont, daß der Herr seine Sklavin verkaufen konnte, wenn er ihrer sexuell überdrüssig war, während die Bindung an eine freie Frau nicht so leicht aufzulösen war. Das ist allerdings ein fragwürdiges Argument: der Kalif und jeder rechtgläubige Muslim hatte schließlich das Recht, seine Frau zu verstoßen. Ob sie nun vornehmer Abkunft war oder nicht – er mußte nur dreimal die Formel *»anti talik«* (»Du bist verstoßen«) aussprechen, um sich ihrer zu entledigen.

Es gibt aber eine einfache Erklärung für den Erfolg der Haremssklavinnen, auf die keiner der zitierten Autoren kommt: eine *dschâria* war eben nur eine Sklavin – der Mann, der sie besaß, konnte sich immer als ihr Herr und Meister fühlen.

Zweifellos spielte es eine wichtige Rolle, daß die *dschawâri* erotische Raffinesse und poetische und musikalische Talente besaßen. Aber wir erfahren aus den Geschichtsbüchern, daß Sakina Bint al-Hussein und A'ischa Bint Talha ihren Gatten die besten Liebhaberinnen waren. Und die Historiker hatten ein offenes Ohr für die Lustschreie – sie zeigten sich fasziniert von diesen Frauen, die alles besaßen, was zur Verführungskunst gehört: den Stolz auf ihre arabische Abkunft, die Schönheit des Körpers, die geistige Beweglichkeit und Schlagfertigkeit, und das Selbstbewußtsein, das aus dem Geist der Rebellion stammte. *Annuschuz* nennt der Koran die weibliche Eigenständigkeit und Auflehnung gegen die männliche Autorität. Je mächtiger die Ehemänner waren, desto eher konnten sie die Unbezähmbarkeit ihrer Frauen hinnehmen. Sakina soll fünf oder sechs Gatten gehabt haben.

Ahmed Amin, ein moderner Historiker, vertritt die Vorstellung, die Sklavinnen aus fremden Ländern seien einfach schöner gewesen als die Araberinnen. Das ist erstaunlich: darf ein Vertreter der modernen Geschichtswissenschaft so tun, als sei er ein Chronist der alten Schule und wüßte nicht, daß »Schönheit« ein ideologisch bestimmter Begriff ist? In den sechziger Jahren sagte man in Marokko, ein Mann sei »schön wie ein Schérif« – in den neunziger Jahren heißt es, ein Mann sei »schön wie ein Amerikaner« (*gzal bhal al-mricani*). Man muß sich nur die Coca-Cola-Werbung anschauen: blonde Muskelmänner, die sich in die Meereswogen stürzen. Das Angebot von Fernsehfilmen am Freitagabend zeigt ähnliche Bilder. Es ist kein Zufall, daß in den Werbespots des marokkanischen Fernsehens nur dann »Frauen aus dem Volk« gezeigt werden, wenn es darum geht, »Butagaz«-Flaschen oder die »Fünf-Minuten-Terrine« anzupreisen. Als Werbeträger für Computer oder die Dienstleistungen der Banken können diese Frauen offenbar nicht eingesetzt werden. Die marokkanischen Banken haben sich überzeugen lassen, daß in ihrer Werbung die weltläufigen Posen und schmachtenden Blicke von Frauen aus der bürgerlichen Schicht Casablancas das richtige Verkaufsargument sind. Nichts ist so politisch wie der Geschmack und die Formen der Verführung. Welcher Männertyp den Frauen gefällt, und umgekehrt, hat mit natürlichen Eigenschaften absolut nichts zu tun. Wenn ich mit Freunden aus dem Ausland, sagen wir aus Frankreich, Indien oder Japan, im Café sitze oder am Strand, lasse ich mir gern zeigen, welche Menschen sie besonders schön finden. Nie sind es diejenigen, die den Marokkanern selbst als schön gelten. Auch der Erfolg der Haremssklavinnen kann sich nur aus den besonderen Kriterien der damaligen Zeit erklären.

In den drei Generationen nach der Zeit des Propheten entsprachen die arabischen Schönheiten aus guten Hause dem Schönheitsideal, in der vierten Generation begannen die weltbeherrschenden arabischen Kalifen, die Schönheit mit anderen Augen zu sehen – sie fanden sie nun bei den fremden Sklavinnen.

Wie kam es zu diesem abrupten Wandel des Geschmacks? Der Zauber der Liebe ist eine sehr komplexe Angelegenheit, aber die Bestimmung von Schönheit kann auch ganz unmittelbar mit den politischen Kräfteverhältnissen zusammenhängen. Das läßt sich in der jüngeren Geschichte Marokkos gut beobachten. Es ist kein Zufall, daß in der neuen Elite der marokkanischen Nationalisten, die in den vierziger Jahren in Frankreich studiert hatten und nach der Unabhängigkeit die Schlüsselposten in Regierung und Verwaltung besetzten, französische Frauen besonders begehrt waren. Viele Minister waren mit Französinnen verheiratet. Interessant ist diese Begeisterung für die fremden Frauen auch deshalb, weil sie nicht lange vorhielt. Bereits in den siebziger Jahren begannen die Technokraten in den staatlichen Machtpositionen, sich für die Schönen aus Tanger, Tétouan und vor allem aus Casablanca zu interessieren: nun fanden sie Frauen aus dem eigenen Land attraktiv, Frauen, die in beiden Kulturen zu Hause waren, Arabisch und Französisch sprachen, eine Ausbildung besaßen und Karriere machen wollten. Die Technokraten und Geschäftsleute der achtziger Jahre gehörten einer neuen Generation des marokkanischen Bürgertums an, sie zeigten sich nicht mehr so beeindruckt von Frankreich wie die alte nationale Elite. Heute floriert der private Sektor in Marokko, und die neue Bourgeoisie empfindet keine Bewunderung mehr für Frankreich. Sie sieht sich in einer Konkurrenzsituation, sie entwickelt Selbstvertrauen und entdeckt die eigenen Fähigkeiten zur Planung und Lenkung im Rahmen der »Marokkanisierung« der Wirtschaft. Es gibt in diesem Wandel der Präferenzen gewisse Ähnlichkeiten mit dem Auftreten der *dschawâri* und der allmählichen Ausweitung ihres Einflusses.

Warum also beschlossen die Kalifen, die Sklavinnen den Frauen aus der arabischen Aristokratie vorzuziehen? Und warum versuchen die heutigen Vertreter einer islamischen politischen Ordnung, unsere Tradition zu verkürzen und als ideale Form nur das »goldene Zeitalter« der Abbasiden gelten zu lassen, jene Zeit, als die Kalifen sich mit Sklavinnen umgaben? Wie kommt es, daß man in der politischen Tradition offenbar gerade nicht auf die Zeit des Propheten und die Herrschaft der »rechtgeleiteten« Kalifen Bezug nehmen will, jene Phase, in der Frauen eine bestimmende Rolle in der Politik spielen konnten? Was ist das für ein kollektiver Gedächtnisverlust, dem die Erinnerung an starke, selbstbewußte und fordernde Frauen wie A'ischa und Umm Salama zum Opfer gefallen ist?[21]

Von der politischen Macht der Frauen im frühen Islam schien auch keiner der pakistanischen Politiker etwas zu wissen, die sich gegen den Wahlerfolg von Benazir Bhutto stark machten.

Noch einmal die Frage: wie erklärt sich der Erfolg der *dschawâri* unter den Omaijaden und Abbasiden und weshalb will man uns heute gerade diese Frauenrolle als die traditionell gesicherte Form weiblichen Verhaltens aufzwingen? Gibt es keine rechtgläubigen Muslime, die uns die Freiheit gewähren wollen, die Frauen einst besaßen, als der Prophet in Medina regierte? Damals waren sie aktiv beteiligt an der Entstehung einer islamischen Gesellschaft, die auf der Gleichberechtigung der Gläubigen beruhte.

Die Despotie als heimliches Ideal

Ich stamme aus Fès und bin der pragmatischen Tradition dieser Stadt verpflichtet, und nicht zuletzt darum behaupte ich, daß es eine recht einfache Erklärung für die »Erfolgsstory« der *dschawâri* gibt: es gefiel den Kalifen, daß die Sklavinnen eher bereit waren zu gehorchen als eine *hurra*, eine freie Frau. Gehorsam war ihre Pflicht, sie wurden ja als Dienerinnen gekauft.

Und diejenigen, die uns heute, im Namen der muslimischen Tradition, nur eine dienende, keine lenkende Rolle im politischen Geschehen zuweisen wollen, beziehen sich nicht zufällig auf eine ganz bestimmte Periode in der Geschichte der Muslime: auf jenes Zeitalter der despotischen Herrschaft, das mit dem Kalifen Mu'awija begann, und das man das »goldene Zeitalter« nennt.

Mu'awija ist bekanntlich durch einen Staatsstreich an die Macht gekommen und hat den Willen des Propheten verletzt, indem er eine Kalifendynastie begründete. Die Begeisterung für die Sklavinnen paßt zu den despotischen Formen der Macht. Ohne eigenen Willen, den Launen des Herrschers ausgeliefert, ist die Sklavin die Verkörperung des Untertanen schlechthin. Al-Dschahiz überliefert die folgende »Anekdote«: »Bei einer anderen Gelegenheit soll Mu'awija eine Sklavin (und zwar in Gegenwart seiner Freunde) entblößt und seinen *qadhib** auf ihre Knie gelegt haben. Und darauf habe er zu Ça'ca'ab Çuhan bemerkt, er möge das Mädchen für eines seiner Kinder nehmen, da es nach dem, was er hiermit getan, für seinen Sohn Jezid nicht mehr in Frage käme.«[22]

Es kann weder Zufall noch Unkenntnis im Spiel sein, wenn man uns heute auf eine »muslimische Tradition« des politischen Lebens verweist, in der die Frauen angeblich niemals eine führende Rolle hatten und niemals persönliche oder politische Entscheidungen treffen durften. Dieses

* [i.d. Quelle arabisch] Rohr/Reitgerte, auch vulg. für Penis (Anm. d. Übers.).

Traditionsverständnis bedeutet eine klare politische Entscheidung, ein Bekenntnis zu bestimmten Formen der Beziehung zwischen Männern und Frauen, zwischen dem Herrscher und den Untertanen – und das Urbild dieser Ordnung ist die Despotie des Kalifen, nach dessen Launen sich die Welt zu richten hat. Mu'awija soll auch gesagt haben: »Es gibt nur zwei Dinge, denen sich ein Herrscher unterwirft: die Sanftmut, die seiner Härte begegnet, und die Bereitwilligkeit, seinen Beschlüssen zu folgen.«[23]

Mu'awija begründete ein System despotischer Machtentfaltung, das in der Weltgeschichte kaum übertroffen wurde, aber seine höchste Form fand dieses System erst durch einen späteren Herrscher, dessen Name noch heute Zauberklang besitzt: Harun ar-Raschid. Daß die *dschawâri* symbolisch für alle Untertanen standen, wird auch bei diesem Kalifen deutlich – an seinem Umgang mit Zaat al-Chaal, einer seiner Lieblingssklavinnen: wechselnde Launen statt Liebe, Gunstbezeigungen und Geschenke statt Hingabe.

Zaat al-Chaal (»die Frau mit dem Schönheitsmal«) war schön und begabt. Sie hatte Ibrahim al-Mausili gehört, dem »Fürsten der Sänger«. Von ihm war sie in der Gesangskunst unterwiesen worden; er hatte ihre Reize in Versen gerühmt. Schließlich war sie so bekannt, daß Harun ar-Raschid sie besitzen wollte – er kaufte sie Ibrahim ab. Eines Abends, gefangen in Zuneigung und Eifersucht, wollte der Kalif alles über die Vergangenheit seiner Sklavin wissen. Vor allem eines machte ihm Kopfzerbrechen: hatte Zaat al-Chaal jemals in intimer Beziehung zu ihrem alten Lehrer, dem Meister Ibrahim al-Mausili, gestanden? Die Sklavin zögerte mit ihrer Antwort, sie ließ sich Zeit, und erst nach einer Stunde gewann ihre Aufrichtigkeit die Oberhand über die Furcht vor Bestrafung: »Ja, ein einziges Mal.« Der Kalif nahm es übel auf, obwohl Ibrahim selbstverständlich das Recht gehabt hatte, über seine Sklavin zu verfügen.

Harun ar-Raschid zeigte sich eifersüchtig: er verstieß Zaat al-Chaal und übereignete sie zur Strafe einem seiner Sklaven, Hamawija. Doch nach einer Weile empfand er den Wunsch, sie wiederzusehen. Also bedeutete er Hamawija, er wolle Zaat al-Chaal gerne singen hören. Der Sklave gab zur Antwort: »Morgen werden wir uns bei Euch einfinden, mein Gebieter.« Um es dem Kalifen nur ja recht zu machen, lief Hamawija zu den Juwelieren und lieh sich Geschmeide aus Perlen und Edelsteinen, damit Zaat al-Chaal so reich geschmückt erscheinen konnte, wie es bei ihren Auftritten im Palast üblich war.

Ihr Anblick versetzte den Kalifen erneut in Entzücken, doch zugleich ergriff ihn die Eifersucht, als er sah, mit welchen Kostbarkeiten der Sklave seine *dschária* versehen hatte. Er wandte sich von der Schönen ab und wollte nur noch wissen, woher die Juwelen stammten. »Wie kannst du ihr solchen Schmuck schenken«, fragte er Hamawija, »ich wüßte nicht, daß ich dich schon zum Statthalter ernannt habe!« Hamawija gestand, daß alles nur geliehen sei. Harun ar-Raschid war beruhigt; es stimmte ihn milde, daß sich der Sklave als arm und ehrlich und damit als unterlegen zeigte. Er ließ die Juweliere rufen und kaufte allen Schmuck, den Zaat al-Chaal trug. Dann erklärte er, er wolle ihr auf der Stelle jeden Wunsch erfüllen, was es auch sei. Und was wünschte sich die Sklavin? Sie forderte den Herrscher auf, Hamawija zum Statthalter von Persien zu ernennen und ihm für sieben Jahre die *charadsch*, die Steuereinnahmen aus dieser Provinz zu überlassen. Harun ar-Raschid erfüllte ihren Wunsch.[24]

Wir erfahren aus dieser Geschichte ebensoviel über den Kalifen wie über Zaat al-Chaal. Die Sklavin hat ihre Verführungskunst eingesetzt, um einen politischen Vorteil zu erlangen. Daß sie für ihren Beschützer die Stellung des Statthalters von Persien verlangt (immerhin eine der wichtigsten Provinzen des Reiches), ist eine Forderung, die das System der Herrschaft nicht in Frage stellt, sondern den Regeln entspricht. Die *dschária* macht einfach das Beste aus ihrer Rolle als Kurtisane: sie nutzt die momentane Stimmung des Kalifen. Und dem entspricht das Verhalten des Herrschers: indem Harun ar-Raschid ihre Forderung akzeptiert, bestätigt er die Prinzipien der Herrschaft in seinem Reich.

Demokratiefeindliche Tradition und politische Gegenwart

Es bleibt festzuhalten, daß der Versuch, sich auf die muslimische Tradition zu berufen, um die Frauen von allen politischen Rechten auszuschließen, ein durchsichtiges Manöver ist. Diese Lesart des politischen Erbes der Muslime kann sich nur auf eine bestimmte Epoche in der Geschichte der islamischen Gesellschaften beziehen – auf jene Zeit der Willkürherrschaft, die nicht zufällig charakterisiert ist durch die prominente Rolle der Haremssklavinnen.

Die *dschawári* mußten sich stets unterwerfen, um Einfluß zu gewinnen. Auch die berühmten Kurtisanen, wie Zaat al-Chaal, spielten in der großen Politik letztlich keine Rolle. Sie hielten sich an die vorgegebenen Regeln – nur durch Bitten und Schmeicheln konnten sie alles erreichen. Aber sie durften niemals fordern. Für alle galt der Grundsatz: Die Launen des Herrschers regieren die Welt. Politische Einwirkung war nur möglich durch stille Duldung und geschickte Einflußnahme.

Wer sich heute auf die islamische Tradition bezieht, verfolgt eine bestimmte politische Absicht. Als die »Tradition« gilt immer nur die Interpretation, die den eigenen Zwecken dient. Muslime, die eine demokratische Entwicklung wünschen, können sich auf die Zeiten berufen, als Frauen eine aktive Rolle in der Politik spielten – zu Beginn des Islam waren die Ehefrauen des Propheten und die Frauen in seiner Gefolgschaft durchaus gleichberechtigt. Und die Gegner der Gleichberechtigung können sich an die Tradition der Kurtisanen in den Palästen der Herrscher halten.

Das kulturelle Erbe des Islam ist gewaltig, auch wenn sein Glanz seit Jahrhunderten verblaßt. Aber die Staaten der islamischen Welt werden heute ihren Platz unter den Nationen der Welt nur finden, wenn sie bereit sind, die Überlieferung mit kritischem Blick zu betrachten, die Tradition neu zu lesen, um sie zu verstehen und über sie hinaus zu wachsen – nur so kann sie zu einer Kraft werden, die uns voranbringt. Die große Geschichte des Islam in Raum und Zeit hindert uns nicht, so demokratisch zu sein, wie es schon der Prophet war. Und sie hindert uns auch nicht, in der Gegenwart anders zu leben als in der Vergangenheit.

In den Schriften aus den ersten Jahrzehnten des Islam, aus der Zeit des Propheten und seiner Anhänger, spürt man die unverbrauchte Kraft neuer Ideen. Das hat zweifellos damit zu tun, daß dieser Islam eine Botschaft für die Armen und Verfolgten war, für diejenigen, die aus der Sklavenhalter-Aristokratie von Mekka ausgestoßen wurden. Die islamische Regierung in Medina bedeutete einen Umbruch, eine Neubestimmung von Hierarchien und Schicksalen. Indem sie selbstbewußt und fordernd auftraten und ihren Anspruch auf Mitbestimmung der politischen Angelegenheiten geltend machten, verkörperten die Frauen aus der Gefolgschaft des Propheten schon damals die Hoffnung auf eine Welt der Gleichberechtigung. Und bis heute gilt: Wo immer es um die Verwirklichung der Gleichheit geht, sind es die Frauen, die für diesen Anspruch einstehen.

Anmerkungen

1 Vgl. den Eintrag »*ʿabd*« von R. Brunschvig, in: *Encyclopaedia of Islam*, Bd.I, Leiden; London, 1960, S.36f.

2 Al-Masʿudi (Abu l-Hasan Ali ibn al-Husain ibn Ali), *Kitab murudsch adh-dhahab wa-maʿadin al-dschauhar (Buch der Goldwäschen [Goldwiesen] und Edelsteinfundstätten),* Beirut, 1983. Al-Masʿudi starb 962. (Siehe auch: Al-Masʿudi, *Bis zu den Grenzen der Erde: Auszüge aus dem Buch der Goldwäschen*, aus d. Arab. v. G. Rotter, München: Goldmann, 1988.)
At-Tabari (Abu Dschaʿfar Muhammad ibn Dscharir), *Taʾrich ar-rusul wal-muluk (Annalen der Propheten und Könige)*, Beirut, 1979, 1984. At-Tabari starb 923.
Ibn Al-Athir, Izz ad-Din, *Kaamil fi t-taʾrich (Die Gesamtheit der Geschichte)*, Beirut, 1987. Ibn Al-Athir starb 1233.

3 Der Vorwurf der *zandaqa*, der Häresie, konnte zu Zeiten jeden treffen, der eine abweichende oder kritische Position einnahm, etwa auch Dichter und Gelehrte; als *zindiq* im engeren Sinne galt vor allem die religiöse Gemeinschaft der Manichäer, die um 780 unter dem Kalifen Al-Mahdi grausam verfolgt wurde. Die *schiʿa*, ursprünglich die »Partei« Ali Ibn Talibs, des Vetters und Schwiegersohns des Propheten, im Kampf um dessen Nachfolge, entwickelte sich zu einer Glaubensrichtung, die bis heute die wichtigste Alternative zum orthodoxen »sunnitischen« Islam darstellt. Die Charidschiten (eigentl. *chauaridsch* – »die Ausziehenden«) formierten sich am Beginn der Omaijadenherrschaft als die erste radikale Basisbewegung innerhalb des Islam: sie vertraten die

Ansicht, die Gemeinschaft der Muslime könne einen jeden aus ihrer Mitte, ohne Ansehen seines Standes und seiner Rasse, zum Kalifen wählen (Anm. d. Übers.).

4 945 übernahm *Mu'izz ad-daula*, der Begründer einer persischen Herrscherdynastie (der Bujiden) die weltliche Macht in Bagdad. Titularisch bestand das abbasidische Kalifat bis 1258 (Anm. d. Übers.).

5 Siehe At-Tabari, *Tafsir dschami' al-baian 'an ta'awil adschi al-Qur'an* (Korankommentar), Beirut, 1984, Bd. XXII, S. 9, 10 (im folgenden zit. als »Tafsir«).

6 Einen guten knappen Überblick bietet Omar Kahhala, *Aalam an-nissa fi aalam al-Arabi wal-Islam (Berühmte Frauen in der arabischen und islamischen Welt)*, Damaskus, 1982.

7 Ibn Sa'd, *At-tabaqat al-kubra (Großes Buch der Klassen)*, Beirut, 1980. Das achte Buch dieses Werkes beschäftigt sich ausschließlich mit der Rolle der Frauen. Ibn Sa'd starb 854.

Ibn Al-Athir, Izz ad-Din, *Usd al-ghaba fi ma'rifat as-sahaba*, hrsg. v. Mustapha Wahbi, o.O., 1902. Band fünf dieses Werkes (einer Sammlung von Biographien der Gefolgsleute Mohammeds) ist den Frauen gewidmet.

At-Tabari, *Ta'rich ar-rusul wal-muluk (Annalen der Propheten und Könige)*, Beirut, 1979. Tabari beschäftigt sich am Ende des dreizehnten Bandes mit der Rolle der Frauen.

Ibn Hadschar al-Asqalani, *Al-issaba fi tamiz as-sahaba* (Sammlung von Biographien der Gefolgsleute des Propheten), o.O. (Libanon), 1902. Band 7 dieses Werkes trägt den Titel »Kitab an-nissa« (Buch über die Frauen). Ibn Hadschar starb 1449.

8 Siehe At-Tabari, *Tafsir* ..., a.a.O.

9 Sakina lebte von 671 (dem Jahr 49 n.d.H.) bis 735.

10 Eine emphatische Schilderung gibt vor allem Al-Isfahani in verschiedenen Abschnitten seines »Buches der Lieder« (Abu l-Faradsch al-Isfahani, *Kitab al-Aghani*, Kairo, 1927). Al-Isfahani starb 967.

Sakina ist neben A'ischa, der Ehefrau des Propheten, die meistbeachtete Frau in den Chroniken der muslimischen Geschichtsschreibung. Aus der Vielzahl der Texte seien nur zwei moderne Arbeiten erwähnt, die ausschließlich der Biographie dieser Frau gewidmet sind: A'ischa Abd ar-Rahman, *Sakina Bint al-Hussein*, Beirut, o.J., und Ahmed Abd al-Halim, *Sakina Bint al-Hussein*, Kairo, 1969.

11 Siehe Al-Isfahani, a.a.O.; siehe auch: Abu l-Hassan al-Maliqi, *Al-Hadaiq al-ghanna fi achbar an-nissa fi sadr al-Islam*, hrsg. v. Aida Tayyibi, o.O. (Libyen/Tunesien), 1978. Al-Maliqi ist ein Autor des 13. Jahrhunderts. Die Herausgeberin hat diesen Text in der Chester Beatty Library in Dublin, Irland, aufgefunden.

12 Mu'awiya I., der Begründer der Omaijaden-Dynastie, kam 661 an die Macht. 749 übernahm Abu l-Abbas as-Saffah, der erste Abbasiden-Kalif, die Herrschaft.

13 Al-Hadi ibn al-Mahdi war der vierte abbasidische Kalif, er regierte nur von 785 bis 786. Sein Nachfolger Harun ar-Raschid blieb dagegen bis 809 an der Macht. Al-Ma'mun, der siebte Abbaside, kam 813 an die Macht; al-Mutawakkil, der zehnte der Dynastie, regierte von 847 bis 861.

14 Siehe das Stichwort *dschâria*, in: Ibn Manzur, *Lissan al-Arab*, Kairo, 1979. Ibn Manzur lebte in Kairo 1232 bis 1311; sein sechsbändiges Lexikon der Wortbedeutungen ist bis heute eine Fundgrube zu Fragen der Linguistik, aber auch der Kultur und Geschichte der arabischen Welt.

15 Al-Dschahiz, Amr ibn Bahr, »Kitab al-qijan«, in: ders., *Rasa'il*, Kairo, 1964. Al-Dschahiz starb 868.

16 Siehe Ibn Manzur, *a.a.O.*

17 Al-Dschahiz, *a.a.O.*, zit. n.d. franz. Übersetzung von Charles Pellat, »Les Esclaves Chanteuses«, in: *Arabica*, Bd.10, 1963.

18 Ibn Hazm, »Nuqat al-aruss fi ta'rich al-Chulafa«, in: *Ar-rasa'il* (Gesammelte Werke und Briefe), komm. und hrsg. von Dr. Hassan Abbas, Beirut, 1981, Bd. II, S. 104. Ibn Hazm (»al-Andalusi«) lebte in Spanien von 994 bis 1064.

19 Abu l-Faradsch al-Isfahani, *a.a.O.* (Auszüge aus dem »Buch der Lieder« hat G. Rotter ins Deutsche übertragen: Abu l-Faradsch, *Und der Kalif beschenkte ihn reichlich* ..., München, 1988; siehe dort das Kapitel über »Scharija, die Singsklavin«. Anm. d. Übers.)
As-Sujuti (Dschalal ad-Din), *Al-Mustazraf min akbar al-dschawâri,* komm. und hrsg. von Salah ad-Din al-Munadschid, Beirut, 1976. As-Sujuti lebte in Ägypten, 1445 bis 1505.

20 Einen guten Überblick über die Rolle der Haremssklavinnen in der Zeit der Abbasiden bietet das Kapitel »Die kulturelle Bedeutung der Sklaverei«, in: Ahmed Amin, *Doha al-Islam*, Kairo, 1961. (Amins Arbeit ist ein dreibändiges Werk über das soziale und kulturelle Leben, die Glaubensrichtungen und die wissenschaftlichen Entwicklungen in der Zeit der Abbasidenherrschaft.)
Auskunft über den zunehmenden Einfluß der Sklavinnen und den Machtverlust der freien Frauen aus vornehmen arabischen Familien geben auch die Kapitel über »Die Sklaverei unter den Abbasiden« und »Die Frau in der Zeit der Abbasiden-Dynastien«, in: Jurji Zaijdan, *Ta'rich at-tamaddun al-Islami* (Geschichte der muslimischen Gesellschaften), o.O., o.J.
Die beste knappe Übersicht zu diesem Thema bietet, nach meiner Meinung, das Kapitel »Die Sklaven« in der Arbeit eines deutschen Orientalisten: Adam Mez, *Die Renaissance des Islams*, Hildesheim, 1968 (Reprint der 1. Aufl., Heidelberg, 1922). Ich beziehe mich auf die arabische Ausgabe: Adam Mez, *Al-hadara al-Islamija* (Die Kultur des Islam), Kairo, 1968.

21 A'ischa, aus dem Stamm der Quraisch, Tochter von Abu Bakr, einem frühen Weggefährten Mohammeds, gilt als die »Lieblingsfrau« des Propheten. Sie besaß, vor allem nach dem Tod des Religionsstifters, großen politischen Einfluß. Umm Salama, ebenfalls aus einer Sippe der Quraisch, war die fünfte Ehefrau des Propheten. (Anm. d. Übers.)

22 Al-Dschahiz, *Risala al-qijan*, zit. n. O.Rescher, Excerpte ..., *a.a.O.*, S.84.

23 Al-Dschahiz, *Kitab al-tadsch fi achlaq al-muluk*, zit. n. d. Übers. von Charles Pellat, *Le livre de la couronne*, Paris, 1954, S. 88.

24 Nacherzählt aus dem »Buch der Lieder«, siehe Al-Isfahani, *a.a.O.*

Frauen in der Geschichte der Muslime

Alte Ansichten, neue Perspektiven

Es mag überraschen, aber die muslimischen Geschichtsschreiber vergangener Epochen haben in ihren Schriften den Frauen erhebliche Aufmerksamkeit gewidmet, und nicht etwa nur im Hinblick auf ihre Rolle als Mütter oder Töchter machthabender Männer. Die alten Genealogien, Chroniken und allgemeingeschichtlichen Werke zeigen die Frauen als politisch handelnde Personen, die bereits in der Entstehungsphase des Islam großen Einfluß hatten. In den religionsgeschichtlichen Werken, die den Gang der Ereignisse während der Lebenszeit des Propheten schildern, und ebenso in den »theologischen« Schriften (den kommentierten *hadith*-Sammlungen und den Korankommentaren)* werden die Leistungen von Frauen gewürdigt, ihre Verdienste als Anhängerinnen des Propheten und ihre Beiträge zur Überlieferung (in Form von *hadit*hen) lobend erwähnt.

Mehr denn je werden in den islamischen Theokratien von heute die Diskussionen über die Rechte der Frauen mit historisch gestützten Argumenten geführt. Das liegt daran, daß alle staatlichen Maßnahmen und Verordnungen, die sich auf die Frauen beziehen, sei es im wirtschaftlichen oder im rechtlichen Bereich (also etwa das Recht auf Lohnarbeit oder das Personen- und Familienrecht) ihre Legitimität und Begründung aus der islamischen Tradition beziehen, d.h. aus einer geschichtlichen Überlieferung, die vom Leben des Propheten ausgeht. Wer, ob Mann oder Frau, in der muslimischen Welt für die Menschenrechte oder für

* Ein *hadith* (»die Begebenheit«) ist ein überlieferter Ausspruch des Propheten oder eine Episode aus seinem Leben (Anm. d. Übers.)

die Rechte der Frau im besonderen eintreten will, muß sich darüber im klaren sein, daß in Ländern, die keine Trennung von Religion und Staat kennen, alle politischen Forderungen auch religionsgeschichtlich legitimiert werden müssen.

Ein interessantes Beispiel ist die neuere Debatte um die Frage, ob es geschichtlich gedeckt sei, daß Frauen politische Machtpositionen einnehmen. Diese Diskussion wird unter anderem als Kontroverse um die Bedeutung Aʾischas, der dritten Ehefrau des Propheten geführt, die zum Widerstand gegen die Macht aufgerufen hatte und im Jahr 36 nach der Hidschra an der Spitze einer Armee gegen den vierten »rechtgeleiteten« Kalifen, Ali ibn Abi Talib in die Schlacht zog. Die sogenannte »Kamelschlacht« vom 9.Dezember 656 markierte den Beginn des ersten muslimischen Bürgerkriegs, in dem Ali letztlich unterlag. Aus diesem Kampf datiert auch die Spaltung der Muslime in Sunniten und Schiiten, für letztere, die »Partei Alis« (*Schiʿat Ali*), war seither Aʾischa eine negative Figur: sie stand unter anderem für das Recht auf Widerstand gegen einen Kalifen, dem man Unrecht vorwirft.[1] So erklärte Ali Schariʿati, einer der bedeutendsten schiitischen Ideologen unserer Zeit, das Vorbild der muslimischen Frauen müsse Fatima sein, die Tochter des Propheten, die in der Politik keine Rolle spielte.[2] Für die Schiiten ist Aʾischa ein Schreckbild, die Verkörperung der falschen Auffassung von Weiblichkeit. Die Frauen sollen sich wie Fatima darauf beschränken, gute Mütter, Töchter und Hausfrauen zu sein. Said Al Afghani, ein Ägypter, hat zehn Jahre an einer Biographie Aʾischas gearbeitet. In der Einleitung und im Schlußkapitel erklärt der Autor, er habe zeigen wollen, daß Frauen in der Politik nichts zu suchen hätten. Um diese Position zu erhärten, führt er in seinem Buch (»Aʾischa und die Politik«) systematisch sämtliche konservativen Arbeiten zur Frauenfrage auf.[3]

Am Beispiel Aʾischa wird deutlich, in welchem Maße die Debatte um die Rechte der Frauen in der islamischen Welt durch »geschichtswissenschaftliche« Argumentationen bestimmt ist. Die hervorragenden Leistungen von Frauen in diesem Wissenschaftsbereich sind darum von großer Wichtigkeit. Bereits in den vierziger Jahren erschien die Biographie Aʾischas von Zahiya Moustapha Khaddoura, einer libanesischen Historikerin. In diesem Werk, das in den siebziger Jahren neu aufgelegt wurde und bis heute unübertroffen ist, erfährt A'ischa eine glänzende Rehabilitierung.[4] Die muslimischen Frauen dürfen sich mit Stolz auf sie berufen, um ihren Anspruch auf politische Entscheidungsmacht und Mitwirkung an der Gesetzgebung und an der Interpretation der *schari'a* zu bekräftigen. Auf A'ischa gehen tatsächlich mehr Hadithe zurück als auf ihren Gegner Ali.* Ibn Hadschar al-Asqalani, ein berühmter *hadith*-Kommentator des 15. Jahrhunderts, kommt in seinem siebzehn Bände umfassenden Werk *Fath al-Bari* zu dem Schluß, daß A'ischa 242 solcher Begebenheiten und Aussprüche festgehalten habe, der Kalif Ali dagegen nur 29.[5] Ibn Hadschar läßt nur 1602 sogenannte *Buchari Sahihs*** als authentisch gelten (es gab unzählige Fälschungen), demnach wäre A'ischa die Quelle von mehr als fünfzehn Prozent dieser Grundlagen der *schari'a*.[6] Fatima, die den Schiiten als das Vorbild für die muslimischen Frauen von heute gilt, hat laut Ibn Hadschar nicht einen einzigen *hadith* überliefert, obwohl sie die Tochter des Propheten war. Auf die Gattin des Kalifen Ali geht nur ein *hadith* zurück.

Die muslimischen Historiker konnten nicht umhin, in den Standardwerken auch die Rolle der Frauen gebührend zu würdigen. Überdies schufen sie eine besondere Gattung von Arbeiten, die den Frauen gewidmet waren, eine Art »Frauenkunde«, um einen häufig gebrauchten Titel (*Achbar an-Nissa*) zu zitieren. Es handelte sich um detaillierte Biographien, in denen auch Themen behandelt wurden, deren Betrachtung in allgemeinen Darstellungen methodologisch nicht zulässig war.

Salah ed-Din Al Mounajid hat in einem Aufsatz (»Arbeiten über die Frauen«)[7] versucht, alle Erwähnungen solcher Werke bei den frühen Chronisten zu systematisieren, er nennt in diesem Zusammenhang mehr als siebzig Titel. Im Verlauf von Kriegen und Invasionen wurden immer wieder Bibliotheken niedergebrannt, und so sind natürlich viele dieser Arbeiten verschollen. Aber einige wurden später gedruckt, und manche

* Neben der Offenbarung des Koran sind die *hadith*-Sammlungen die wichtigste Quelle des islamischen Religionsgesetzes, der *schari'a*.

** Kitab al-Dschami' as-Sahih (»Die fehlerfreie Sammlung«) ist der Titel einer berühmten *hadith*-Sammlung des Imam Al- Buchari (gest. 870); siehe Al-Bukhari, *Traditions Islamiques*, übers. v. O.Koudas, Paris, 1908. Ibn Hadschar hat im 15. Jahrhundert eine kommentierte Ausgabe dieses Werkes besorgt (Anm. d. Übers.).

liegen noch immer in Manuskriptform in arabischen, türkischen und persischen Bibliotheken (und anderswo) – Schätze, die noch zu heben sind.[8]

Diese Bücher wurden durchaus nicht von unbekannten Nachwuchskräften verfaßt, zu den Autoren gehörten bedeutende Gelehrte, Geschichtsschreiber, Genealogen und Theologen, berühmte Imame und Literaten. In eine solche Sammlung von biographischen Darstellungen wurden nur Frauen aufgenommen, die sich durch besondere Eigenschaften und Fähigkeiten ausgezeichnet hatten. Schönheit war ein Kriterium unter anderen, auch wurden nicht etwa nur Herrscherinnen und Frauen aus vornehmen Familien gewürdigt: häufig erschienen Portraits von Sklavinnen, manchmal galt ihnen das größte Interesse. Es gibt eine ganze Reihe von Abhandlungen über die *qijan*, die Gesangssklavinnen – interessantes Material über den Beitrag der Sklavinnen zur Kunst und Literatur, das noch zu sichten und erforschen ist.[9]

Wenn also die Rolle der Frauen in der Geschichte der Muslime in so leuchtenden Farben geschildert worden ist, wie erklärt sich dann, daß die Frauen in den heutigen muslimischen Gesellschaften so gering geachtet werden und weltweit wenig Geltung beanspruchen können? Ich will im folgenden zunächst versuchen, darauf mit einigen Ausführungen zum islamischen Mittelalter eine Antwort zu geben und anschließend die Ansätze und Strategien zur Verbesserung der Situation diskutieren.

Die geringe Stellung, die man den muslimischen Frauen heute zuweisen will, läßt sich keinesfalls damit erklären, daß Frauen traditionell keine öffentliche Rolle gespielt hätten oder in den alten Geschichtswerken nicht erwähnt würden. Es ist nicht schwer zu belegen, daß der Beitrag aktiver und selbstbewußter Frauen zur Kulturgeschichte bis heute in der Geschichtsschreibung stets gewürdigt worden ist. Neu ist nur, daß die Frauen inzwischen auch selbst »Geschichte schreiben« – sie sind nicht mehr bloß Gegenstand der Geschichtswissenschaft, sondern es gibt spätestens seit der Jahrhundertwende Historikerinnen, die sich mit der Geschichte der Frauen auseinandersetzen.* Des Rätsels Lösung

* Ich will die selbstbewußten Aktivitäten von Frauen und ihre theoretischen und organisatorischen Anstrengungen mit einem aus dem Arabischen abeleiteten Synonym für »Feminismus«

ist zum Teil darin zu finden, daß die Gesellschaft ihr Frauenbild nicht einfach und direkt aus den Zeugnissen der Geschichte gewinnt, sondern Vermittlungsinstanzen braucht. An diesen Medien liegt es dann auch, ob ein bestimmter Forschungsbereich gefördert wird und seine Ergebnisse bekannt werden oder nicht. Die Geschichte, als dokumentierte Erinnerung einer Kultur, kann ja nicht unmittelbar benutzt werden wie irgendein Produkt, sondern das geschichtliche Material durchläuft einen komplizierten Verarbeitungsprozeß, bevor es den Bürgern gezielt zum Gebrauch geboten wird – und häufig spielt dabei die Überwachung und Zensur durch die Machthabenden eine Rolle.

Gehen wir der Einfachheit halber davon aus, daß es von Vorteil ist und dem arabischen Feminismus, dem »Nissa'ismus«, nützt, auf historische Belege für die aktive Teilnahme von Frauen am gesellschaftlichen Leben verweisen zu können. Obwohl eine Fülle solchen Materials vorliegt, ist der Status der Frauen in der muslimischen Gesellschaft gering, und das läßt eigentlich nur den Schluß zu, daß das Frauenbild in der islamischen Welt von frauenfeindlichen, konservativen Kräften bestimmt

bezeichnen: »Nissa'ismus«. Es gibt natürlich schon eine Reihe ähnlicher Wortschöpfungen, die auf das Wort *nissa* (Frauen) zurückgehen. Auf den Zusammenkünften arabischer Frauen (etwa auf der Konferenz, die 1986 in Kairo von Nawal Saadawi, der Vorsitzenden der »Arab Women's Solidarity Association« organisiert wurde) standen verschiedene Begriffe zur Debatte, und es gehörte zur demokratischen Auseinandersetzung, daß jede politische Fraktion versuchte, ihre ideologischen Vorstellungen durch eine besondere Variante in der Begriffsbildung geltend zu machen: *nisswani, nissa'i, nusswanati* ... Ich begreife schon das Wort *nissa* als ein Programm der Selbstbefreiung, als eine Energieformel, die alle Vorstellungen, Hoffnungen und Projekte zusammenfaßt, alle Bestrebungen, den Frauen zur Verwirklichung ihrer Träume, Möglichkeiten, Talente und Fähigkeiten und zur uneingeschränkten Mitwirkung an der Erneuerung und Wandlung der Gesellschaft zu verhelfen. So habe ich »Women's Liberation« immer verstanden – gleich in welcher Sprache der Begriff formuliert wird.
Hier geht es mir darum, die historischen und aktuellen Auseinandersetzungen um die Rolle der Frau in der islamischen Welt nachzuzeichnen. Und weil Arabisch die einzige der Sprachen des Islam ist, die ich beherrsche (und die meisten historischen Quellen, auf die ich mich beziehe, in arabisch verfaßt sind, auch wenn die Autoren Iraner oder Türken waren), möchte ich zur Kennzeichnung fortschrittlicher Haltungen in der Geschichtswissenschaft, die auch das Eintreten für die Rechte der Frauen umfaßten, den vom Arabischen abgeleiteten Begriff »nissa'istisch« verwenden. Nissa'istische Arbeiten sind nicht nur von Frauen veröffentlicht worden: mich interessiert nicht das Geschlecht der Autoren, sondern nur der Inhalt ihrer Schriften und die ideologische Ausrichtung, die daraus deutlich wird.

wird. Konservativ, wohlgemerkt – nicht fundamentalistisch. Viele westliche Beobachter sehen da keinen Unterschied, aber die geringe Mitwirkung von Frauen in Politik, Wirtschaft und Kultur kann nicht allein aus dem Einfluß der Fundamentalisten erklärt werden. In den meisten muslimischen Ländern sind die Fundamentalisten politisch unerwünscht und werden von den Regierungen mit Mißtrauen beobachtet. Konservativismus und Fundamentalismus gleichzusetzen dient weder dem Verständnis der komplexen und sich wandelnden Verhältnisse, noch trägt es zur Verbesserung des Status der Frauen bei.

Die meisten muslimischen Regimes vertreten in fast allen politischen Fragen ganz andere Standpunkte als die Fundamentalisten, aber sie teilen ihre Vorstellungen von der Rolle der Frau und ihrem Platz in der Gesellschaft. Ihre Haltungen, ihre Ziele und ihr Politikverständnis sind nur ein anderer Ausdruck des zutiefst konservativen Denkens, das auch die fundamentalistischen Bewegungen bestimmt. Das verächtliche und diskriminierende Frauenbild, das in der Öffentlichkeit und in den Medien so vieler muslimischer Staaten vorherrscht, die geradezu geheiligte Tradition der Unterdrückung der Frauen – all das läßt sich nicht nur aus den Aktivitäten der Fundamentalisten erklären.

Das Islamische Mittelalter und die Frauenrechte

In der Politik der muslimischen Länder spielt die Religionsgeschichte des Mittelalters noch immer eine entscheidende Rolle. Wer sich zur Frage des gesellschaftlichen Status von Frauen äußern will, kommt nicht umhin, sich auf die Tradition zu berufen und seine Ansichten durch Beispiele aus der Geschichte des Islam zu begründen. Auf Geschichte und Tradition beziehen sich die Gesetzgeber ebenso wie die Fundamentalisten, um ihr gemeinsames Weiblichkeitsideal zu stützen: Frauen sollen sich aus der Politik heraushalten, sie sollen in der Öffentlichkeit nicht auftreten, ein isoliertes und gesellschaftsfernes Leben führen. In aller Deutlichkeit werden diese Positionen zum Beispiel in Mohammed Arafas Buch über »Islam und Frauenrechte« formuliert. Der Autor erklärt, in jenen entscheidenden Jahren, als der Prophet die Gemeinschaft der Muslime formte, hätten die Frauen keine politischen Rechte gehabt, also stünden sie ihnen auch heute nicht zu. Es ist die Zeit von 610 bis 630, die hier als Vorbild und Bezugsrahmen für das Sittengesetz dient. 610 empfing der Prophet die ersten Offenbarungen, 622 emigrierte er nach Medina (von diesem Jahr datiert der muslimische Kalender) und begründete das erste muslimische Gemeinwesen, dort starb er 630. Mohammed Arafa behauptet: »In den ersten Jahrzehnten des Islam spielten die Frauen in der Gemeinschaft der Muslime überhaupt keine Rolle in der politischen Öffentlichkeit, obwohl die Religion ihnen fast die gleichen Rechte wie den Männern zugestand ... Eine gleichberechtigte Mitwirkung von Frauen in Regierungsfragen, gleich auf welcher Ebene, hat es in der gesamten Geschichte der Muslime nicht gegeben.«[10]

Was als Mitwirkung an der Ausformung des Islam gilt, ist durch eine Reihe klassischer Kriterien bestimmt. Es kommen nur Personen in Frage, die zu Lebzeiten des Propheten zu seinen Anhängern gehörten, die ihm noch selbst den Treueid (*bai'a*) geschworen haben und zur Verteidigung des Islam angetreten sind. Auch müssen sie zur Tradition beigetragen haben, indem sie nach dem Tode des Propheten seine Aussprüche und Taten, die *hadit*he, überlieferten. Folgt man diesen Kriterien, dann ist die zitierte Behauptung von Mohammed Arafa nicht zu halten: in den klassischen Werken der Religionsgeschichtsschreibung, die bis heute maßgebliche Quellen der islamischen Rechtslehre sind, werden Frauen als Anhängerinnen des Propheten genannt. Im folgenden versuche ich, einen Überblick über die Vielzahl von Fundstellen zu geben.

1552 Frauen nennt Scheich *Ibn Hadschar al-Asqalani* (1372-1449) in seiner berühmten Sammlung von Biographien der Gefolgsleute Mohammeds. Er widmet den Anhängerinnen des Propheten einen ausführlichen Abschnitt (*Kitab an-Nissa*) im fünften Band seines Werkes, dort faßt er zusammen, was zu seiner Zeit an Arbeiten zu diesem Thema erschienen war.[11] Al-Asqalani gilt als Autorität in der Geschichtsschreibung des Islam, man hat ihm die Ehrentitel *Scheich al-Islam* und *Imam al-Huffad* (geistlicher Führer der Gelehrten) beigelegt; er war allerdings nicht der erste, der ein Werk über die Anhängerinnen des Propheten und ihre Mitwirkung an der Entstehung des Islam in den ersten Jahrzehnten verfaßt hat.

Der berühmteste unter den älteren Autoren zu diesem Thema ist *Ibn Sa'd* (gest. 854). In seinem Hauptwerk, dem *Kitab at-Tabaqat*[12] (etwa: »Buch der Klassen«, im Sinne der Ordnung nach Generationen), einer gewaltigen Sammlung, die außer den Ereignissen im Leben des Propheten auch Biographien seiner wichtigsten Gefolgsleute enthält, ist der letzte der acht Bände ausschließlich den Frauen gewidmet. Ibn Sa'ds Werk zeichnet sich durch wissenschaftliche Genauigkeit aus, so werden etwa erstmals Biographien in alphabetischer Ordnung aufgeführt, und es gewinnt besondere Bedeutung dadurch, daß es bereits im 9. Jahrhundert verfaßt wurde, also zu den ältesten Quellen dieser Art gehört. An Ibn Sa'ds Arbeit haben sich spätere gelehrte Imame orientiert, die neu geordnete und ergänzte Sammlungen von Biographien der Anhänger Mohammeds herausbrachten – die Rolle der Frauen wurde dabei stets angemessen beachtet.

Auch *At-Tabari* (839-923), ein Meister der Religionsgeschichtsschreibung und nach wie vor ein Autor, den man zitiert und auf den man sich vielfach beruft, hat nicht versäumt, am Schluß des 13. Bandes seiner »Geschichte der Propheten und der Könige«, in dem ohnehin über viele Frauen ausführlich berichtet wird, eine zusammenfassende Darstellung von Biographien der Gefolgsleute des Propheten zu geben. In vielen Kapiteln dieses *adh-dhail* (Anhang),[13] der mit seinen 115 Seiten fast ein eigenes Buch bildet, schildert er die aktive Rolle von Frauen in der frühislamischen Geschichte, ihren Beitrag zum Kampf des Propheten um die Durchsetzung des Glaubens.

Ibn Amir Jusef an-Numairi al-Qortobi, genannt *Ibn Abd al-Barr* (978-1070), der oft als *tadschu agranihi*, »der Erste unter seinesgleichen«, gerühmt wurde, führte diese Tradition fort und stellte an den Schluß seines vielbändigen Werkes über die Gefährten des Propheten eine Sammlung von Frauenbiographien. Seine Arbeit erscheint, gemäß einer alten Tradition bei der Drucklegung religionswissenschaftlicher Werke, als eine Anmerkung (*bi l-hamisch*) zu Ibn Hadschars *Al-Isaba*.[14] Die großen Gelehrten früherer Zeit waren Meister solcher Anmerkungstechniken, die *hawamisch* und *hawaschi* genannt wurden: zwei oder gar drei Bücher zum selben Thema, aber aus verschiedenen Epochen, wurden parallel gedruckt, so daß sie auf jeder Seite im Textvergleich gelesen werden konnten. In unserem Fall heißt das, daß die Leser Ibn Abd al-Barrs Biographien aus dem 11. Jahrhundert mit den vierhundert Jahre später verfaßten Biographien von Ibn Hadschar vergleichen können – eine ideale Voraussetzung für spätere Forschungsinteressen.

Im 13. Jahrhundert (dem sechsten nach der Hidschra) erschien ein weiteres großes biographisches Werk über die Gefolgschaft des Propheten: *Usd al-Ghaba* (»Löwen der Wälder«) aus der Feder des berühmten Gelehrten *Ibn al-Athir* (1160-1234).[15] Auch er schenkte der Rolle der Frauen angemessene Beachtung: der Band über die Frauen (*Kitab an-Nissa*) führt, alphabetisch geordnet, auf 200 Seiten die Biographien einiger hundert Frauen auf.

Im 14. Jahrhundert veröffentlichte *Adh-Dhahabi* (1274-1348) eine Sammlung von Biographien unter dem Titel »Geschichte der hervorragenden Persönlichkeiten«.[16] Die Zugehörigkeit zu dieser Elite bestimmte sich natürlich nach religiösen Maßstäben: nur Frauen, denen die Gnade zuteil geworden war, zum Sieg des Islam beizutragen, fanden Aufnahme in das Verzeichnis. Adh-Dhahabi behandelt vor allem die ersten Jahrzehnte des Islam, er versucht aber auch, einen vollständigen Überblick zu geben über die späteren Jahrhunderte, bis in seine eigene Epoche – also vom 7. bis ins 14. Jahrhundert. Der Herausgeber der neuesten Ausgabe bezeichnet dieses Werk als »ein Stück des arabischen Kulturerbes, auf das wir stolz sein dürfen«.[17]

Erstaunlich genaue Informationen über das Leben der Frauen und ihre gesellschaftliche Rolle in den ersten und auch in späteren Jahrhunderten der islamischen Welt finden sich nicht nur in den frühen religions- und allgemeingeschichtlichen Werken, sondern auch in einer anderen Gattung: den genealogischen Arbeiten, *nasab* genannt. Diese Chroniken bieten der Forschung reichhaltiges und faszinierendes Material zu einer Reihe von wichtigen Themen: Verwandtschaftsbeziehungen, Heirat, Scheidung, Eheleben, Sexualverhalten, Geburt und Kindererziehung – und in all diesen Bereichen wird der selbständige Einfluß der Frauen deutlich. Ich nenne hier zwei solcher Werke, die als wichtige Schritte in der Entwicklung dieser Literaturgattung gelten. Das Material der Genealogien systematisch aufzuarbeiten ist eine lohnende Aufgabe für die nächste Generation nissa'istischer Forscherinnen.

Unter den arabischen Genealogien gilt das *Kitab Nasab Quraisch* von Ibn Abdallah *Musʿab az-Zubairi* (733-851) unumstritten als das bedeutendste und als die »letzte Instanz« in Zweifelsfragen.[18] Zweierlei macht dieses Werk für uns zu einem besonders wertvollen Dokument. Zum einen gehört es zu den frühesten Arbeiten dieser Art, es wurde im 9. Jahrhundert verfaßt, und zum anderen »bemüht sich der Autor sehr darum, auch die Frauen in die Ahnenreihen aufzunehmen«, wie E.Lévy-Provençal, der Herausgeber der ersten Druckausgabe, angemerkt hat.[19] Alle späteren Historiker und Verfasser von Biographien der Gefolgsleute des Propheten haben sich immer wieder auf dieses Werk berufen, zum Beispiel auch At-Tabari und Ibn Abd al-Barr.

Besondere Bedeutung kommt auch einem genealogischen Werk aus dem 11. Jahrhundert zu, dem *Dschambarat Ansab al-Arab* des berühmten andalusischen Gelehrten *Ibn Hazm al-Andalusi* (994-1064),[20] das nicht nur eine Bestandsaufnahme der damals bekannten Genealogien bot, sondern sich auch mit den nicht-arabischen Völkern befaßte. Ibn Hazm führt Abstammungsverzeichnisse für Stämme der Berber, Perser und Juden auf – er war auch ein Kenner der *thora*. Auf diese Weise werden die Beziehungen zwischen den Arabern und den anderen Völkern in der Welt des Islam deutlich. Und stets beschreibt Ibn Hazm auch die Rolle der Frauen: in der Erläuterung der sexuellen Beziehungen und der Nachkommenschaft werden sie nicht anders behandelt als die Männer.

Wenn von Religionsgeschichte die Rede ist, muß natürlich auch jenes vielzitierte Werk genannt werden, das bis heute kein muslimischer Historiker übergehen kann: *As-Sira an-Nabawija* von *Ibn Hischam* (gest. 834)[21], die »Offizielle Biographie« des Propheten.[22] Hier wird das Leben der Frauen in der Gefolgschaft Mohammeds im geschichtlichen Zusammenhang deutlich, ihre Rolle in seinen Auseinandersetzungen und Schlachten und bei der Verkündigung des Glaubens. Ibn Hischams *Sira* zeichnet ein farbiges und genaues Bild des ersten Jahrzehnts des Islam, das geprägt war von den Schwierigkeiten der Durchsetzung des neuen Glaubens. Dabei werden die hilfreiche und unterstützende Rolle einzelner aus der Anhängerschaft des Propheten und ihre bedeutenden Taten gewürdigt und genau beschrieben, und es zeigt sich, daß auch Frauen großen Anteil am Aufbau des Islam hatten.

Wie wäre es dem Propheten in den ersten, besonders schwierigen Jahren in Mekka von 610 bis 622 ohne die emotionale und intellektuelle Unterstützung seiner ersten Ehefrau Chadidscha ergangen, was wäre aus dem Islam geworden? Chadidscha, fünfzehn Jahre älter als Mohammed, war eine wohlhabende und einflußreiche Handelsherrin in Mekka. Als der Prophet die ersten Offenbarungen des Koran empfing, erfüllte ihn das mit Schrecken. Chadidscha, die auch Kenntnisse über die monotheistischen Religionen besaß, bestärkte ihn darin, daß er der Prophet eines neuen Gottes sei. Ihr vertraute er sich an, als er 610, im Alter von etwa vierzig Jahren, zum erstenmal den Engel Gabriel im Namen Gottes zu sich sprechen hörte. In der *Sira* wird Mohammed wie folgt zitiert: »Ich kam zu Chadidscha, setzte mich an ihre Seite und schmiegte mich eng an sie: »O Abu l-Qasim«, fragte sie mich, »wo bist du gewesen?« (...) Ich erzählte ihr, was ich gesehen hatte. Da rief sie aus: »Freue dich, Sohn meines Oheims, und sei standhaft! Bei Dem, in dessen Hand meine Seele liegt, wahrlich, ich hoffe, du wirst der Prophet dieses Volkes sein.«[23] At-Tabari, der häufig aus Ibn Hischams *Sira* zitiert, erläutert, Mohammed habe sich gefragt, ob er nicht nur einer jener Dichter sei, die im Banne ihrer künstlerischen Inspiration häufig visionäre Erfahrungen machten.[24] Er brauchte eine Weile, um sich zu überzeugen, daß seine Inspiration nicht poetischer, also menschlicher Natur, sondern gottgesandt war. Chadidscha trug viel dazu bei, seine Zweifel zu zerstreuen.

Daß die Frauen nicht etwa, wie es heute in konservativen und fundamentalistischen Schriften häufig behauptet wird, das Schlachtfeld nur betreten haben, um die Verwundeten zu versorgen, wird aus Ibn Hischams Beschreibung der Schlacht von Uhud deutlich. In diesem Kampf, der mit der schwersten Niederlage endete, die der Prophet je hinnehmen mußte, zeichnete sich eine Frau aus seiner Gefolgschaft aus, Nussaiba bint Kʿab, deren Tat in jedem bedeutenden religionsgeschichtlichen Werk erwähnt wird. Sie eilte Mohammed zu Hilfe, als sich die Niederlage der Muslime abzeichnete: »Ich stellte mich in die Nähe des Propheten und zog mein Schwert zum Kampf. Ich wehrte die Feinde ab, die auf den Propheten eindrangen... bis ich verwundet wurde.«[25]

Die passive Rolle der Frauen und der Platz in der Abgeschiedenheit, den man ihnen heute in muslimischen Gesellschaften zuweisen will, sind nicht aus der muslimischen Tradition zu rechtfertigen; es handelt sich vielmehr um ein Stück moderne Ideologie. Dies historisch zu belegen, dürfte heutigen Intellektuellen, die sich für nissa'istische Ziele einsetzen, keine Schwierigkeit bereiten. Im folgenden soll es um die Frage gehen, welche Strategien die feministische Forschung dabei verfolgen kann.

Perspektiven eines neuen Frauenbilds in der muslimischen Welt

Wie wir gesehen haben, herrscht in der islamischen Welt kein Mangel an geschichtlichen Quellen für die Frauenforschung. Es fehlt jedoch an der regionalen und internationalen Koordination der noch immer spärlichen Fachkenntnisse. Die Kommunikation zwischen den Forschern und Forscherinnen und die Verbreitung ihrer Arbeitsergebnisse durch die verschiedenen Publikationsmedien ist verbesserungsbedürftig. Ich halte ein pragmatisches Vorgehen für die beste Strategie: ausgehend von einer Bestandsaufnahme möchte ich eine Reihe von konkreten Vorschlägen machen.

Neue Forschungsprojekte

In drei Themenbereichen, die für alle von besonderem Interesse sind, die sich für die Rechte der Frauen einsetzen, wären Forschungsvorhaben zu konzipieren:

- über die ersten Jahrzehnte des Islam und die Biographien berühmter muslimischer Frauen;
- über die feministischen Forschungsansätze in muslimischen Ländern um die Jahrhundertwende;
- über die Prostitution und die Sklavinnen in der Welt des Islam.

Nachfolgend will ich diese Themenbereiche etwas genauer erläutern, um zu zeigen, welches Material hier zu bearbeiten ist und welche Probleme der Kommunikation und Koordination bislang bestehen.

Die ersten Jahrzehnte des Islam

Wer sich in der islamischen Welt für die Rechte der Frauen engagiert, sieht sich stets dem Vorwurf ausgesetzt, westliche Vorbilder und westliches Gedankengut einführen zu wollen. Wie gezeigt, ist jedoch in den Quellen die aktive Rolle der Frauen jener Frühzeit des Islam ausführlich beschrieben. Gerühmt werden Frauen wie Chadidscha, die selbstbewußte Leiterin eines Handelshauses, Aʾischa, der viele frühe Grundlagen der *schariʿa* zu verdanken sind, und eine Reihe von Frauen, deren politischer Einfluß die Geschichte der Muslime mitbestimmt hat. Gerade weil die Fundamentalisten wie die konservativen Machthaber sich in ihrer Politik gegenüber den Frauen immer wieder auf die Überlieferung berufen, ist es wichtig, historisch gesicherte Kenntnisse über Frauen in den ersten Jahrzehnten des Islam zu erarbeiten.

Ein Beispiel für hervorragende Arbeit in dieser Forschungsrichtung ist die kommentierte Ausgabe des »Buchs über die Frauen« aus Ibn Asakirs »Geschichte der Stadt Damaskus«, die Sakina Schihabi besorgt hat.[26] Das Buch enthält 196 Biographien berühmter Frauen, die in Damaskus lebten oder sich zeitweilig in der Stadt aufhielten. Der Autor breitet in diesem Werk alles Wissen seiner Zeit (Ibn Asakir lebte von 1105 bis 1176) über einige der bedeutendsten und einflußreichsten Frauen unserer Kulturgeschichte aus. Es ist Sakina Schihabis Lebenswerk, Ibn Asakirs biographisches Lexikon der Stadtgeschichte von Damaskus neu herauszugeben – das Buch über die Frauen beschließt das achtzigbändige Werk. Ihre Editionsarbeit besteht vor allem in ausführlicher Kommentierung: gestützt auf ihre Forschungen, bietet sie den Lesern zu jeder Seite des Quellentextes Erklärungen in bezug auf die vorkommenden Namen und Ereignisse – ein Verfahren mit langer Tradition, das im Arabischen *tahqiq* (»Überprüfung«) genannt wird. Daß sie das Buch über die Frauen als ersten Band der noch in Arbeit befindlichen Neuausgabe des *Taʾrich Dimaschq* in Druck gegeben hat, begründet Sakina

Schihabi so: »Es war mir wichtig, zuerst Ibn Asakirs Buch über die Frauen in neuem Licht erscheinen zu lassen ..., weil es einen Aspekt unserer muslimischen Kultur zeigt, der noch immer völlig unbeachtet bleibt: die Rolle der Frauen.«[27] Und sie unterstreicht die Bedeutung dieses Textes mit der abschließenden Feststellung, daß »in den Frauenportraits des Ibn Asakir fünf Jahrhunderte des politischen, gesellschaftlichen, literarischen und religiösen Lebens unserer Kultur lebendige Gestalt annehmen.«[28]

Sakina Schihabis Arbeit ist unbestreitbar wichtig, aber an ihrem Fall wird auch deutlich, unter welchen Schwierigkeiten die Frauenforschung in der arabischen Welt betrieben wird. In der Einleitung berichtet Sakina Schihabi, daß sie ein Buch einer Kollegin benötigte, die im gleichen Forschungsbereich tätig war: Aida Tayyibi hatte drei Jahre zuvor eine kommentierte Ausgabe der »Biographien berühmter Frauen aus der Frühzeit des Islam« von Abu l-Hasan al-Maliki publiziert.[29] Sakina Schihabi hatte nur Zugang zu einer beschädigten und teilweise unleserlichen Abschrift dieses klassischen Textes aus dem 13. Jahrhundert, aber es gelang ihr nicht, ein Exemplar der gedruckten Neuausgabe zu besorgen oder mit der Herausgeberin in Verbindung zu treten. Schließlich beschaffte sie sich eine Kopie des Originals aus der Chester Beatty Bibliothek in Dublin. Das Beispiel zeigt deutlich genug, welche absurden Anstrengungen nötig sind, wenn unter den herrschenden Bedingungen der Isolation und der Knappheit der Mittel nicht einmal zwei Forscherinnen, die sich mit dem selben Thema beschäftigen und in der selben Sprache schreiben, austauschen können. Und noch etwas ist zu bedenken: Sakina Schihabis erster Band der Neuausgabe von Ibn Asakir, ein Buch von 678 Seiten, ist sehr teuer[30] und offenbar nicht in einem großen Verlag erschienen (es ist überhaupt kein Verlag genannt) – die Arbeit dürfte also kaum weitere Verbreitung finden.

Wenden wir uns weiterem Material zu, das Ansätze für neue Forschungsprojekte bietet. Eine sehr interessante Arbeit ist Omar Kahhalas Buch »Berühmte Frauen in der muslimischen und arabischen Welt«, eine umfangreiche fünfbändige Sammlung von Frauenbiographien, die weite Räume und Zeiten umfaßt. Dort finden sich zum Beispiel ausführliche Biographien der ersten »Frauenrechtlerinnen«, die um die

Jahrhundertwende im Libanon, in der Türkei und in Ägypten für die Menschenrechte der Frauen eintraten. Das Vorwort des Autors datiert von 1959 – es hat also mehr als zwanzig Jahre gedauert, bis das Buch gedruckt wurde.[31]

Eine der wichtigsten Quellen zu A'ischa, einem entscheidenden Idealtypus der Weiblichkeit im Islam, ist nach wie vor das schon genannte Buch »A'ischa, die Mutter der Gläubigen« von Zahiya Moustapha Khaddoura.[32] Das Vorwort der Autorin zur ersten Ausgabe stammt von 1947, erst zwanzig Jahre später wurde die Arbeit neu aufgelegt.

Aischa Abd ar-Rahman hat, als Ergebnis ihrer Forschungsarbeit an der Qaraouiyine-Universität in Fès, eine beachtenswerte Biographie Sakinas, der jüngsten Tochter des Propheten, veröffentlicht – einer Frau, die sich weigerte, den Schleier zu tragen, und eine aktive Rolle im politischen und intellektuellen Leben ihrer Zeit spielte.[33]

Die wenigen Hinweise, die ich hier geben kann, deuten nur an, daß es bereits eine Vielzahl von Arbeiten gibt, die sich mit der historischen Rolle der Frauen befassen. In persischer und türkischer Sprache liegen gewiß viele weitere Bücher vor. Es wäre daher sinnvoll, im Rahmen eines Forschungsprojekts eine systematische Übersicht der vorhandenen Studien zu erstellen, zu bestimmen, was der Übersetzung und Veröffentlichung wert ist und wie das zu bewerkstelligen wäre. All die vereinzelten Ansätze und Anstrengungen, in der islamischen Welt und anderswo, müssen gestützt und koordiniert werden. Wir brauchen Netzwerke, die einen Zusammenhang zwischen den »nissa'istischen« Forschern und Forscherinnen und den feministischen Verlagen und anderen Medien herstellen.

Feministische Forschung um die Jahrhundertwende

Margot Badrans Biographie der ägyptischen Frauenrechtlerin Huda Schaarawi (1879-1924), die 1986 in England erschien,[34] war für die meisten westlichen Feministinnen wohl eine Überraschung. Sie hatten die Vorstellung gepflegt, die muslimischen Frauen seien im Kampf um die Rechte der Frauen bloß eine dankbare Gefolgschaft, die von den Erfolgen im Westen profitierte. Die feministische Bewegung, die in der islamischen Welt um die Jahrhundertwende eine wichtige Rolle spielte, war völlig in Vergessenheit geraten. Auch in den muslimischen Ländern bestimmte eine Welle neuerstarkter konservativer und fundamentalistischer Haltungen die Medienöffentlichkeit so sehr, daß alle anderen Ansätze wie ausgelöscht waren. Schon deshalb sind systematische Untersuchungen nötig, um den Bestand an feministischen Arbeiten zu sichten und die Texte besser zugänglich zu machen. Die folgenden Beispiele sollen zeigen, daß reichhaltiges Material vorliegt, wenn auch verstreut in verschiedenen Ländern der islamischen Welt.

Bahriye Üçok, eine türkische Autorin, hat als Ergebnis ihrer Forschungen einen Band mit Biographien von Frauen veröffentlicht, die in muslimischen Ländern politische Macht ausübten. Solche Arbeiten sind in den aktuellen Auseinandersetzungen mit den Konservativen und Fundamentalisten sehr hilfreich, um dem Argument entgegenzutreten, die Frauen hätten kein historisch verbürgtes Anrecht auf Mitwirkung in der Politik. Das Buch über die »Frauen an der Macht« ist eine sorgfältig recherchierte Studie, die Lebensbeschreibungen einer Reihe von Frauen enthält, die an ganz unterschiedlichen und weit auseinander liegenden Orten in der islamischen Welt politische Macht besaßen: in Persien, Ägypten und Indien, im muslimischen Spanien und auf den Malediven. Leider ist die arabische Ausgabe (von 1973)[35] dieses Buches längst vergriffen und nur in manchen Bibliotheken zugänglich. Eine solche knappe, gut und populär geschriebene Arbeit sollte unbedingt ins Persische, in Urdu, Kisuaheli, in die Sprachen Indonesiens und Malaysias und überhaupt in möglichst viele Sprachen der islamischen Welt übersetzt werden und in preiswerten Ausgaben zugänglich sein.[36]

Auch die nationalen Unabhängigkeitsbewegungen in verschiedenen Teilen der islamischen Welt verdienen Beachtung, denn die Nationalisten haben sich mit den Fragen der sozialen Rolle und der Bürgerrechte der Frauen ausführlich auseinandergesetzt – ihr Anliegen war, die Gründe für die Überlegenheit des Westens über die muslimischen Gesellschaften zu analysieren. Allerdings bleibt unklar, welchen Anteil die Frauen an dieser Diskussion hatten. Die vorliegenden Beiträge stammen überwiegend von Männern.

Einige Hinweise auf die Einmischung von Frauen gibt es jedoch. Kurz vor der Jahrhundertwende erschien zum Beispiel in Ägypten eine Sammlung von Frauenbiographien, die das »Leben der Hausfrauen in der Abgeschiedenheit« schilderte.[37] In der Einleitung zu diesem Buch von 552 Seiten erklärt die Autorin, Zaynab Fawwaz al-Amily, sie habe es geschrieben, »um zur Verbesserung der Lage der Frauen beizutragen«. Sie berichtet, welche Schwierigkeiten sie bei der Arbeit hatte, weil sie selbst das Haus nicht verlassen durfte. Offenbar gab es also zu dieser Zeit bereits eine Frauenforschung und ein Interesse an diesen Themen. Ein anderes Beispiel ist das Buch einer türkischen Autorin. Prinzessin Quadriya Husseyn veröffentlichte einen Band über »Berühmte Frauen in der Islamischen Welt«, der 1924 ins Arabische übertragen wurde. Allerdings handelte es sich eher um Erzählungen als um eine wissenschaftliche Studie.[38]

Am Ende des neunzehnten und zu Beginn des zwanzigsten Jahrhunderts nahm die Frauenforschung in den islamischen Ländern einen deutlichen Aufschwung, das zeigen auch noch andere Arbeiten. Frauen setzten sich mit ihrer Rolle in den damaligen muslimischen Gesellschaften auseinander, und sie stützten ihre Forderungen nach Veränderung auf die Ergebnisse historischer Forschung. Aber was wissen wir über diese Bewegung? In welchen Ländern nahm sie ihren Anfang, und welchen Einfluß hatte sie? Wer waren die Frauen, von denen sie getragen wurde, was ist aus ihren Untersuchungen und Schriften geworden?

Dieses Material könnte uns heute sehr nützlich sein, und darum wäre eine nach Regionen gegliederte systematische Erfassung der feministischen Arbeiten sinnvoll, die im Zeitraum zwischen den 1890er Jahren und dem Zweiten Weltkrieg in der muslimischen Welt erschienen sind. Ein solches Projekt würde erstmals einen Überblick über den Bestand an Texten verschaffen, die in den wichtigsten Sprachen der islamischen Kultur – z.B. Arabisch, Persisch, Türkisch und Urdu – geschrieben wurden. Dabei sollten nicht nur Publikationen erfaßt werden. Auch die Sichtung von Manuskripten wäre nützlich, um für künftige Übersetzungs- und Publikationsvorhaben eine Vorstellung davon zu gewinnen, welche Arbeiten wo und in welcher Sprache vorliegen. Ein erster Schritt könnte die Einrichtung und Koordinierung regionaler Forschungsgruppen sein, vielleicht zunächst in der Türkei, im Iran, in den arabischen Staaten und in einigen Ländern, in denen Urdu und Kisuaheli gesprochen wird.

Prostitution und Sklavinnen im Islam

Zu diesem Themenbereich gibt es reichhaltiges Material, allerdings vor allem in den bereits genannten klassischen Texten, etwa bei At-Tabari, Ibn Asakir und in der Prophetenbiographie von Ibn Hischam. Mit anderen Worten: die Fundstellen sind verstreut in einer Reihe von vielbändigen Werken. Aber es kann der Frauenemanzipation nur nützen, wenn deutlich gemacht wird, welche Rolle Prostitution und die Versklavung von Frauen im Islam gespielt haben, und wie die Bestimmungen des Religionsgesetzes immer wieder mißachtet worden sind. Arbeiten, die sich mit diesen Fragen beschäftigen, könnten den Frauen heute dazu dienen, der konservativen und fundamentalistischen Auslegung der *schari'a* entgegenzutreten.

Als Beispiel möchte ich einen Quellentext erwähnen, der in diesem Zusammenhang besonders interessant ist. Im 11. Jahrhundert, vierhundert Jahre nachdem im Koran deutliche Worte gegen die Sklaverei gesprochen wurden, verfaßte Ibn Butlan (gest. 1066) eine Art Leitfaden für reiche Männer beim Sklavenkauf. Das Werk mit dem Titel »Wie man Sklaven kauft und körperliche Mängel entdeckt«[39] gibt auch genaue Hinweise zur Prüfung der körperlichen Eigenschaften von Sklavinnen, je nachdem, ob sie für die Arbeit oder die Lust gebraucht werden sollten. Eine solche Quelle auszuwerten und den Zusammenhang von Sklaverei und Prostitution zu verdeutlichen, könnte ein wichtiger Beitrag zur aktuellen Diskussion sein: die Unterdrückung der Frauen in den muslimischen Ländern ist nicht zuletzt eine Verletzung der Lehre und der Gesetze des Koran. In unseren modernen Gesellschaften wird über die Prostituierten und ihre Kunden nicht gesprochen – vielleicht kann dieses Tabu mit Hilfe seriöser Forschungsarbeit über seine Tradition gebrochen werden.

Neue Publikationsstrategien und bessere Koordination

Die Fundamentalisten verstehen es sehr geschickt, ihr Programm in der gesamten islamischen Welt zu verbreiten. Davon können die Frauen durchaus etwas lernen: die fundamentalistischen Positionen zur Frauenfrage sind allgemein bekannt – aber wer kennt schon die Ergebnisse feministischer Forschung? Ein wichtiger Faktor des Erfolgs der Fundamentalisten ist ihre effektive Organisation. Sie verfolgen eine integrierte internationale und regionale Publikationsstrategie, alle ihre Veröffentlichungen werden sofort in die wichtigsten Sprachen der islamischen und der westlichen Welt übersetzt und sind dann überall in preiswerten Ausgaben erhältlich.

Die nissa'istische Forschung hat eine Reihe ausgezeichneter Arbeiten zur Geschichte der muslimischen Frauen hervorgebracht, aber sie wird nach wie vor unkoordiniert und unter schwierigen Arbeitsbedingungen betrieben, und sie findet keine Medienöffentlichkeit, was auch damit zu tun hat, daß viele der Studien in schwer verständlichem akademischem Stil verfaßt sind und nur in einer der vielen Sprachen der islamischen Welt vorliegen. Häufig erscheinen sie dann in obskuren Sammelbänden, die kaum eine zweite Auflage erleben. Mit anderen Worten: die Ergebnisse der feministischen Forschung bleiben unbekannt.

Inzwischen haben Frauen in den muslimischen Ländern begonnen, eigene Verlage zu gründen und eigene Filme zu produzieren, um ein neues Frauenbild zu vermitteln. Es wäre bereits ein Erfolg, wenn eine engere Zusammenarbeit zwischen diesen Expertinnen im Bereich der Publikation und der Medien und nissa'istischen Forscherinnen und Forschern zustande käme: das könnte zu neuen Ansätzen ermutigen und die öffentliche Wirkung solcher Bemühungen verstärken. Natürlich sollten sich auch die wissenschaftlich Arbeitenden mit den feministischen Aktivistinnen zusammenschließen, die die Forschungsergebnissen nutzen können. Nicht zu vergessen ist auch, daß zahlreiche Wissenschaftlerinnen aus islamischen Gesellschaften heute im Westen leben, weil es für sie die einzige Möglichkeit war, ihre Arbeit fortzuführen. Diese Frauen verfügen oft über sehr gute Verbindungen zu den westlichen Institutionen und Publikationsmedien – sie können wichtige Hilfe leisten, wenn es um Veröffentlichungen, Übersetzungen und die Koordination von Forschungsvorhaben geht.

Trotz aller finanziellen und politischen Probleme wächst die Zahl feministischer Publikationen. Eine bessere Ausstattung mit Geldmitteln wäre natürlich hilfreich: die einzelnen Verlage könnten besser zusammenarbeiten und eine gemeinsame Publikationsstrategie im Rahmen der islamischen Welt verfolgen.[40]

Forschung ist selbstverständlich immer ein Prozeß, eine offene Unternehmung, die auch nicht allein in der Auswertung historischer Quellen besteht. Die Forschungsergebnisse müssen verbreitet werden – sie müssen vor allem die Frauen erreichen, die solche historischen Argumente brauchen. Letztlich geht es also um Fragen der Koordination und Organisation. Wenn es gelingt, regionale und internationale Netzwerke zu schaffen, dann werden die Ergebnisse der isolierten Forschungsarbeit endlich allen zugänglich sein, die auf solches Argumentationsmaterial angewiesen sind. Und das könnte neue Forschungsansätze stiften und dieser Arbeit zu besserer gesellschaftlicher Wirkung verhelfen.

Anmerkungen

1 Einen knappen Überblick über den geschichtlichen Kontext und die Gründe der Spaltung in Schiiten und Sunniten gibt Henri Corbin, »Le Schiisme et la Philosophie Prophetique«, in: *Histoire de la Philosophie Islamique*, Paris: Gallimard, 1986.

2 Über den Einfluß Schari'atis (gest. 1975) im Iran und die Folgen für die Rechte der Frauen siehe Adele K. Ferdow, »Women and the Islamic Revolution«, in: *International Journal of Middle East Studies* 15 (1983), zur Vorbildfunktion Fatimas s. bes. S.288f.

3 Said Al Afghani, *A'ischa wa as-Sijasse*, Beirut: Dar Al-Fikr, 1971.

4 Zahiya Moustapha Khaddoura, *Aischa, the Mother of Believers*, Beirut: Dar Al-Kitab Al-Arabi, 1972 (die Einleitung datiert von 1943).

5 Ibn Hadschar al-Asqalani, *Fath Al-Bari fi Scharh Sahih al-Buchari*, Bd.1, o.O. (Ägypten), 1962.

6 Siehe dazu auch die Kapitel II-IV im ersten Teil von Fatema Mernissi, *Der politische Harem: Mohammed und die Frauen*, Frankfurt a.M.: Dağyeli, 1989.

7 Salah ed-Din Al Mounajid, »Ma Ullifa ani an-Nissa Madschalat Madschma«, in: *Lugha l-Arabija* 16 (1941), S.216.

8 Den Bemühungen von Wissenschaftlern wie Salah ed-Din Al Mounajid, die sich für die Sache der Frauen eingesetzt haben, ist es zu verdanken, daß seit den vierziger Jahren viele der alten Manuskripte im Druck erschienen sind.

9 Z.B. ein Buch aus dem 10. Jahrhundert über die »Sklavinnen als Dichterinnen«: Abu l-Faradsch al-Isfahani, *Al Ima' al-Dschawa'ir*, Beirut: Maktabat an-Hahda al-Arabija, 1984.

10 Mohammed Arafa, *Huquq al-Mar'a fi l-Islam*, o.O.: Al-Maktabat al-Islami, 1980, S.149.

11 Scheich Ibn Hadschar al-Asqalani, *Al Isaba fi Tamiz as-Sahaba*, o.O. (Libanon): Maktabat al-Muthanna, 1902.

12 Abu Abdallah Muhammed Ibn Sa'd, *Kitab al-Tabaqat al-Kabir.* (Siehe: Ibn Saad, *Biographien Mohammeds, seiner Gefährten und der späteren Träger des Islams bis zum Jahre 230 der Flucht*, Leiden, 1904f.)

13 Abu Dscha'far Muhammad ibn Dscharir at-Tabari, »Al-muntachab min Kitab adh-dhail al-mudaijal min ta'rich as-Sahaba wat-Tabi'in«, in: *Ta'rich ar-Rusul wal-muluk*, Bd.13, Beirut: Dar al-Fikr, 1979.

14 Ibn Abd al-Barr (Ibn Amir Jusuf an-Numairi al-Qortobi), »Kitab al-Isti'ab fi Ma'arifat al-Ashab«, in: Ibn Hadschar al-Asqalani, *Al-Isaba fi tamiz ..., a.a.O.,* Anhang II.

15 Izz ad-Din Abu l-Hasan Ibn al-Athir, *Usd al-Ghaba fi Ma'arifat as-Sahabe*, Kairo 1869-1971.

16 Schams ad-Din Abu Abd Allah Muhammed adh-Dhahabi, *Sijar Aalam an-Nubala*, Kairo: Dar al-Ma'arif, 1958. Biographien von Frauen finden sich vor allem im Bd.II.

17 *Ebd.*, S.38.

18 Ibn Abdallah Mus'ab Az-Zubairi, *Kitab Nasab Quraisch*, ed. E. Lévi-Provençal, Kairo: Dar al-Ma'arif, 1953.

19 E. Lévi-Provençal, Einleitung, in: Mus'ab al-Zubairi ... , *a.a.O.*, S.9.

20 Abu Mohammed Ali Ibn Hazm al-Andalusi, *Dschamharat Ansab al-Arab*, Kairo: Dar al-Ma'arif, o.J.

21 Abd al-Malik Ibn Hischam al-Basri, *As-Sira an-Nabawija*, Beirut: Dar Ihjas ath-Thurat al-Arabi, o.J.

22 Ibn Hischams *Sira* ist eine Bearbeitung zweier Bücher aus einem älteren, nicht erhaltenen universalgeschichtlichen Werk des Ibn Ishaq (gest. 767). Unter diesem Autorennamen ist eine neue, von G. Rotter besorgte deutsche Ausgabe von Teilen der *sira* erschienen: Ibn Ishâq, *Mohammed: Das Leben des Propheten*, München: Goldmann, 1991. Siehe auch die erste deutsche Ausgabe: Gustav Weil, *Das Leben Mohammeds nach Mohammed Ibn Ishak*, Stuttgart, 1864 (Anm. d. Übers.).

23 Ibn Ishâq, *a.a.O.*, S.45.

24 At-Tabari, Ta'rich ..., Bd. II, *a.a.O.*, S.208.

25 Ibn Hischam, As-Sira ..., *a.a.O.*, Bd. III, S.86, 87.

26 Imam Ali Ibn Asakir, *Ta'rich Madinat Dimaschq* (»Buch über die Frauen«/hrsg. v. Sakina Schihabi), Damaskus, 1982.

27 *Ebd.*, S.5.

28 *Ebd.*, S.33.

29 Abu l-Hasan al-Maliki, *Al-Hadaiq al-Ghanna*ʿ *fi akbari an-Nissa*, Tunis, 1978.

30 In Marokko kostet das Buch 160 Dirhams, das sind etwa 40 US Dollar – mit Blick auf die Kaufkraft der Währung ein extrem hoher Preis.

31 Omar Kahhala, *Aalam an-nissa fi aalam al-Arabi wal-Islam* (Berühmte Frauen in der arabischen und islamischen Welt), Damaskus: Muassassat ar-Risala, 1982.

32 s.o., Anm.4.

33 Aischa Abd ar-Rahman, *Sakina Bint al-Hussein*, Beirut: Dar al-Kitab al-Arabi, o.J.

34 Margot Badran, *Harem Years: The Memoirs of an Egyptian Feminist*, London: Virago, 1986.

35 Bahriye Üçok, *An-Nissa al-Hakimat fi Ta*ʾ*rich,* Bagdad: Matbaʿat Saʿdoun, 1973.

36 Die türkische Originalausgabe erschien unter dem Titel *Islam Devletlerinde Kadin Hukumdarlar,* o.O., o.J.; in der Türkei wurde auch eine französische Ausgabe publiziert: *Femmes turques souvéraines et régentes dans des états islamiques,* o.O.: Direction générale de la presse et de l'information, o.J. (Anm. d. Übers.).

37 Zaynab Fawwaz al-Amily, *Ad-Durr al-Manthur fi Tabaqat Rabat al-Chodur* (Verstreute Perlen in verschlossenen Gemächern), Bulaq: Al-Maktabat al-Kubra, 1982.

38 Quadriya Husseyn, *Schihhirat Nissa fil-Aalam al-Islami*, o.O. (Ägypten): Husseyn Husseyn Publications, 1924.

39 Al-Muchtar Ibn al-Hasan Ibn Butlan, *Risala fi schira ar-raqiq wa-taqlib al-abid*, Kairo: Dar al-Fikr al-Arabi, 1954. (Dt. Auszüge in: Der Islam von den Anfängen bis zur Eroberung von Konstantinopel, hrg. v. B. Lewis, Bd.2, Zürich, München: Artemis, 1982, S.301ff.)

40 Feministische Organisationen, die sich um die Veröffentlichung und Übersetzung von Forschungsarbeiten über die Frauen im Islam bemühen, gibt es bislang in Pakistan (Simrog Women's Resource and Publications Centre, Lahore), in Frankreich (Arabische Frauensolidarität: Doreya al-Awn, Paris), in Marokko (Editions le Fennec, Casablanca) und in den Vereinigten Staaten (AMEWS: Association for Middle East Women Studies, University of California, Davis, Ca. 95616).

Weiblichkeit als subversive Kraft

Nuschuz – die Angst vor dem Aufstand der Frauen

Im Koran wird die Auflehnung einer Frau gegen die Autorität ihres muslimischen Gatten mit dem Begriff *an-nuschuz* bezeichnet, wobei es nur um die Frage geht, welche Bestrafung sie dafür erhalten muß. Al-Ghazali nennt im 11. Jahrhundert eine Frau, die in Worten oder Taten gegen ihren Mann aufbegehrt, *an-naschiz*, und er erläutert, das Stammwort *nuschuz* bedeute »etwas, das sich herausheben will.«[1]

Mir geht es in den folgenden Ausführungen nicht darum, neue theoretische Ansätze zum Begriff der Unterwerfung im islamischen Denken entwickeln – zu diesem Problem hat Fatna Sabbah bereits 1984 eine überzeugende Arbeit vorgelegt (»Das Bild der Frau im Unterbewußtsein der Muslime«[2]), aus der ich nur zustimmend zitieren kann: »Im Islam ist das Ideal weiblicher Schönheit verknüpft mit der Vorstellung von Gehorsam, Schweigen und Unbeweglichkeit, also mit Trägheit und Passivität. Diese Eigenschaften sind durchaus keine banale Angelegenheit und werden auch nicht nur den Frauen zugeschrieben, sondern die genannten drei Aspekte weiblicher Schönheit sind zugleich drei Qualitäten im Verhältnis des Gläubigen zu Gott. Der rechtgläubige Muslim muß sein Leben dem Gehorsam und der Anbetung Gottes weihen und sich dem Willen Allahs fügen.«

Fatna Sabbah macht deutlich, daß die Unterwerfung der Frau unter den Willen ihres Mannes ein Prinzip zum Ausdruck bringt, das in der Welt des Islam eine entscheidende und tragende Rolle spielt. Aus ihrer Beschäftigung mit den Schriften des sunnitischen Islam zieht sie den Schluß, daß »der Gläubige dem Bild der Frau entspricht – sprachlos und ohne eigenen Willen, verpflichtet, einem anderen (nämlich seinem Gott) zu gehorchen. Männer und Frauen leben unter den gleichen Maßgaben, aber ihr Lebensmittelpunkt ist unterschiedlich. Menschen männlichen Geschlechts liefern sich dem göttlichen Willen aus, Menschen weiblichen Geschlechts sind dem Willen der männlichen Gläubigen ausgeliefert. In beiden Fällen geht es darum, den 'menschlichen Faktor', das unkalkulierbare Potential der Verhaltensmöglichkeiten auszulöschen, um dem Ordnungsprinzip des Heiligen, Göttlichen, Über-Menschlichen zur Durchsetzung zu verhelfen.«[3]

Ich werde mich hier also nicht mit der Unterwerfung, sondern mit dem Ungehorsam der Frauen beschäftigen, und mit Blick auf die zitierten Erkenntnisse behaupte ich, daß die weibliche Auflehnung in der islamischen Welt gerade wegen ihrer weitreichenden Folgen für die Ordnungsvorstellungen eine besondere Gefahr darstellt. Die entscheidende Bedrohung für den Islam als gruppenpsychologisches System ist die Idee der Individualität. Daß die muslimischen Gesellschaften den Anspruch der Frauen auf Verbesserung ihres sozialen Status abwehren, daß sie die feministischen Bewegungen, die es heute in allen islamischen Ländern gibt, unterdrücken und als schlimme Folge westlicher Einflüsse abtun, hat seinen Grund letztlich nicht in der Frauenfeindlichkeit des Islam, sondern in der Furcht vor dem Aufkommen individualistischer Ansprüche.

Der Islam ist sehr stark kollektivistisch geprägt, ein Anrecht der einzelnen auf eigene, abweichende Meinungen und Haltungen ist ihm nicht nur fremd, sondern bedeutet eine Bedrohung. Wie in jeder Theokratie stehen die Gruppeninteressen im Vordergrund, individuelle Ansprüche werden als gottlos, als eigensüchtige Abirrungen verurteilt. Ich denke, daß im islamischen Ordnungsdenken die Frauen die symbolische Repräsentanz der unterdrückten individualistischen Formen übernehmen: sie gelten ja geradezu als die Verkörperung ungehemmter Leidenschaft und zügelloser Begierden. Man könnte also die neuen fundamentalistischen Bewegungen als eine Art Abwehrreaktion gegen das Phänomen des Individualismus verstehen, das würde erklären, warum gerade die Bürgerrechte der Frauen und die Frage des Schleiers ein so wichtiges Thema sind. Auch die entscheidende Debatte in der heutigen muslimischen Welt, die Auseinandersetzung um das Verhältnis zur

Demokratie, hat mit Individualität zu tun: es geht um das Recht der einzelnen, als Staatsbürger in geregelten Wahlverfahren die politische Führung zu bestimmen. Dieses Prinzip stellt die traditionelle islamische Auffassung von Persönlichkeitsrechten völlig auf den Kopf: plötzlich soll nicht mehr das Gruppeninteresse die Quelle politischer Macht sein, sondern die Wahlentscheidung der einzelnen. In der islamischen Theokratie geht die politische Macht selbstverständlich von der *umma* aus, einer mythischen Gemeinschaft von Gleichen vor Gott. Den Fortbestand dieser Gemeinschaft zu sichern, ist die Aufgabe muslimischer Gemeinwesen. Dagegen sind individuelle Glücksansprüche ohne Belang. Das Leben der einzelnen wird durch das Religionsgesetz vollständig geregelt: alles Denken und Handeln unterliegt den Bestimmungen der *schari'a* – im öffentlichen Raum wie in der Privatsphäre.

Die Abwehr jeder Veränderung der Rechte und des sozialen Status der Frauen, die wir in den Gesellschaften der islamischen Welt beobachten können, erklärt sich nicht zuletzt aus der symbolischen Bedeutung der Frau als Verkörperung jener individualistischen Bestrebungen, die unterdrückt werden müssen, um die kollektivistische Grundstruktur dieser Gemeinwesen zu erhalten.

Diese These will ich im folgenden (in der gebotenen Kürze) glaubhaft machen. Zunächst wird gezeigt, daß der Begriff *nuschuz*, der für Subversion und Auflehnung steht, eng verknüpft ist mit einem anderen Begriff, der im Islam ebenfalls den Aspekt der Individualität berührt: *bid'a* – die »Neuerung«. Anschließend nenne ich einige berühmte Beispiele aus der Geschichte: Frauen, die sich aufgelehnt und ihre eigenen Standpunkte vertreten haben. Und schließlich wird es um die Bedeutung der eigenständigen Haltungen von Frauen unter den heutigen Bedingungen gehen. Vor allem drei eng miteinander verknüpfte Phänomene sind zu betrachten: die Forderungen der Frauen nach Veränderung, der Verfall der traditionellen sozialen Formen und das Vordringen des westlichen Individualismus, im Zusammenhang mit Kapitalismus und Konsumorientierung. Dabei soll auch deutlich werden, warum sich Feministinnen meist dem Vorwurf ausgesetzt sehen, Verrat an der muslimischen Gemeinschaft zu begehen und mit dem feindlichen Westen im Bunde zu stehen. Natürlich wird das Eindringen von westlichem

Hedonismus und Konsumismus in die islamischen Gesellschaften als Zerstörung des traditionellen sozialen Geflechts verstanden. Wenn Frauen Veränderung fordern und ihre individuellen Rechte einklagen, muß das als ein Beitrag zu diesem Auflösungsprozeß erscheinen.

Individualität als Verstoß gegen das Religionsgesetz: »bid'a« und »nuschuz«

Bid'a bedeutet »Neuerung« oder »Erfindung«, also die Abweichung und Veränderung, etwa auch das Vermögen der einzelnen, ihr Schicksal selbst zu bestimmen, ihr Leben zu ändern, neue Vorstellungen von der Welt und den Menschen zu entwickeln, eigene Urteile zu fällen und Kritik zu üben. Für den orthodoxen Islam ist *bid'a* keine bloße Verirrung, sondern eine Todsünde. Die geheiligten Regeln des Kollektivs zu mißachten, vom »rechten Weg«, dem *thariq al-mustaqim* abzuweichen, gilt als ein Verbrechen: solche Dissidenten stehen nicht nur außerhalb der Gemeinschaft, sondern ihre Neuerungen bedrohen den Gruppenkonsens und damit die Ordnung selbst. In der islamischen Kosmogonie spielt die Identität der Geschlechter eine wichtige Rolle: die Männer stehen für die Autorität, sie dienen Gott und herrschen über die Frauen; die Frauen vertreten das Prinzip der Unterwerfung, sie sollen dienen und gehorchen. Wenn Frauen in irgendeiner Form ihren eigenen Willen durchsetzen wollen, gerät das ganze Ordnungssystem in Gefahr.

Es ist also kein Zufall, daß die arabische Sprache einen besonderen Begriff für die »Auflehnung der Frauen« hat. Was geschieht, wenn Frauen sich auflehnen, ihre eigene Autorität behaupten und den geheiligten Gesetzen der Theokratie nicht mehr gehorchen wollen? Hat es solche Fälle von *nuschuz* in der Geschichte gegeben, und wie hat die Gesellschaft reagiert? Es gab eine Reihe von Beispielen, und die soziale Reaktion erfolgte unmittelbar und in drastischen Formen. Die Rebellion der Frauen wird natürlich sofort zu einem Problem für die Männer: wenn die Frauen, die doch das Ideal der Pflichterfüllung verkörpern, sich erheben, dann wird die doppelte Identität der Männer als »Herren«

und »Knechte«* grundsätzlich in Frage gestellt. Daß sogar ihre »Dienerinnen« aufbegehren und eigene Ansprüche anmelden, erschüttert das Fundament der sozialen Hierarchie.

Die Idee der Gleichberechtigung von Männern und Frauen stellt eine grundsätzliche Bedrohung der hierarchischen Ordnung des Islam dar. Im Arabischen gibt es fünfzig Worte für »Liebe«, aber kein Wort wie »Paar« für die enge Verbindung zwischen einem Mann und einer Frau.[4] Ich denke, das ist durchaus kein sprachlicher Zufall, sondern ein deutliches Zeichen: in Gesellschaften, deren hierarchisches Prinzip an die strikte Beachtung der vorgegebenen Geschlechterrollen gebunden ist, bedeutet jede Forderung der Frauen nach Veränderung nicht nur einen Angriff auf die patriarchalische Macht (in der Beziehung zu ihren Ehemännern), sondern zugleich auf das System (und insbesondere auf die Pflicht, Gott zu gehorchen). Die Vielzahl der Worte für »Liebe« soll nur verdecken, daß es in der muslimischen Familie keine Partnerschaft gibt – das Recht der Männer auf Verstoßung und Polygamie ist eine Art institutionalisiertes Zerrüttungsprinzip.

In den letzten Jahren hat die Furcht vor *nuschuz*, dem Aufstand der Frauen, in den islamischen Ländern neue Nahrung erhalten, weil Literatur zur Frauenemanzipation veröffentlicht wurde, und weil die Frauen in Fragen der Geschlechterordnung mehr Selbstbewußtsein zeigen. Genaugenommen handelt es sich aber um die Aktualisierung jahrhundertealter Ängste. Für die Gemeinschaft der Muslime, die *umma*, war seit jeher die Abweichung, die Opposition die größte Bedrohung. Der alte Mythos vom Geist der Gemeinschaft und dem solidarischen Eintreten für die Gruppeninteressen stand immer wieder in Frage. Jede Form von Wandel und Neuerung bedeutete Gefahr, der Islam erlebte Spaltungen und Differenzierungen und mußte schließlich befürchten, daß einzelne ihre Sonderinteressen geltend machen und zur legitimen Grundlage einer neuen sozialen Organisation erklären könnten.

Viele Jahrhunderte lang sind Verschiedenheit und Eigenständigkeit in der Gemeinschaft der Muslime abgewehrt und bekämpft worden, um

* Der häufige Männername Abdallah bedeutet wörtlich »Sklave (oder Knecht, Diener) Gottes« – *ʿabd* ist eine der Bezeichnungen für Sklaven. (Anm. d. Übers.)

die Idee der Einheit zu bewahren – das begann mit der Auseinandersetzung um die entscheidende (und bis heute ungeklärte) Frage, wer berechtigt sei, an der Spitze der *umma* zu stehen. Die Expansion des Islam, seine erfolgreiche Ausbreitung in verschiedene Länder und Kulturen Afrikas, Europas und Asiens, hat den autoritären Einheitsanspruch bestärkt: man brauchte ihn bei der Verfolgung imperialer Ziele, gerade weil es von Anfang an Konflikte und Spaltungen der Gemeinschaft gegeben hatte.

Heute ist die Furcht vor dem Zerfall der *umma* stärker als je zuvor. Nicht nur von außen, durch das Eindringen der feindlichen westlichen Kultur, gerät der Zusammenhalt in Gefahr, sondern auch von innen. Der verbesserte Zugang der armen Schichten zu Bildung und Ausbildung, die extrem hohe soziale Mobilität, die wirtschaftlichen Klassengegensätze, die zunehmende Lohnarbeit von Frauen – all das bedeutet für die Gemeinschaft der Muslime eine Bedrohung, ihr traditionelles Selbstbild als homogene Gruppe steht in Frage.

Nach der muslimischen Tradition schließt die Demut vor Gott auch den Gehorsam gegenüber seinen irdischen Stellvertretern ein, den Kalifen, Imamen und den unteren Chargen, deren Machtbefugnis auf die Privatsphäre beschränkt ist, den Ehemännern. Das islamische Ideal der menschlichen Gesellschaft geht von der »Hingabe« der einzelnen, ihrer »Unterwerfung« unter den göttlichen Willen aus. Sie sind eingebunden in eine vollkommene Ordnung, die alle Rechte und Pflichten genau bestimmt und nur die Wirkung der Autorität von oben nach unten kennt. In Abhängigkeit von Alter und Geschlecht, Besitz und Bildung sind die sozialen Rollen und das persönliche Verhalten bis ins einzelne festgelegt. Jeder hat seinen Platz in diesem hierarchischen Gebäude und entwickelt ein ausgeprägtes Zugehörigkeitsgefühl.

Ein wichtiges soziales Ordnungsprinzip ist dabei der Zugang zum Wissen, der nicht als Menschenrecht verstanden wird, sondern als eine Gnade, die Gott den Gläubigen gewährt. Der Islam ist die Religion des Wissens: *al-ʿaql*, die Klugheit, dient dazu, Gottes Ratschluß zu erforschen, indem man seine »Zeichen« (*aijat*) zu lesen versteht. Gottesglaube und wissenschaftliche Forschung bilden im Islam keinen Gegensatz, weil die Vertiefung der Kenntnisse in der Deutung dieser Zeichen, die Gott gegeben hat, zum besseren Verständnis des Universums führt, das Er geschaffen hat, und damit unsere Einsicht in Seine Größe und Schöpfermacht erweitert. Aber nicht alle Muslime, sondern nur die Erwählten sind befähigt, den göttlichen Willen zu erforschen und sich auf diese Weise der Welt der niederen materiellen Interessen und des Zweckdenkens zu entheben. Es braucht darum die Gemeinschaft, die Gruppensolidarität.

Der Beitrag eines jeden Muslim, ob männlich oder weiblich, zur Festigung der *umma* besteht vor allem in der gehorsamen Befolgung der gottgegebenen Sittengesetze. Unterwerfung bedeutet, die Gesetze anzuerkennen und keine eigenen zu machen. Gott allein ist der Gesetzgeber, er tut seinen Willen durch seine Propheten kund und durch die Zeichen, die uns umgeben – es ist die Aufgabe der Propheten, diese Zeichen verständlich zu machen.* Häufig wird betont, daß der Islam keine Priesterschaft kennt, es besteht allerdings eine Hierarchie von Experten, die bestimmen, wie der Koran auszulegen sei. Diese Elite der Interpreten der geheiligten Gesetze ist männlich. Wenn also etwa die Frage der Verschleierung diskutiert wird, dann steht nicht zur Debatte, was die Frauen davon halten, sondern man vergleicht, was Abu Huraira, Abu Hanifa oder Al-Buchari** dazu geäußert haben und versucht zu entscheiden, welche der männlichen Autoritäten das größte Gewicht hat. Die Wünsche und Gefühle der Frauen sind dabei unerheblich.

* *Aijat* ist auch die Bezeichnung für Koranverse. (Anm. d. Übers.)

** Abu Huraira al-Jamani (gest. 678), Gefolgsmann des Propheten, ist eine berühmte Quelle von *hadithen* (Aussprüchen des Propheten); auf den Korangelehrten Abu Hanifa (gest. 767) geht die »hanafitische« Rechtsschule des Islam zurück; Imam al-Buchari (810-870) verfaßte eine bis heute maßgebliche *hadith*-Sammlung *Kitab al-Dschami' As-Sahih*. (Anm. d. Übers.)

Sakina und A'ischa – »Feministinnen« im ersten islamischen Jahrhundert

Für den orthodoxen sunnitischen Islam ist das Ideal der Weiblichkeit bis heute die gehorsame Frau, die keine Ansprüche stellt. Die ideale Frau begehrt nicht gegen Gesetz und Ordnung auf, sie verschleiert ihren Körper und bietet ihn dem Ehemann zur alleinigen Verfügung. Mit der Verschleierung verbindet sich eine wichtige Haltung: Sittsamkeit. Zugleich bringt der Schleier die Begrenzung des weiblichen Bewegungsraums zum Ausdruck, den Ausschluß der Frauen aus dem öffentlichen Raum, in dem Wissen und Macht ihren Ort haben. Genau darum ist die Forderung nach sittsamer und bescheidener Haltung der Frauen ein so wichtiger Aspekt im Programm konservativer muslimischer Ideologen, die den Islam zu einem System der Disziplinierung umdeuten wollen, damit sie allein befugt sind, ihre Anhänger zu führen und die Entscheidungen zu treffen.

Aber das Beharren auf weiblicher Sittsamkeit und Bescheidenheit hat noch eine andere, übergreifende Bedeutung. Es symbolisiert die Pflicht aller Muslime, auf Eigeninitiative und kritische Meinungen zu verzichten. In der Geschichte der Muslime gab es jedoch immer wieder Frauen, die sich diesen Vorgaben nicht fügen wollten. Jedes Jahrhundert mußte sich mit dem Phänomen der weiblichen Rebellion auseinandersetzen, von Sakina im ersten islamischen Jahrhundert bis zu den Frauen, die sich heute in Ägypten, Algerien, Marokko und anderswo gegen die Festlegung auf Passivität als weibliches Ideal wehren. Diese Gegenwehr hat allerdings an Kraft gewonnen, weil sich die Frauen inzwischen auch der Schrift bedienen – früher wurde ihr Widerstand gegen das Patriarchat nur mündlich tradiert, in der Weitergabe von Handlungsformen, in Geschichten und Spruchweisheiten. Die fortdauernde Bedrohung der männlichen Öffentlichkeit durch Frauen, die sich nicht fügen, soll im folgenden an einigen Beispielen von *nuschuz* aus verschiedenen Jahrhunderten deutlich werden.

Schon im ersten Jahrhundert des Islam hatten die Kadis und Imame offenbar ihre Probleme mit Frauen, die nicht bereit waren, den Schleier zu tragen und im Haus zu bleiben, ihren Ehegatten zu gehorchen und ihnen das Recht auf Polygamie zuzugestehen. Sie bewegten sich unverschleiert in der Öffentlichkeit und fragten nicht um Erlaubnis, sie trafen sich mit anderen Männern – oft waren es Dichter –, um zu plaudern und zu diskutieren.

Diese Frauen setzten sich über die Grundregeln der Ehe im Islam hinweg: sie verweigerten dem Ehemann das Recht auf Verstoßung und Polygamie und ließen sich keine Vorschriften machen. Statt dessen diktierten sie Klauseln in den Ehevertrag, die ihre Freiheit garantierten und zum Beispiel dem Ehemann untersagten, den Wohnsitz zu wechseln, mehrere Frauen zu heiraten oder die Scheidung durch die Verstoßungsformel zu vollziehen. Das bedeutete nicht zuletzt die Sicherung eines Rechts, das der Islam den Frauen eigentlich verweigert: das Recht, den Ehemann zu verlassen.

Die muslimischen Autoritäten der Religionswissenschaft konnten diese Untergrabung des Sittengesetzes offensichtlich nicht verhindern. Es mag daran gelegen haben, daß die frühen »Feministinnen« drei Eigenschaften besaßen, die ihnen eine Macht verliehen, gegen die alle Vertreter von Recht und Ordnung, ob Kadis oder Kalifen, nichts aufzubieten hatten: sie waren schön, sie waren gebildet und sie waren vornehmer Abstammung. Das genügte, um diesen Frauen ihre Form von *nuschuz*, die Auflehnung gegen die bestehenden Vorstellungen von Weiblichkeit, zu ermöglichen.

So erwarb sich Sakina Bint al-Hussein, eine Enkelin des Propheten, ihren Ruf als *naschiz*, indem sie in den Ehevertrag mit Said, ihrem dritten Gatten, die folgenden Bedingungen aufnehmen ließ: ihr Mann durfte keine andere Frau heiraten, er durfte ihre keine Vorschriften machen und nichts gegen ihren Willen tun, er mußte ihr das Recht zugestehen, jederzeit zu ihrer Freundin Umm Manschuz zu ziehen. Als ihr Gatte schließlich den Vertrag verletzte und sich gegen Sakinas Willen zu seinen Haremssklavinnen begab, brachte sie ihn vor Gericht. In der Verhandlung vor dem obersten Richter von Medina rief sie ihm zu: »Schau' mich noch einmal genau an, du siehst mich heute zum letzten Mal!«[5]

Der Chronist Musʿab az-Zubairi beschreibt Sakina, wie viele spätere Historiker, in begeisterterten Worten: »Sie leuchtet wie eine helle Flamme. Sakina war von zarter Schönheit; sie ging stets unverschleiert und nahm an den Versammlungen des Rats der Quraisch teil. Ihr Haus stand den Dichtern offen. Sie war sehr gebildet und allen Vergnügungen zugeneigt.«[6]

Im *hidschaz*, der »arabia felix«, gingen die Geschäfte damals gut, die Eroberungen der muslimischen Heere brachten Reichtum und Luxus. Zwar hatten sich die Zentren der Macht bereits von der alten Handelsstadt Mekka nach Norden, in den heutigen Irak und nach Syrien verlagert, aber die reichen Quraischiten lebten im politischen Abseits Südarabiens sehr bequem, und sie pflegten einen extravaganten hedonistischen Lebensstil. Sakina gab in dieser Hautevolee den Ton an: ihre modischen Frisuren wurden nicht nur von den Frauen, sondern sogar von Männern kopiert. Das ging soweit, daß sich schließlich der fromme Kalif Omar Ibn Abd al-Aziz zum Einschreiten veranlaßt sah: er ließ alle Männer verhaften und kahl scheren, die sich eine Frisur à la Sakina zugelegt hatten.

Eine weitere *naschiz*, eine rebellische Frau des ersten islamischen Jahrhunderts, war A'ischa Bint Talha, die letzte Ehefrau des Propheten und Tochter des späteren Kalifen Abu Bakr. Auch sie weigerte sich, den Schleier zu tragen, und sie begründete diese Haltung so: »Gott der Allmächtige hat mir die Schönheit verliehen. Diese Auszeichnung sollen alle sehen und anerkennen. Ich werde den Schleier nicht tragen, und niemand kann mir Vorschriften machen.«[7]

Gerade weil diese Frauen, die das muslimische Weiblichkeitsideal offen mißachteten, aus vornehmen Familien stammten und eine prominente Rolle in der Gesellschaft spielten, stellten sie eine Bedrohung für das Sittengesetz dar. Die Religionsgelehrten reagierten auf diese Herausforderung und versuchten, das soziale Phänomen *nuschuz* in ihren rechtstheoretischen Schriften in den Griff zu bekommen. So heißt es im *muwatta*, der Ehemann habe das Recht, seine Frau an jeden Ort zu verbringen, ganz gleich was die *naschiz* im Ehevertrag festlegen ließen. Und an anderer Stelle wird erklärt, der Ehemann sei an Bestimmungen im Ehevertrag nicht gebunden, die ihm das Recht auf Vielehe absprechen.*

* Das *Kitab al-Muwatta* (»der geebnete Weg«), eine Sammlung von *hadit*hen und ein Rechtskompendium, ist das Hauptwerk von Malik Ibn Anas (gest. 795), dem Begründer der »malikitischen« Rechtsschule im Islam (Anm. d. Übers.).

»*Nuschuz*« - *die feministische Bedrohung der islamischen Ordnung*

Wenn man bedenkt, daß die Frauen erst seit wenigen Jahrzehnten Zugang zu Bildung und Ausbildung haben, ist es erstaunlich, in welchem Maße sie heute in der Öffentlichkeit präsent sind. In den meisten arabischen Ländern ist zum Beispiel etwa ein Viertel des Lehrpersonals an den Universitäten weiblich. Nach wie vor können Frauen nicht in die entscheidenden politischen Positionen aufrücken, aber auf der mittleren Ebene des Staatsapparats sind sie bereits vertreten. Ihr Anteil am Lohneinkommen im öffentlichen und privaten Sektor nimmt beständig zu.

Ein weiterer Aspekt ist der publizistische Einfluß: Heute haben die Frauen die Möglichkeit, ihre Forderungen nach sozialer Veränderung und einer Neubestimmung der Weiblichkeit in der Gesellschaft zu formulieren und zu veröffentlichen. 1983 erschien die erste arabischsprachige feministische Zeitschrift in Marokko. »Der 8. März« wurde innerhalb weniger Monate zum Erfolg: über 20000 verkaufte Exemplare. 1985 kam in Tunesien ein weiteres »populäres« Magazin für Frauen auf den Markt - *Nissa* (»Frauen«). Aus der Sicht der Konservativen ist das eine äußerst bedrohliche Entwicklung, vor allem weil diese Publikationen sich nicht an die Gebildeten oder die Intellektuellen an den Universitäten richten, sondern Frauen aus allen Gesellschaftsschichten ansprechen sollen. Der Feminismus verläßt die Ebene der elitären Diskussionszirkel: heute begreifen viele Frauen den eigenen Kampf für ihre sozialen Rechte als eine Möglichkeit, die politischen und wirtschaftlichen Probleme zur Sprache zu bringen, die in den Gewerkschaften und Parteien immer ignoriert werden. *Nuschuz* ist eine aktuelle Bedrohung der muslimischen Weltordnung; ich will das durch drei Beispiele belegen.

Das erste ist ein Interview mit dem Titel »Frauen in der algerischen Revolution«, das der angesehene algerische Historiker Harbi (eine wichtige Figur in der antikolonialen Bewegung; er ging 1973 ins Exil) der Zeitschrift *Revoltes logiques* in der Revolutionszeit gegeben hat. Kaum ein anderes Dokument bringt so deutlich die zwiespältige und zurückhaltende Position der algerischen Revolutionäre in bezug auf die Gleichberechtigung und die demokratischen Rechte der Frauen zum Ausdruck. Harbi berichtet, wie die revolutionären »Brüder« im *maquis*, in den Guerilla-Lagern, mit den Frauen umgingen: sie verhielten sich vollkommen konservativ und versuchten in vielfältiger Weise zu verhindern, daß die Frauen ihre traditionellen Rollen aufgaben. So behielten sie ihre dienende Funktion in den hergebrachten Formen, im Bett und in der Küche, und bei den moderneren Versorgungsaufgaben, wie Nachschub und Waffenschmuggel.

Ich finde es bemerkenswert, daß offenbar selbst im algerischen Befreiungskampf, einer der bedeutendsten revolutionären Bewegungen des zwanzigsten Jahrhunderts, die Tradition nicht überwunden wurde: die arabische Gesellschaft hat in dieser Umbruchsituation einiges aufgeben müssen, um den radikalen Wandel zu ermöglichen, aber an der Ungleichheit der Geschlechter hielt sie fest. Die algerischen Revolutionäre wollten so vieles verändern, nur die Frauen sollten ihren angestammten Platz nicht verlassen.

Das zweite Beispiel stammt aus Tunesien. Die »Monatszeitschrift für Demokratie und Sozialismus« *L'Avenir*, eine Stimme der Opposition gegen Staatspräsident Bourgiba, veröffentlichte 1983, unter dem Titel »Ich lehne mich auf«, ein Interview mit einer bekannten arabischen Feministin. Um zu begreifen, daß es sich um eine Provokation handelte, muß man die Hintergründe kennen.

Die Veröffentlichung in *L'Avenir* war Nawal El Saadawi gewimet, einer ägyptischen Ärztin, die sich als Schriftstellerin und Feministin in der arabischen Welt einen Namen gemacht hat. Das Interview war im Fernsehen geführt worden, und Präsident Bourgiba hatte empört zur Kenntnis nehmen müssen, daß Frau Saadawi über die arabische Frauenbewegung sprach, ohne auch nur ein einziges Mal seinen Namen zu erwähnen. Er ordnete sofort an, den verantwortlichen Redakteur des tunesischen Fernsehens zu entlassen, der eine Araberin über die Frauenbefreiung reden ließ, ohne daß der »Große Glaubenskrieger« (*al Mudschahid al-Akbar*) Bourgiba genannt wurde.

Zweifellos hat Habib Bourgiba ungewöhnlich fortschrittliche Positionen zur Frauenfrage vertreten – aber auch für ihn war die Frauenemanzipation offensichtlich Männersache. Nach wie vor gilt den muslimischen Männern die Frau als willfährige Dienerin: man muß ihr befehlen, sich zu befreien, damit es ihr gelingt. Daß *L'Avenir* Nawal El Saadawis selbstbewußte Behauptung »Ich lehne mich auf!« ins Blatt nahm, kann also als Botschaft an Bourgiba verstanden werden: Es gibt auch Frauen, die ohne allerhöchste Anweisung Widerstand leisten.

Das dritte Beispiel stammt aus Marokko. Im März 1983 drängten sich in den Räumen der marokkanischen Menschenrechtsvereinigung, in der Rue Soussa in Rabat, wo auch die marokkanische Sektion des Arabischen Schriftstellerverbands ihren Sitz hat, mehr als zweihundert Menschen. Eine heftige Kontroverse entwickelte sich, als einige Frauen, vorwiegend Ehefrauen politischer Gefangener, ihre Erfahrungen im Umgang mit den Institutionen eines autoritären Staates zur Sprache brachten. Sie berichteten von den alltäglichen Auseinandersetzungen mit der Gefängnisverwaltung und mit den Justizbehörden, aber auch von den Konflikten mit ihren Ehemännern, die ihnen als das größte Problem erschienen. Die »Revolutionäre«, mit denen sie verheiratet waren, dazu zu bringen, nicht auf den angestammten Vorrechten des muslimischen Patriarchats zu beharren, sondern in offene, persönliche Beziehungen zu ihren politisch aktiven Ehefrauen einzutreten, war offenbar schwieriger als alles andere. Die Summe ihrer Erfahrungen lautete: Politisches Engagement für die Opposition bedeutet noch lange nicht, daß ein Mann die despotische Haltung seiner Frau gegenüber aufgibt.

Die Reaktion der »politisch aktiven« Männer in der Versammlung war heftig. Lautstark warfen sie den Frauen vor, die Sache des Staates und des Polizeiapparats zu betreiben, indem sie Kritik an den »Revolutionären« übten – es sei eine Schande, daß sogar die Frauen der politischen Gefangenen zu Feinden der Revolution geworden seien!

Dabei hatten diese Frauen nur den einfachen Schluß gezogen, daß sich die oppositionelle Haltung der Männer auch in ihrem Verhalten zeigen müsse: der Unterschied zwischen einem militanten Linken und einem traditionellen Patriarchen soll nicht nur in den politischen Ansichten, sondern im Verhalten gegenüber den Frauen deutlich werden. Mit anderen Worten: der revolutionäre Anspruch der Männer darf am privaten Umgang mit ihren Frauen gemessen werden – ein exemplarisches Beispiel für das Verhältnis von Theorie und Praxis.

Damals in Rabat endete die Auseinandersetzung im Chaos: nach fünf Stunden wüster Beschimpfung schien kein Dialog mehr möglich.

Die individuellen Ansprüche als Bedrohung der »umma«

Kehren wir zur Ausgangsfrage zurück: was bedeutet es, wenn eine Frau ihrem Ehemann den Gehorsam verweigert, dem Mann, der doch das Grundprinzip der islamischen Hierarchie, die Autorität verkörpert? Natürlich droht dem Gesamtsystem Gefahr, sobald ein zentrales Element in der polaren Struktur in Frage gestellt wird. Jede Frau, die gegen ihren Ehemann aufbegehrt, rebelliert damit gegen die *umma*, gegen Vernunft und Ordnung und letztlich gegen Gott. Persönliche Ansprüche der Frauen bedeuten Individualität statt Gruppendenken (*umma*), Gefühl statt Vernunft, Regellosigkeit statt Ordnung, Chaos (*fitna*) statt Gesetz.

Nicht nur im Islam, sondern auch in der jüdischen und christlichen Überlieferung wird die Dualität von Mann und Frau als Grundprinzip der kosmischen Ordnung begriffen. Die Auseinandersetzung zwischen den Geschlechtern gilt als Abbild des Kampfs zwischen Gut und Böse. Demnach ist die Welt ein Ort der Auseinandersetzung und Bewährung, und Mann und Frau kämpfen um die Vorherrschaft. Nur eine der feindlichen Parteien kann gewinnen – weil sie mit Gott im Bund steht, wird sie den Sieg über das Böse, den Teufel und seine Verbündeten erringen. Die beiden Seiten dieses Weltbilds lassen sich im folgenden Schema darstellen:

Gut	*Böse*
Gott	Teufel (*Iblis, Satan*)
Mann, Ehemann	Frauen, Ehefrau, Lust (*as-sahwa*)
Vernunft	Leidenschaft (*al-bawa*)
Ordnung	Unordnung
Gesetz	Gesetzlosigkeit (*fitna*)
Gehorsam, Übereinkunft	Auflehnung (der Frauen: *nuschuz*)
Vorsehung, Göttlicher Plan	Neuerung, Freiheit
Gemeinschaft	Individualismus

Daß der sunnitische Islam von diesen dualistischen Vorstellungen bestimmt ist, wird in verschiedenen neueren Studien belegt. Über den Gegensatz von Vernunft und Verlangen und die Idee der teuflischen Macht in diesem Zusammenhang hat Galal al-Adm eine sehr genaue Arbeit vorgelegt. Im übrigen verweise ich noch einmal auf das Buch von Fatna Ait Sabbah.[8]

Die sinnliche Einbindung in die niederen Sphären der Dingwelt mit ihren irdischen Freuden findet im Privaten statt, im häuslichen Bereich, an der Basis des hierarchischen Gesellschaftsgebäudes. Das ist die Welt der Frauen, in der Wissen und Kenntnisse nur im engen Rahmen zu erwerben sind. Der Zugang zu Autorität (*as-sultah*) und Wissen (*ilm*), die zu den Eigenschaften Gottes gehören, bleibt den Frauen verwehrt. Eine Frau zu sein, bedeutet prinzipiell den Ausschluß aus dem Bereich des geheiligten, ritualisierten Gemeinschaftswissens, aus jener Sphäre, in der nach Maßgabe der göttlichen Gebote Befehle gegeben und Gesetze erlassen werden. Aber männliches Wissen und Autorität sind gebunden an die unverzichtbare Voraussetzung weiblichen Gehorsams und die Unterwerfung der Frauen.

Grundsätzlich gilt, daß der öffentliche Raum, die Welt der Propheten, Imame und Kalifen, in jeder Hinsicht männlich bestimmt ist – eine Sphäre der Homogenität, in der nur das eine soziale Geschlecht seinen Ort hat. Der private Raum, die Sphäre der Frauen ist dagegen heterogen und von beiden Geschlechtern besetzt – die Heterogenität folgt aus der Anwesenheit der Frauen. Befehle und Gesetze prägen den öffentlichen

Raum, in der Privatsphäre herrscht der Ehemann als Statthalter des Öffentlichen, er verkörpert das Gesetz und vertritt die geheiligte Ordnung. Im Verhältnis zu den Frauen gibt der Mann seine »Demutshaltung« auf: er befiehlt.

Männliche Identität bedeutet also einerseits, im öffentlichen Raum, die demütige Unterwerfung unter Gott und seine irdischen Stellvertreter, die allesamt Männer sind, zugleich aber, im privaten Bereich, die Rolle des Herrschers, dem sich die Frauen zu unterwerfen haben. Nach diesem Prinzip ist die soziale Pyramide der Herrschaft gebaut, und genau diese Struktur gerät in bedrohliche Bewegung, sobald sich *nuschuz*, der Anspruch der Frauen auf Veränderung und Selbstbestimmung geltend macht. Veränderung, Neuerung kann nur heißen, daß die geheiligte Ordnung, die ganze Hierarchie und das System der Vorrechte in Frage gestellt werden. Diese Formen gelten jedoch als ewig und unabänderlich. Etwas Neues zu erschaffen ist allein Gott vorbehalten; der Gläubige darf die Schöpfung nur deuten.

Jede Auflehnung der Frauen aktualisiert also die ganze Problematik der individuellen Ansprüche im Islam. Der Anspruch auf persönliche Freiheiten gefährdet das Prinzip, daß den Interessen der Gemeinschaft stets Vorrang gebühre. Aber diese Gefahr droht auch von anderer Seite, und das macht die Forderungen der Frauen umso bedrohlicher: schließlich beruht ja auch die kapitalistische Ordnung auf der Idee des Gewinns als Folge wirtschaftlicher Eigeninitiative. Der Kapitalismus muß den Muslimen als das Schreckbild der aggressiven Einzelinteressen erscheinen. Die arabischen Länder sind von kapitalistischen Waren geradezu überschwemmt worden: Waffen, Filme, Konsumgüter – eine Invasion aus dem Westen. Und die Stärke des kapitalistischen Westens beruht eben nicht zuletzt auf wissenschaftlichem Fortschritt und beständiger Innovation. Neuerung bedeutet immer auch das Recht, am Bestehenden zu zweifeln; in diesem Sinne muß die Frauenbewegung mit ihren Forderungen nach Veränderung als besonders erschreckende innere Gefahr gelten.

In einer Welt, die geprägt ist von Überlebenskämpfen, sieht sich die Gemeinschaft der Muslime heute doppelt bedrängt von individualistischen Einflüssen: zum einen durch die neuen Werte des westlichen

Kapitalismus und zum anderen durch die Sonderinteressen politischer Oppositionsbewegungen im Innern. Auf der symbolischen Ebene ist die Auflehnung der Frauen die stärkste Bedrohung. Die neuen Vorstellungen von Weiblichkeit treffen sich mit den westlich-kapitalistischen Werten in der Betonung von Selbstbewußtsein und persönlicher Initiative; Frauen, die ihre eigenen Interessen verfolgen, erheben einen Machtanspruch – und das bedeutet Aushöhlung und letztlich Zerstörung der Grundlagen muslimischer Hierarchie. Daß die Reaktionen heftig und die Abwehrhaltungen unversöhnlich sind, kann nicht überraschen.

Aber Weiblichkeit darf nicht länger gleichbedeutend mit Gehorsam und Hingabe sein. Es ist Sache der Frauen, den Begriff durch Initiative, Leistung und schöpferische Kritik neu zu bestimmen.

Anmerkungen

1 Abu Hamid al-Ghazali, *Ihja Ulum ad-Din* (siehe: Al-Gazali, *Neubelebung der Religionswissenschaften: Übersetzt und erläutert von Hans Bauer, Bd.2 »Über die Ehe«*, Halle, 1917).

2 Fatna A. Sabbah, *The Woman in the Muslim Unconscious*, o.O: Pergamon Press, 1984.

3 *Ebd.,* S.118.

4 Siehe Fatema Mernissi, »L'Amour dans les Pays Musulmans«, in: *Jeune Afrique Plus*, Jan.-Febr. 1984.

5 Diese Begebenheiten werden ausführlich geschildert im »Buch der Lieder«, siehe Abu l-Faradsch al-Isfahani, *Kitab al-Aghani, Bd. XIV*, Kairo, 1927; ähnliche Berichte finden sich im *Kitab al-Mardifat min Quraisch* von Al-Mada'ini (752-830).

6 Siehe Mus'ab az-Zubairi, *Nasab Quraisch,* ed. E.Lévi-Provençal, Kairo, 1953. Az-Zubairi starb 850.

7 Siehe Abu l-Faradsch al-Isfahani, *Kitab al-Aghani*, Bd. XI, Kairo, 1927.

8 Galal al-Adm, *(Kritik des religiösen Denkens)*, Dar al-Talia, Beirut, 1980; Fatna A. Sabbah, *a.a.O.*

Die Autorin

Fatema Mernissi, geboren 1940 in Fès, Marokko, studierte politische Wissenschaften in Rabat und Soziologie in den Vereinigten Staaten. Sie lehrt an der Universität Mohammed V in Rabat Soziologie, gehört dem Hochschulbeirat der Vereinten Nationen an und übt eine Beratertätigkeit für die UNESCO aus. Fatema Mernissis Arbeiten sind in viele Sprachen übersetzt worden, mehrere Bücher erschienen bereits auf Deutsch.

Umschrift und Aussprache arabischer Namen und Begriffe

An eine korrekte Wiedergabe arabischer Namen und Begriffe im deutschen Text ist nur zu denken, wenn das wissenschaftliche Transkriptionssystem mit seinen Sonderzeichen verwendet wird und Grundkenntnisse des Arabischen beim Leser vorausgesetzt werden. Um Anhaltspunkte für eine annähernd richtige Aussprache zu bieten, wurde eine stark vereinfachte Umschrift verwendet: im allgemeinen entfällt die Unterscheidung zwischen Lang- und Kurzvokalen, eine Reihe von arabischen Buchstaben ist im Deutschen durch die gleichen Buchstaben vertreten. Neben den Sonderzeichen ʾ und ʿ wird gelegentlich zur Kennzeichnung der Betonung das Zeichen __ gesetzt. Am Wortanfang erscheint das ʾ meist nicht.

Eingeführte (auch falsche oder in Zitaten antiquierte) Schreibweisen sind übernommen worden, auch die englischen oder französischen Umschriften von Namen moderner Autoren wurden nicht verändert.

Die englischen bzw. französischen Umschriften in den Originaltexten auf ihre Richtigkeit zu überprüfen, war nicht immer möglich – der Übersetzer bittet alle Kundigen um Nachsicht.

Arabisch	Deutsche Umschrift	Aussprache
ا	a	*
ب	b	*
ت	t	*
ث	th	stimmlos, scharf wie in engl. *th*ing
ج	dsch	wie in *G*enie
ح	h	gepreßter Kehllaut zwischen h und ch
خ	ch	wie in Ba*ch*
د	d	*
ذ	dh	stimmhaft, weich wie in engl. *th*ere
ر	r	»gerolltes«, Zungen-r
ز	z	weiches, stimmhaftes s wie in *s*anft
س	s	scharfes ß wie in Ha*ß*
ش	sch	*
ص	s	emphatisches scharfes s
ض	d	emphatisches dumpfes d
ط	t	emphatisches dumpfes t
ظ	dh	emphatisches dumpfes z
ع	ʿ	rauher stimmhafter Kehllaut, ähnlich einem kurz hervorgestoßenen a
غ	gh	schnarrender Kehllaut, zwischen r
ف		und ch
ق	f	*
ك	q	am Gaumen artikuliertes, dumpfes k
ل	k	*
م	l	*
ن	m	*
ه	h	*
و	w	wie in engl. *w*ater
ي	j	*
ء	ʾ	Unterbrechung und fester Stimmeinsatz wie in beʾenden.

Quellennachweis

»L'écriture vaut mieux qu'un lifting«, Einleitung, in: *Tunisiennes en devenir.* Tunis: Céres Productions, 1992

»Reconstruire Bagdad? Mais sur quelle Galaxie?«, Einleitung zur 2. Aufl., in: Fatema Mernissi, *Charazad n'est pas Marocaine.* Casablanca: Editions le fennec, 1991.

»Morocco: The Merchant's Daughter and the Son of the Sultan«, in: Robin Morgan (Hg.), *Sisterhood is Global.* Garden City, NY: Anchor Press, 1984.

»Women, Saints and Sanctuaries«, in: *Signs: Journal of Women in Culture and Society*, University of Chicago Press, 1977, Jg.3, Nr.1.

»Virginity and Patriarchy«, in: *Women's Studies International Forum*, Pergamon Press, 1982, Jg.5, Nr.2.

»Une Planification des Naissances sans Démocratie est-elle concevable?«, unveröffentl. Aufsatz für die Harvard School of Public Health, 1991.

»Women's Work: Religious and Scientific Concepts as Political Manipulation in Dependent Islam«, in: Halim Barakat (Hg.), *Contemporary North Africa: Issues of Development.* Washington, DC: Center for Contemporary Arab Studies, Georgetown University, 1985.

»Le Jariya et le Khalife. Reflexions sur la Place des Femmes dans la Mémoire Politique Musulmane«, in: Fatema Mernissi (Hg.), *Femme et Pouvoirs.* Casablanca: Editions le fennec, 1990.

»Women in Muslim History: Traditional Perspectives and New Strategies«, in: Jay Kleinberg (Hg.), *Retrieving Women's History. Changing Perceptions of the Role of Women in Politics and Society.* Oxford, RI: Berg Publishers, Inc., 1988.

»Femininity as Subversion: Reflections on the Muslim Concept of Nushuz«, in: Diana Eck (Hg.), *Speaking of Faith: Women, Religion and Social Change.* Philadelphia: New Society Publishers, 1986

Wir danken für die freundliche Genehmigung, diese Texte ins Deutsche zu übertragen.

SCHWARZE FRAUEN – POLITIK & THEORIE

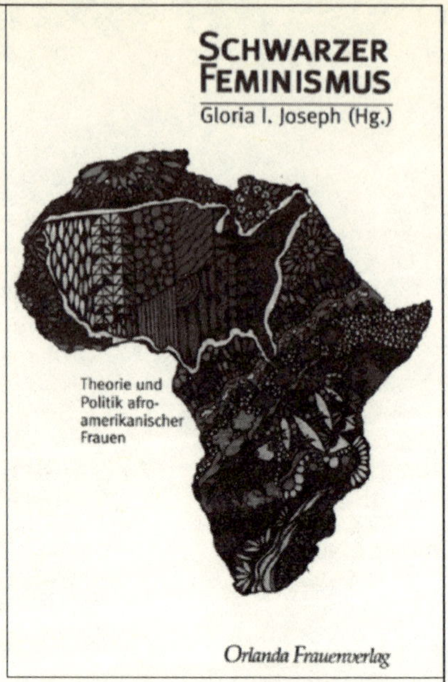

Gloria I.Joseph (Hg.)

Schwarzer Feminismus

Theorie und Politik afro-amerikanischer Frauen

Die bekannte Sozialwissenschaftlerin Dr. Gloria I.Joseph hat diese Auswahl an Essays wichtiger afro-amerikanischer Kritikerinnen wie bell hooks, Andrée Nicola McLaughlin und Patricia Hill Collins speziell für ein deutsches Lesepublikum zusammengestellt.
Die Themen reichen von theoretischen Grundlagen für einen ›Schwarzen Feminismus‹, über die kritische Einschätzung der Frauenbewegung und das Verhältnis Schwarzer Frauen untereinander, bis hin zur aktuellen Anita Hill/Clarence Thomas-Debatte.

"Angesichts der ›new global order‹, die sich seit Ende der achtziger Jahre blutig zu etablieren sucht, wird (weißer) Feminismus um die Auseinandersetzung mit Rassismus nicht umhinkommen, wenn er sich als Menschheitsvision nicht ganz verabschieden will. Die hier vorliegenden Texte, aus den Kreisen der ›Black Women's Studies‹ in den USA sind ein Denkanstoß – und aktueller denn je."

taz, 9.7.1993 Ulrike Helwerth

Orlanda Frauenverlag

Großgörschenstraße 40 · 10827 Berlin